Beck'sche Schwarze Reihe
Band 147

C. B. MACPHERSON

Demokratietheorie

Beiträge zu ihrer Erneuerung

Mit einer Einleitung von
Walter Euchner

VERLAG C. H. BECK MÜNCHEN

Aus dem Englischen übertragen von Andreas Falke
Titel der Originalausgabe:
„Democratic Theory: Essays in Retrieval"
(Oxford University Press 1973)

CIP-Kurztitelaufnahme der Deutschen Bibliothek

Macpherson, Crawford B.
[Sammlung ⟨dt.⟩]
Demokratietheorie: Beitr. zu ihrer Erneuerung.
– 1. Aufl. – München : Beck, 1977.
   (Beck'sche Schwarze Reihe ; Bd. 147)
   Einheitssacht.: Democratic theory ⟨dt.⟩
   ISBN 3 406 04947 8

ISBN 3 406 04947 8

Einbandentwurf von Rudolf Huber-Wilkoff, München
© C. H. Beck'sche Verlagsbuchhandlung (Oscar Beck), München 1977
Satz: Georg Appl, Wemding – Druck: aprinta, Wemding
Printed in Germany

Inhalt

Einleitung

C. B. Macpherson, Professor für Politikwissenschaft an der Universität von Toronto, hat sich in der wissenschaftlichen Welt mit seiner brillanten Studie „Die politische Theorie des Besitzindividualismus"[1] einen Namen gemacht. In ihr ist er den Ursprüngen dieses Denkens und seinen Ausprägungen in der politischen Theorie nachgegangen. Diese Studie ist jedoch nicht allein aus historischem Erkenntnisinteresse geschrieben worden. Sie sollte zugleich sozial- und theoriegeschichtliche Ursachen gegenwärtiger Schwierigkeiten, eine gültige Theorie der modernen liberalen Demokratien zu formulieren, sichtbar machen. In den vorliegenden Essays rollt Macpherson dasselbe Problem von der anderen Seite, nämlich von der gegenwärtigen Demokratiediskussion her, auf. Er versucht zu zeigen, daß in maßgebenden demokratietheoretischen Positionen der Gegenwart die Widersprüche, die aus der besitzindividualistischen Tradition des westlichen ökonomischen und politischen Denkens stammen, weiterhin enthalten sind. Macpherson bleibt jedoch bei der Kritik nicht stehen. Es geht ihm darum, die Grundelemente einer Demokratietheorie, die nicht vom Besitzindividualismus geprägt ist, zu skizzieren.

In der Epoche des Zerfalls der mittelalterlichen Welt und des entstehenden Kapitalismus veränderte sich das Menschenbild der Philosophen. Die neue bürgerliche Philosophie sah den Menschen als vereinzelten Egoisten, der, ohne in natürlicher Solidarität mit seinen Nebenmenschen verbunden zu sein, nur überleben kann, wenn er nach ständiger Vermehrung von Macht und Besitz strebt. Macpherson, der diese Zusammenhänge mit bestechender Klarheit am Beispiel von Hobbes und Locke herausgearbeitet hat, wies zugleich auf eine wirtschafts- und sozialgeschichtliche Voraussetzung dieses Denkens hin: nämlich die Durchsetzung des Marktes als Medium wirtschaftlicher Beziehungen. Die Mechanismen des Marktes finden sich in der Philosophie des frühen Bürgertums wieder als Muster individuellen Verhaltens sowie sozialer und politischer Beziehungen. Macpherson abstrahiert aus dieser Denkweise den Idealtypus oder das Modell einer „Eigentumsmarktgesellschaft" *(possessive market society),* dessen Prinzipien nicht nur, mehr oder weniger deutlich, das frühbürgerliche Denken, sondern auch moderne Theorien der liberalen Demokratie charakterisieren.

Im Verlaufe des neunzehnten Jahrhunderts geriet das besitzindividualistische Denken in eine Krise. In seiner utilitaristischen Ausprägung – Macpherson nennt als Beispiele Bentham und James Mill – billigte es jedem einzelnen das gleiche Recht zu, seinen Nutzen zu maximieren und zu diesem Zwecke Eigentum zu akkumulieren. Zwar sind die Voraussetzungen hierzu, Besitz an Produktionsmitteln und individuelle Fähigkeiten, ungleich verteilt: ein unabänderlicher Zustand, der gleichwohl der ganzen Gesellschaft nützt, da er das Profitstreben und damit die Produktivität fördert. Als jedoch die verelendeten Massen der Besitzlosen sich als Arbeiterklasse zu begreifen und organisiert um soziale Reformen und politische Rechte, großenteils in revolutionärer Absicht, zu kämpfen begannen, konnte die bürgerliche ökonomische und politische Theorie nicht mehr unbesehen davon ausgehen, daß das Streben nach individuellem Nutzen in Form von Konsum und Akkumulation ohne viel politisches Zutun das allgemeine Beste bewirke. Autoren wie J. St. Mill, in wachsender Distanz zu seinen utilitaristischen Anfängen, und T. H. Green,[2] orientiert am politischen Denken der Antike und am deutschen Idealismus in erklärter Gegenposition zum Utilitarismus, forderten im Namen der freien Entfaltung der Persönlichkeit soziale Reformen und allgemeines Wahlrecht (Mill freilich mit Vorbehalten).[3]

Macpherson hält diese Versuche, den älteren utilitaristischen Liberalismus zu „demokratisieren", für gescheitert. Und dies deshalb, weil Autoren wie J. St. Mill und Green nicht erkannt hätten, daß die von ihnen hervorgehobene Zweckbestimmung des ökonomischen und politischen Systems, die Entfaltung der persönlichen Fähigkeiten eines jeden einzelnen, mit jener des utilitaristischen Liberalismus nicht vereinbar war. Macpherson geht den Gründen dieses Widerspruchs, der die Theorie der liberalen Demokratie von Anbeginn verwirrt habe, in subtilen Analysen nach. Sie bilden den Kern der vorliegenden Essays und zugleich die argumentative Basis seiner Kritik an gegenwärtigen Theorien der liberalen Demokratie.

Die Anthropologie der politischen Ökonomie des Utilitarismus hatte, anknüpfend an entsprechende Gedanken bei Hobbes und Locke, den Menschen als appetitives Triebwesen bestimmt: beherrscht vom Streben nach Glück, als Lust verstanden, und nach den zum Lustgewinn erforderlichen Gütern und Mitteln, sie zu beschaffen, kurz, nach Maximierung von Eigennutz. Die liberaldemokratischen Kritiker dieses älteren utilitaristischen Liberalismus glaubten (und glauben), das aus diesem Menschenbild abgeleitete Individualrecht auf Nutzenmaximierung durch ein zweites Maximierungsrecht ergänzen zu können: durch das Recht, seine eigenen menschlichen Fähigkeiten *(power)* frei zu entfalten – ein Recht, das eine Gesellschaft erst eigentlich freiheitlich und demokratisch macht. Vordergründig enthalten beide Maximierungsansprüche einander: Wer danach strebt, seinen Nutzen zu maximieren, entfaltet zugleich seine menschlichen Fähigkeiten.

Eine Gleichsetzung dieser Maximierungsansprüche stößt jedoch, wie Macpherson zeigen kann, auf die Schwierigkeit, daß das mit ihnen verbundene Verständnis von Macht und Fähigkeiten *(power)*[4] verschieden ist. Macht im Sinne der utilitaristischen Maximierungskonzeption beinhaltet als Mittel der Nutzenmaximierung wesentlich Macht über andere Menschen. Macpherson zitiert James Mill: „In ihrer klarsten Bedeutung beinhaltet Macht deshalb die Sicherstellung der Übereinstimmung zwischen dem Willen eines Menschen und den Handlungen anderer Menschen" (s. 43). Mit dem zweiten Machtbegriff im Sinne der Fähigkeit, seine menschlichen Anlagen frei entfalten zu können – Macpherson nennt sie „entwicklungsbezogenes Machtpotential" *(developmental power)* –, ist jedoch Herrschaft über andere Menschen nicht notwendig verknüpft.

Im weiteren Gang seiner Argumentation wendet Macpherson

die Unterscheidung dieser beiden Machtkonzeptionen bei der Analyse der gegenwärtigen westlichen Demokratien an. Zu den Begründungen ihrer Legitimität gehört ganz wesentlich der Anspruch, daß sie, besser als bisher bekannte und verwirklichte Regierungsformen, dem einzelnen das Recht und die Chance zusprechen, *developmental power* zu entfalten.[5] Doch wie ist es mit diesem Anspruch tatsächlich bestellt? Er kann nur voll realisiert werden, wenn der einzelne freien *Zugang* zu den Hilfsmitteln hat, die er zur Entfaltung seiner Fähigkeiten benötigt. Da als Inbegriff schöpferischer Tätigkeit die *Arbeit* angesehen werden kann, oder, wenn man einen weniger emphatischen Begriff von Arbeit vorzieht, diese zumindest das Einkommen verschafft, das die Entfaltung schöpferischer Fähigkeiten jenseits der Arbeitswelt überhaupt erst zuläßt, so ist Voraussetzung der Verwirklichung von *developmental power* der freie Zugang zu den Arbeitsmitteln. Diese befinden sich aber unter kapitalistischen Verhältnissen nicht im Besitz von jedermann, sondern in den Händen einer Klasse von Eigentümern an Produktionsmitteln. Wer die benötigten Hilfsmittel nicht besitzt, muß jenen, denen sie gehören, für ihre Benutzung bezahlen: in Form einer Übertragung von power (im Sinne von verausgabter Energie und Schöpferkraft) auf die Eigentümer solcher Arbeitsvoraussetzungen. Diese eignen sich die Arbeitskraft der Nichtbesitzer von Produktionsmitteln dadurch an, daß sie deren Arbeitsprodukte als ihr Eigentum verwerten können. Spätestens hier wird deutlich, daß *developmental power* nur nach Maßgabe der anderen Form von *power*, die Herrschaft eines Menschen über andere zum Inhalt hat, entfaltet werden kann: Diese enthüllt sich so als *ausbeuterische Gewalt (extractive power)*. Wer diesem Gewaltverhältnis untersteht, weil zum Verkauf seiner Arbeitskraft gezwungen, ist am Gebrauch seiner schöpferischen Fähigkeiten nach eigenem Plan gehindert.

Diese dergestalt von Macpherson analysierten Zusammenhänge werden, wie er annimmt, von der gegenwärtigen ökonomischen und politischen Theorie der westlichen Demokratien deshalb nicht erkannt, weil sie die in der gezeigten Weise zu unterscheidenden Begriffe von *power* nicht auseinanderhalten. Sie sehen die gegenwärtige Macht eines Menschen statisch, d. h. sie gilt als so groß wie dessen gegenwärtige Chancen, zu seinem Nutzen über sächliche Machtmittel und andere Menschen zu verfügen. Bei dieser Auffassung von Macht gibt es keinen Sinn, von Machtübertragung von einem Menschen auf einen anderen zu sprechen: Macht ist stets die Netto-Macht, die jemand gerade besitzt. *Developmental power,* gesehen als das Entfaltungspotential eines Menschen, kann dagegen durch *extractive power* in der geschilderten Weise dem einen beschnitten, vom anderen angeeignet werden. Dabei ist, wie Macpherson, zu Recht betont, gerade die Chance, seine Persönlichkeit frei zu entfalten, die Grundverheißung der modernen liberalen Demokratien. Macpherson hätte zum Beleg seiner These Art. 2 Abs. 1 des Grundgesetzes für die Bundesrepublik Deutschland zitieren können (s. o. Anm. 5).

Dem kundigen Leser wird nicht entgangen sein, daß die *power*-Analyse Macphersons von der Marxschen Arbeitswerttheorie inspiriert ist. Der Hinweis darauf, daß die Übertragung von Arbeitskraft (ein Unterfall von *developmental power*) die Befriedigung vereitle, die aus der Entfaltung der persönlichen Fähigkeiten nach eigenem Plan geschöpft werden könnte (S. 117), erinnert an die Selbstentfremdungslehre des jungen Marx. Gleichwohl ist Macpherson kein orthodoxer Marxist. Seine Auffassung, daß unter kapitalistischen Verhältnissen der Nichtbesitzer von Produktionsmitteln für den Zugang zu diesen Zahlung zu leisten habe, ist in den Augen eines orthodoxen Marxisten eine höchst eigenwillige Paraphrase der Marxschen Arbeitswerttheorie, und dort, wo Macpherson seine Zugangs-Theorie unter Verwendung von Begriffen der Arbeitswerttheorie formuliert (S. 115), ist der Beleg ein Zitat von Locke, nicht von Marx (wie Macpherson überhaupt von Marx-Zitaten einen sehr sparsamen Gebrauch macht).[6] Auch seine Art, zum Zwecke der Gesellschaftsanalyse mit „Modellen" zu arbeiten: der „Eigentumsmarktgesellschaft", in der Machtübertragungen dauernd stattfinden, der „Gesellschaft von unabhängigen Produzenten" und der sozialistischen Gesellschaft, in der solche Übertragungen nicht vorkommen, hat, methodologisch gesehen, mehr mit Max Weber als mit Marx zu tun. Marx war es nämlich nicht auf die Herausarbeitung von Gesellschaftsmodellen, sondern auf die Darstellung des Kapitals als machthabender gesellschaftlicher Objektivität in Denkfiguren der dialektischen Logik angekommen. In dieser Darstellung der „Logik des Kapitals" hat eine „Gesellschaft unabhängiger Produzenten" keinen eigenständigen Ort als „Modell", sie ist dort nur ein abstraktes Moment in der Herleitung des Kapitalverhältnisses.[7] Im übrigen führen die vorliegenden Essays, die entscheidende Teile ihrer argumentativen Struktur einer eigenwilligen Rezeption des Marxismus und einer daran orientierten Kritik der besitzindividualistischen Denktradition verdanken, geradewegs in das Zentrum einer einflußreichen politiktheoretischen und politikphilosophischen Diskussion, die in den letzten zwanzig Jahren in den angelsächsischen Ländern stattgefunden hat. Sie sind ohne intensive Auseinandersetzung mit Isaiah Berlins Analyse der Freiheitsbegriffe, den Bemühungen John Rawles und John W. Chapmans um eine Theorie einer gerechten liberalen und demokratischen Gesellschaft und nicht zuletzt mit den Versuchen, ökonomische Marktmodelle für die politikwissenschaftliche Analyse demokratischer Prozesse nutzbar zu machen, nicht denkbar. Macphersons Argumentationsweise und Darstellungsart ist vom Stil dieser akademischen Diskussion geprägt, zu der er mit den vorliegenden Essays selbst beitragen will. Macpherson sei zwar Marxist, bemerkt Kenneth R. Minogue im „Encounter" vom Dezember 1973 etwas süffisant, doch seine Essays sind „im Stile der modernen akademischen politischen Theorie streng durchdacht … Er scheint für seine akademischen Gesprächspartner schreiben zu wollen". Hieraus ergibt sich für das deutsche Lesepublikum die Chance der Einführung in eine bedeutsame politikwissenschaftliche Diskussion, die hierzulande zu wenig bekannt ist.[8]

Das entscheidende Argument, das Macpherson zur Kritik der skizzierten Diskussion einführt, ist, daß in ihr das Bestehen einer *developmental power,* aus der die Nichtbesitzer von Produktionsmitteln eine Zahlung für den *Zugang* hierzu zu leisten haben, verkannt wird; ein Argument, das man als Neuformulierung der traditionellen marxistischen Ideologiekritik betrachten kann. Zwar ist *developmental power* in dem Begriff von „positiver Freiheit", die I. Berlin in seinem berühmten Essay „Two Concepts of Liberty" (Zwei Auffassungen von Freiheit) von „negativer Freiheit" unterschied, enthalten. Doch Berlin vertrat die Ansicht, daß der positive Begriff von Freiheit totalitären Auslegungen Tür und Tor öffne, weshalb Macpherson sich gezwungen sah, größte intellektuelle Anstrengungen auf den Nachweis zu verwenden (mit Erfolg, wie ich meine), daß dies nur für ein bestimmtes Verständnis von positiver Freiheit zutreffe. Beschränke man aber Freiheit, wie Berlin vorschlage, auf ihre negative Variante im Sinne von „Abwesenheit von Zwang", so verstelle man sich den Weg zu der Einsicht, daß Freiheit auch „Abwesenheit von Hindernissen für die Entfaltung der menschlichen Fähigkeiten *(developmental power)*" bedeuten könne – Hindernisse, die in einer nicht mehr allgemein ins Bewußtsein tretenden Klassenstruktur, die gleichwohl dauernde Zahlungen für den Zugang zu den Arbeitsmitteln erzwingt, verborgen sein können.[9]

Ähnlich gelagert ist die Kritik an den Versuchen von Chapman und Rawls, eine Theorie der Gerechtigkeit, die den Bedingungen eines modernen liberal-demokratischen Wohlfahrtsstaates entspricht, zu entwickeln.[10] Gerechtigkeit und Gleichheit sind insofern miteinander zusammenhängende Begriffe, als eine Gesellschaft, in der extreme Ungleichheit bezüglich des Vermögens und des sozialen Status der einzelnen herrscht, als ungerecht bezeichnet werden muß. Daraus folgt jedoch noch nicht, daß in einer gerechten Gesellschaft völlige Gleichheit hergestellt werden müsse, denn dies könnte wiederum zu neuen Ungerechtigkeiten führen. Chapman und Rawls gehen der Frage nach, welche soziale und ökonomische Ungleichheit noch als gerecht gelten könne, und sie finden die Antwort darin, daß Ungleichheiten dann nicht willkürlich, d. h. ungerecht, sind, wenn Vernunftsgründe dafür sprechen, daß sie sich zum Vorteil eines jeden auswirken werden (S. 81, 88). Der theoretische Hintergrund dieser Annahme ist die ökonomische Theorie des optimalen Zustands eines ökonomischen Systems bei gegebener Verteilung der Produktionsfaktoren (Boden, Kapital, Arbeit), der dann erreicht sei, wenn es unmöglich ist, die Position eines Wirtschaftssubjekts zu verbessern, ohne die Position eines anderen zu verschlechtern.[11] Eine Veränderung ungleicher gesellschaftlicher Positionen wäre gemäß den Vorstellungen von Rawls und Chapman dann ungerecht, wenn dadurch die optimale Verteilung von Gütern und Statuschancen behindert würde.

Macpherson kritisiert diese Denkweise mit mehreren Argumenten. Zunächst bezweifelt er die Behauptung, daß eine kapitalistische Marktgesellschaft in der Lage sei, den gesamtgesellschaftlichen Nutzen (im Sinne des aggregierten maximalen Nutzens der einzelnen Wirtschaftssubjekte) zu maximieren, da es unmöglich sei, den Nutzen der einzelnen an einem einheitlichen Maßstab zu messen. Sodann könne nicht nachgewiesen werden, daß die vom Markt erzeugte Güterverteilung gerecht sei. Zwar könne die Wirtschaftswissenschaft zeigen, daß der unbehinderte Wettbewerb jedem Wirtschaftssubjekt, das in den ökonomischen Prozeß Produktionsfaktoren einbringt, ermöglicht, daraus im Verhältnis zu seinem Beitrag Gewinn zu ziehen – was sie dagegen nicht zeigen könne, sei, daß die gegebene Verteilung von Produktionsfaktoren selbst gerecht sei. Dies aber ist das Problem, das Rawls und Chapman zu lösen unternahmen. Beide verkennen nach Macphersons Ansicht, daß Ungleichheit in den modernen kapitalistischen Gesellschaften nicht nur eine des Einkommens und des sozialen Status sei, die durch Sozialpolitik und institutionalisierte Chancengleichheit kompensiert werden könne, sondern wesentlich eine klassenbedingte Ungleichheit an *developmental power*. Der von Rawls angestrebte Paretooptimale Gesellschaftszustand erweist sich nur dann als optimal, wenn der Mensch als Konsument und nicht als Wesen, das dazu bestimmt ist, seine Fähigkeiten frei zu entfalten, begriffen wird.

Diese ethische Dimension politischen Denkens, die von Autoren wie J. St. Mill und T. H. Green unter Rückgriff auf ältere Vorstellungen vom Wesen des Menschen in die Theorie der liberalen Demokratie eingebracht worden ist, wird, wie Macpherson sarkastisch hervorhebt, von den Verfechtern einer „ökonomischen Theorie der Politik (oder der Demokratie)" schon gar nicht mehr wahrgenommen. Dabei sei die Übernahme des Marktmodells zur Erklärung von Politikabläufen in Demokratien, die, inspiriert von Joseph A. Schumpeter, vor allem von Anthony Downs versucht worden ist, im Grunde obsolet, denn in den Wirtschaftswissenschaften selbst gewinne immer mehr die Auffassung Raum, daß die volkswirtschaftlichen Prozesse eher von Machtblöcken als von individuellen Wirtschaftssubjekten, die ihren Nutzen zu maximieren trachten, vorangebracht werden. Immerhin muß Macpherson anerkennen, daß A. Downs „ökonomische Theorie der Demokratie" faszinierend präsentiert wird und keine bloße intellektuelle Spielerei ist. Sie kann z. B. zeigen, weshalb in einem Zweiparteiensystem die Parteien dazu neigen, mit verwaschenen Programmen um Wählerstimmen zu werben – ein Ergebnis, das wiederum die Prämisse des ökonomischen Modells der Demokratie, nämlich die Rationalität des Wählerverhaltens, in Frage stellt. Bei aller berechtigten Kritik an der Unbekümmertheit, mit der die „Schumpeter-Dahl-Achse" das humanistische Erbe der demokratietheoretischen Diskussion ausgeschlagen hat, darf auch der politische Philosoph nicht übersehen, daß die Politikwissenschaft viel zu geringe Kenntnisse empirischer politischer Abläufe in demokratischen Regierungssystemen besitzt, weshalb auch ihm Bemühungen um eine empirische Theorie der Demokratie, die zu gesicherten Aussagen führen, willkommen sein müssen.

Macphersons Erkenntnisinteresse zielt auf eine Erneuerung der Demokratietheorie ab. Er sieht sie in der Entwicklung einer „nicht-marktbezogenen Theorie der Demokratie" (die zugleich eine Theorie der sozialistischen Demokratie wäre). Bei diesem Versuch muß sich die Tragfähigkeit seiner Unterscheidung zwischen „zwei Begriffen von Macht", die den Angelpunkt seiner Argumentation bildet, erweisen.

Macpherson unterscheidet, wie bereits erläutert, zwischen einem Begriff von Macht, der Macht über andere zu Zwecken der Maximierung des eigenen Nutzens bedeutet und die er „ausbeuterische Macht" *(extractive power)* nennt, und einem Machtbegriff, der die Fähigkeit des einzelnen, seine menschlichen Anlagen frei entfalten zu können *(developmental power)*, meint. In einer Klassengesellschaft hat sich eine Gruppe von Menschen auf Grund ihrer *extractive power* die Arbeitsmittel angeeignet, die zur Entfaltung der *developmental power* eines jeden notwendig sind; jene Menschen, die diese Arbeitsmittel nicht besitzen, müssen mit einem Teil ihrer *developmental power* für den Zugang zu ihnen bezahlen. Die von Macpherson kritisierten Vertreter einer rein empirischen Theorie der Demokratie halten für das Grundprinzip der Demokratie „one man, one vote" (jeder soll eine Wählerstimme haben). Eine solche Auffassung von Demokratie ist jedoch unzureichend. Demokratie heißt ebenso, daß jedermann das Recht und die Chance zustehe, seine Persönlichkeit frei entfalten zu können. Daher lautet die Aufgabe einer demokratischen Politik, solche gesellschaftlichen Verhältnisse herzustellen, in denen die Herrschaft der *extractive power* über die *developmental power* beseitigt wird, oder, anders ausgedrückt, in denen gleicher Zugang zu den Hilfsmitteln, die die einzelnen zur Arbeit und zur freien Gestaltung ihres Lebens benötigen, besteht. Dies aber setze die Beseitigung des Privateigentums an Produktionsmitteln voraus.

Macpherson bemüht sich darum, das Argument zu entkräften, eine kapitalistische Marktgesellschaft vermöge den Nutzen der einzelnen Wirtschaftssubjekte zu maximieren: Dies könne nicht bewiesen werden, da ein Maßstab, an dem der je individuelle Nutzen zu messen wäre, fehle. Anders verhalte es sich jedoch mit der Maximierung der *developmental powers* der einzelnen. Macpherson verwendet beträchtliche Anstrengungen darauf, den Nachweis zu führen, daß hierüber quantitative Aussagen möglich seien. Das Kriterium, woran die Entfaltung der *developmental power* gemessen wird, sind nämlich die diese hemmenden Hindernisse: Werden sie bis zu ihrer völligen Beseitigung abgebaut, so muß das Ausmaß der so freigesetzten *developmental power* bis zu einem Maximum wachsen. In einer Gesellschaft, in der die Behinderungen der *developmental power* abgebaut werden, wird sich ferner die Notwendigkeit einer neuen Interpretation des Eigentumsbegriffes ergeben. Eigentum wird nicht länger als Recht, andere vom Gebrauch einer Sache auszuschließen, angesehen werden können, sondern es wird als Recht des Zugangs zu den Arbeitsmitteln und schließlich als Recht auf eine Gesellschaftsform, in der die *developmental power* der einzelnen voll entfaltet werden kann, begriffen werden müssen.

Es ist Macpherson bewußt, daß er mit seinem Versuch einer „Theorie einer nicht-marktbezogenen Demokratie" eine erhebliche Beweislast übernimmt. Natürlich beharrt er darauf, daß in einer sozialistischen Demokratie nicht weniger bürgerliche und politische Freiheitsrechte bestehen dürften als in den gegenwärtigen liberal-demokratischen Gesellschaften, und er muß eingestehen, daß die bisher bekannten sozialistischen Gesellschaften hierbei im Vergleich zu den liberalen Demokratien schlecht abschneiden. Es könne jedoch nicht bewiesen werden, daß der dortige Mangel an bürgerlichen und politischen Freiheiten notwendige Folge sozialistischer Strukturprinzipien seien: genausogut können sie Ergebnisse der historischen Umstände sein, unter denen diese sozialistischen Gesellschaften entstanden sind. Ein Argument, das nicht ohne weiteres überzeugen kann.

Eine weitere, ernste Schwierigkeit des vorliegenden Versuchs einer nicht-marktbezogenen Demokratietheorie liegt darin, daß sie dem Problem, wie die ökonomischen und politischen Institutionen einer sozialistischen Demokratie zugleich freiheitlich und effektiv ausgestaltet werden können, ausweicht: „Die entscheidende Frage ist nicht, wie eine demokratische Gesellschaft funktioniert, sondern wie man sie erreichen kann" (S. 130). Obwohl die von Macpherson als „entscheidend" bezeichnete Frage sicherlich nicht als gering zu veranschlagen ist, ist die Frage nach einem effektiven Funktionieren einer sozialistischen Demokratie nicht weniger gewichtig. Die von Macpherson angestrebte Demokratietheorie muß nämlich dem Einwand begegnen, daß eine sozialistische Gesellschaft dazu neige (zumindest geben die bisher bekannten sozialistischen Gesellschaften zu solchen Erwägungen Anlaß), zentralisierte Bürokratien zu entwickeln, die die ökonomischen Entscheidungen treffen, die in kapitalistischen Gesellschaften Angelegenheit der Eigentümer von Produktionsmitteln oder der von ihnen beauftragten Manager sind, und die möglicherweise die Entfaltung der *developmental power* der einzelnen auf ähnliche Weise bedrohen wie die *extractive power* der Privatkapitalisten. Eine Theorie, die die Richtigkeit der wirtschaftswissenschaftlichen Lehre von der Optimalität marktförmiger Prozesse (nebst ihren politikwissenschaftlichen Nutzanwendungen) so dezidiert bestreitet, wird sich der Frage nach der Effektivität einer Ökonomie, die auf eine Steuerung durch Marktanreize mehr oder weniger verzichten möchte, stellen müssen.

Folgt man dem obenstehenden Zitat, so ist für Macpherson das entscheidende Problem seiner politischen Konzeption strategischer Art, nämlich, auf welchen Wegen eine demokratische Gesellschaft im Sinne einer neuen Demokratietheorie erreicht werden kann. Hier baut er in erster Linie auf den wissenschaftlich-technischen Fortschritt, der, wie bereits heute erkennbar sei, zu Produktivitätssteigerungen führe, die die Überwindung der heute vorherrschenden Knappheit an Gütern als realistisch erscheinen ließen. Überwindung der weltweiten Güterknappheit und die Entwicklung von alternativen Demokratiemodellen in den gegenwärtigen sozialistischen Ländern und, mehr noch, in den Ländern der Dritten Welt, könnten, wie Macpherson hofft, dazu führen, daß auch die Bevölkerung der westlichen Demokratien in ihrer Mehrheit schließlich die Vorzüge einer nicht-marktorientierten Demokratie erkennt.[12] Ob die Gesellschaften des Westens, des Ostens und der Dritten Welt eine solche – vom wissenschaftlich-technischen Fortschritt vorangebrachte – Entwicklung nehmen werden, ist heute freilich noch fraglicher als zu der Zeit der Entstehung der vorliegenden Essays von Macpherson, die geschrieben worden sind, bevor der *Club of Rome* aus guten Gründen warnend auf mögliche „Grenzen des Wachstums" hingewiesen hat.[13] Hinzu kommt, daß der von Macpherson diagnostizierte Besitzindividualismus, der spätestens seit dem 17. Jahrhundert das Denken des europäischen Bürgertums prägt, zumindest in einigen Ländern des Westens, z. B. in der Bundesrepublik, weite Teile der Bevölkerung, auch der Arbeiterschaft, ergriffen hat. Dies wird sie, soweit erkennbar, auf absehbare Zeit nicht geneigt machen, das ökonomische System der gegenwärtigen westlichen Demokratien entscheidend verändern zu wollen.

Macphersons Versuch einer demokratietheoretischen Erneuerung erweist sich als scharfsinnig in der Diagnose der Schwächen der gegenwärtig vorherrschenden Theorien, die die liberal-demokratischen Demokratien des Westens rechtfertigen sollen. Was aber die Therapie betrifft: Auf Fragen des Übergangs zu einer nichtmarktorientierten Demokratie und der Funktionsweise ihrer Institutionen, sind die Antworten, die Macpherson zu geben hat, nicht immer befriedigend. Doch gerade die Unvollständigkeit der neuen Demokratietheorie Macphersons muß zu vertieftem Nachdenken über die Chancen des demokratischen Sozialismus, um den es Macpherson geht, anregen.

★★★

Das vorliegende Buch enthält die wichtigsten Essays einer Sammlung von Aufsätzen, die C. B. Macpherson 1973 bei *Oxford University Press* unter dem Titel „Democratic Theory: Essays in Retrieval" herausgebracht hat. Dieser Originalband ist in drei Teile gegliedert. Der erste Teil umfaßt sechs Aufsätze, teils bereits publiziert, teils eigens für diesen Band geschrieben, die „aufeinander aufbauend, die Absicht verfolgen, die Notwendigkeit und Möglichkeit einer Demokratietheorie aufzuzeigen, die die Hauptmängel der gegenwärtigen Theorie einer liberal-demokratischen Theorie vermeidet und doch zugleich an den humanistischen Werten festhält, auf die sich die liberale Demokratie immer berufen hat" (Macpherson in seinem Vorwort zu der Originalausgabe). Alle diese sechs Essays sind in der vorliegenden Ausgabe enthalten. Der zweite Teil der Originalausgabe enthält fünf Aufsätze, die zum Argumentationsgang der ersten Essays hinführen oder diesen ergänzen. Es hat sich gezeigt, daß nur eine dieser Arbeiten in die vorliegende Ausgabe übernommen werden mußte, weil sie zu den Themen, die in der ersten Gruppe von Essays diskutiert werden, ergänzende und vertiefende Gesichtspunkte beiträgt: die Arbeit über „Marktwirtschaftliche Begriffe in der politischen Theorie", die hier als Essay VII abgedruckt ist. Der dritte Teil der Originalausgabe enthält drei Arbeiten über die Wurzeln des oben erläuterten Dilemmas der liberalen Demokratie des zwanzigsten Jahrhunderts, die in das siebzehnte Jahrhundert zurückreichen. Da die ideengeschichtliche Seite der Demokratie-analyse Macphersons durch die Übersetzung der „Political Theory of Possessive Individualism" (Die Politische Theorie des Besitzindividualismus) dem deutschen wissenschaftlichen Publikum genügend bekannt ist, konnte auf diese Aufsätze ohne Schaden verzichtet werden. Die vorliegende Zusammenstellung der demokratietheoretischen Essays von Macpherson überschreitet so nicht den Umfang, der für die Bände der „Beck'schen Schwarzen Reihe" üblich ist und eröffnet zugleich einen ausgezeichneten Zugang zu dem innovativen und anregenden Denken des kanadischen politischen Philosophen.

Göttingen, im Juli 1976   Walter Euchner

I. Die Maximierung von Demokratie

In diesem Essay soll versucht werden, die Theorie zu analysieren, mit der die westliche Demokratie gerechtfertigt wird. Dies ist, wie ich hoffe, nützlich, um fundamentale Mängel aufzuzeigen und um die Richtung einer Erneuerung anzudeuten, die möglich und nötig ist. Ich werde zeigen, erstens, daß die Rechtfertigungstheorie unserer westlichen Demokratien auf zwei Maximierungsansprüchen beruht – einerseits dem Anspruch, individuellen Nutzen, andererseits dem Anspruch, individuelle Fähigkeiten zu maximieren; zweitens, daß keiner dieser Ansprüche eingelöst werden kann, teils immanenter Mängel, teils veränderter Umstände wegen; und drittens, daß die veränderten Umstände einen Wandel in einigen Annahmen der Theorie sowohl erlauben als auch erforderlich machen.

Die veränderten Umstände haben neue Schwierigkeiten für die Demokratietheorie geschaffen gerade wegen der Reichweite ihrer Ansprüche. Einer der zentralen Werte unserer Demokratietheorie ist die überragende Wichtigkeit der Wahlfreiheit gewesen. Wir haben eine Art politischer Verbrauchersouveränität proklamiert, die sicherstellen soll, daß die Gesellschaft auf Veränderungen der Vorliebe der Verbraucher reagiert, wie die Marktwirtschaft, auf der unsere westlichen Demokratien beruhen, auf die Veränderungen effektiver Nachfrage. Aber in diesem Zusammenhang ist oft die Tatsache unbeachtet geblieben, daß die Vorliebe der Verbraucher auf dem weltweiten politischen Markt rasch wechselt. Wir im Westen haben immer noch dieselbe starke Vorliebe für eine „freie Gesellschaft"; aber die anderen zwei Drittel der Welt – die kommunistischen Staaten und die gerade unabhängig gewordenen unterentwickelten Länder, die weder kommunistisch noch liberal-demokratisch sind – sind jetzt weltumfassende effektive Nachfrager geworden und fordern etwas anderes. Wenn wir an

Verbrauchersouveränität glauben, müssen wir bereit sein, der neuen effektiven Nachfrage ihren Lauf zu lassen und zuzugeben, daß sie ihre moralische Berechtigung hat. Dies anzuerkennen, bedeutet kein Plädoyer für die Aufgabe unserer so geschätzten Theorie, sondern höchstens für die Koexistenz von Theorien.

Aber unsere Situation ist zugleich schlechter und besser, als es scheint. Schlechter insoweit, als das Auftreten ernsthafter Konkurrenten zur liberal-demokratischen Gesellschaft die Anforderungen an eine Rechtfertigungstheorie erhöht hat. Besser deshalb, weil gewisse Entwicklungen im zwanzigsten Jahrhundert die Möglichkeit eröffnet haben, den Hauptfehler in der uns vom neunzehnten Jahrhundert überkommenen Rechtfertigungstheorie zu vermeiden. Ob die Entwicklungen im zwanzigsten Jahrhundert allerdings auch einen ausreichend tiefgreifenden Wandel unserer Institutionen ermöglichen, soll in diesem Essay nicht untersucht werden.

1

Die Grundelemente der Rechtfertigungstheorie unserer westlichen oder liberalen Demokratien – aus Gründen, die noch deutlich werden, benütze ich hier beide Ausdrücke synonym[1] – können meiner Ansicht nach als zwei Maximierungsansprüche formuliert werden: Als Anspruch, individuellen Nutzen, und als Anspruch, individuelle Fähigkeiten zu maximieren. Der erste Anspruch ist Kennern der politischen Theorie des neunzehnten Jahrhunderts in ihrer utilitaristischen Form vertraut. Der zweite, uns nicht unmittelbar vertraute, stellt einen nützlichen und aufschlußreichen Versuch dar, die nicht-utilitaristischen Ansprüche zu formulieren, die in die liberale Theorie aufgenommen wurden, sobald diese liberal-demokratisch wurde – sagen wir, seit John Stewart Mill. Beide Ansprüche werden im Namen der individuellen Persönlichkeit erhoben. In beiden Fällen wird argumentiert, daß die liberale Gesellschaft die weitgehendste Verwirklichung der menschlichen Persönlichkeit gewährleistet, obwohl in beiden Fällen der wesentliche Charakter jener Person verschieden gesehen wird, was jeweils verschiedene geschichtliche Wurzeln hat. Es dürfte nützlich sein, vor der Untersuchung dieser beiden Ansprüche wenigstens vorläufig ihren Standort innerhalb der geistigen Tradition des Westens zu bestimmen.

Der erste Anspruch lautet, daß die liberal-demokratische Gesellschaft größere individuelle Wahlfreiheit als jede nicht-liberale Gesellschaft gestattet und dadurch individuellen Nutzen bzw. Befriedigung maximiert. Der Anspruch beinhaltet nicht nur, daß sie den Gesamtnutzen maximiert, sondern daß sie dies in gerechter Weise tut: Daß sie genau die Befriedigung maximiert, auf die jedes Individuum entsprechend einem gewissen Konzept von Gerechtigkeit einen Anspruch hat. Dieser Anspruch impliziert eine bestimmte Vorstellung vom menschlichen Wesen. Die Nutzenmaximierung als die letzte Rechtfertigung einer Gesellschaft zu betrachten, bedeutet, den Menschen als einen Konsumenten nützlicher Güter anzusehen. Nur wenn man den Menschen als ein Bündel von Begierden auffaßt, die nach Befriedigung verlangen, ist die gute Gesellschaft jene, die Befriedigung maximiert. Dieses Menschenbild, das in der Benthamschule vorherrscht, geht noch hinter die Klassiker der politischen Ökonomie zurück. Es ist der liberalen Tradition fest verhaftet und aus der Verteidigung der liberal-demokratischen Gesellschaft nicht mehr wegzudenken.

Der zweite Anspruch behauptet, daß die liberal-demokratische Gesellschaft die den Menschen eigentümlichen Fähigkeiten maximiert, d. h. ihr Vermögen, ihre einzigartigen menschlichen Anlagen zu nutzen und zu entwickeln. Dieser Anspruch beruht auf einer Auffassung vom Wesen des Menschen, die in ihm nicht einen Konsumenten von Gütern, sondern einen handelnden Schöpfer sieht, der sich seiner menschlichen Eigenschaften erfreut. Diese Eigenschaften mögen auf verschiedene Weise zusammengestellt und bewertet werden. Man kann zu ihnen die Befähigung zu rationalem Verstandesgebrauch, zu moralischen Urteilen und Handeln, zu ästhetischer Kreation und Kontemplation, zu emotionalen Aktivitäten wie Freundschaft und Liebe und manchmal zu religiöser Erfahrung zählen. Was man auch immer für die allein dem Menschen zukommenden Eigenschaften hält: Gemäß dieser Auffassung vom Menschen wird ihre Verwirklichung und Entwicklung als Selbstzweck, als Befriedigung schlechthin und nicht als Mittel zur Befriedigung von Konsumbedürfnissen angesehen. Es ist besser unterwegs zu sein, als anzukommen. Der Mensch ist kein Bündel von Trieben, die Befriedigung suchen, sondern ein Bündel bewußter Energie, die sich entfalten will.

Diese Auffassung vom Wesen des Menschen ist fast das Gegenbild zu dem der Utilitaristen. Tatsächlich entstand sie als Reaktion auf das grobe Benthamsche Bild vom Menschen als einem Konsumenten. Bentham provozierte im neunzehnten Jahrhundert verschiedenartigste Reaktionen, konservative, radikale, gemäßigte, die von Carlyle und Nietzsche über John Stuart Mill bis zu Marx und Ruskin reichten. Jeder dieser Denker versuchte auf seine Weise die Idee zu rehabilitieren, daß das Wesen des Menschen eher in Aktivität als in passiver Konsumtion bestünde. Ich betone, daß sie sie rehabilitierten, denn in der humanistischen Tradition des Westens ist sie nichts Neues. Von Aristoteles bis zum siebzehnten Jahrhundert war es eher üblich, das Wesen des Menschen als zweckgerichtete Aktivität, als Verausgabung von Energien in Übereinstimmung mit einem rationalen Zweck, statt als Konsumtion von Befriedigungen anzusehen. Erst mit der Entstehung der modernen Marktgesellschaft, die wir schon für das siebzehnte Jahrhundert ansetzen können, wurde diese Vorstellung vom Menschen eingeengt und in ihr Gegenteil verkehrt. Man hielt den Menschen zwar immer noch für eine seinem Wesen nach zweckgerichtete, rationale Kreatur, aber die Annahme fand zunehmend Verbreitung, daß das Wesen rationalen Verhaltens im unbegrenzten individuellen Erwerb zum Zwecke der Befriedigung des unbegrenzten Bedürfnisses nach Gütern bestehe. Der Mensch wurde zum unbegrenzten Appropriateur und unbegrenzten Verbraucher; ein unbegrenzter Appropriateur, weil von endlosem Bedürfnis getrieben. Von Locke bis James Mill gewann diese Vorstellung vom Menschen zunehmend an Einfluß. Die Reaktion des neunzehnten Jahrhunderts, sei es in konservativer, gemäßigter oder radikaler Form, war ein Versuch, eine viel ältere Tradition wieder in ihr Recht einzusetzen. Das utilitaristische

Konzept war jedoch zu dieser Zeit schon zu tief in der Marktgesellschaft verwurzelt, um aus der liberalen Tradition getilgt werden zu können, und doch bereits zu deutlich unangemessen, um es länger dominieren zu lassen. Das Resultat erkennt man bei John Stuart Mill und T. H. Green und in der ganzen nachfolgenden liberal-demokratischen Tradition: Ein verlegener Kompromiß zwischen den beiden Menschenbildern und dementsprechend eine unsichere Mischung der beiden Maximierungsansprüche, die im Namen der liberal-demokratischen Gesellschaft gestellt werden.

Es überrascht nicht, daß die beiden Auffassungen vom Menschen und die beiden Maximierungsansprüche in Verbindung gebracht wurden. Denn das Problem, dem die ersten liberal-*demokratischen* Denker im neunzehnten Jahrhundert gegenüberstanden, bestand darin, einen Weg zur Anpassung der vordemokratischen liberalen Tradition der vergangenen zwei Jahrhunderte an den neuen demokratischen Zeitgeist zu finden. Die liberale Tradition war in einer Marktgesellschaft entstanden, deren Ethos die kompetitive Nutzenmaximierung war. Die liberalen Theoretiker des siebzehnten und achtzehnten Jahrhunderts hatten ganz richtig angenommen, daß die zur Diskussion stehende Gesellschaft eine Marktgesellschaft sei, die aufgrund von Vertragsbeziehungen zwischen freien Individuen funktionierte. Diese boten ihre natürlichen und erworbenen Fähigkeiten *(powers)* in der Absicht auf dem Markt an, den größtmöglichen Ertrag zu erzielen. Dieser Auffassung zufolge gehörten die Fähigkeiten eines Menschen nicht zu seinem Wesen, sondern hatten bloß instrumentellen Charakter: In Hobbes klassischem Ausspruch waren sie „seine gegenwärtigen Mittel, um irgendein zukünftig mögliches Gut zu erlangen." Fähigkeiten waren ein Mittel, Nutzen zu erlangen.[2] Die Gesellschaft war von einem Verhalten durchdrungen, das ganz auf Nutzenmaximierung ausgerichtet war. Die liberalen Theoretiker konnten die darin zum Ausdruck kommende Auffassung vom Menschen als Nutzenmaximierer nicht aufgeben, ohne auf alle die Vorteile zu verzichten, die sie in der liberalen Gesellschaft zu erkennen glaubten.

Warum hielten sie es dann für nötig, die andere Auffassung vom Menschen und den anderen Maximierungsanspruch genauso zu berücksichtigen? Zwei Gründe sind ziemlich klar. Einer war der Ekel von Männern wie John Stuart Mill vor dem krassen Materialismus der Marktgesellschaft, deren Auswüchse nicht mehr zu übersehen waren. Sie brachte nämlich nicht die höhere Lebensqualität, die die früheren Liberalen zur Zeit ihrer Entstehung erwartet hatten. Ein zweiter Grund kann in der Überzeugung der Liberalen in der Mitte des neunzehnten Jahrhunderts gesehen werden, daß man das allgemeine Wahlrecht nicht länger vorenthalten könne. Aufgrund dieser Überzeugung schien es dringlich, die Gesellschaft moralisch zu belehren, bevor die Masse die Macht übernahm. Deshalb mußte die liberal-demokratische Gesellschaft so dargestellt werden, daß sie mit einer moralisch akzeptableren Ideologie (moralisch akzeptabler sowohl für die liberalen Theoretiker als auch hoffentlich für die demokratischen Massen) als dem überkommenen Utilitarismus gerechtfertigt werden könnte. Ohne mit der liberalen Verpflichtung auf individuelle Freiheit brechen zu müssen, konnte dies dadurch erreicht werden, daß man als Grundprinzip der liberal-demokratischen Gesellschaft das Recht und die Freiheit annahm, aus sich das Beste zu machen. Auf diese Weise konnte die individuelle Freiheit zur Fähigkeitsmaximierung leicht mit der Freiheit zur Nutzenmaximierung in Einklang gebracht werden. Eine gerade moralisch bekehrte liberal-demokratische Gesellschaft konnte nun von sich behaupten, als Marktgesellschaft den von den Individuen gewählten Nutzen und gleichzeitig als freie Gesellschaft ihre Fähigkeiten zu maximieren. Keiner der beiden Ansprüche konnte sich gut behaupten.

2

Der Anspruch, daß die liberal-demokratische Gesellschaft individuellen Nutzen maximiert (und das in gerechter Weise), kann auf einen ökonomischen Anspruch reduziert werden. Es ist in der Substanz der Anspruch, daß die auf Einzelinitiative und individuellen Rechten zu unbegrenzter Aneignung beruhende Marktwirtschaft, d. h. die kapitalistische Marktgesellschaft mit ihren erforderlichen sozialen und politischen Institutionen, individuellen Nutzen maximiert, und zwar in gerechter Weise. Die Reduktion des Nutzenmaximierungsanspruchs auf ökonomische Begriffe bedeutet nicht, daß die anderen liberalen Institutionen, die mit dem liberal-demokratischen Anspruch verbunden sind, eine Abwertung erfahren. Bürgerliche und politische Freiheiten sollen selbstverständlich ihren Wert neben ihrer instrumentell eingeengten ökonomischen Funktion behalten. Doch faßt man sie gewöhnlich nicht als nützliche *Güter,* sondern als notwendige Bedingungen zur Ausübung und Entwicklung individueller *Fähigkeiten* auf. Wir können deshalb hier von ihnen absehen und sie später unter dem anderen Maximierungsanspruch behandeln.

Die Behauptung, daß die kapitalistische Marktgesellschaft individuellen Nutzen maximiert, ist schon ziemlich gut von den Ökonomen im zwanzigsten Jahrhundert widerlegt worden, obwohl wenige politische Theoretiker das wahrhaben wollen. Denn der Anspruch, individuellen Gesamtnutzen zu maximieren, ergibt eine unüberwindbare logische Schwierigkeit. Die Befriedigung nämlich, die verschiedene Individuen bestimmten Dingen abgewinnen, läßt sich nicht an einem einzigen Maßstab messen. Deshalb können sie auch nicht aufgerechnet werden. Infolgedessen läßt sich nicht zeigen, daß die Nutzenmenge, die der Markt letztlich produziert, größer ist als irgendeine andere Menge, die möglicherweise von einem anderen System produziert wird. Und folglich bleibt es unbewiesen, daß der Markt den Gesamtnutzen maximiert.

Die Behauptung, daß der Markt Nutzen gerecht maximiert, begegnet sogar noch größeren Schwierigkeiten. Gerechtigkeit bezieht sich hier auf die Verteilung des Gesamtprodukts unter die einzelnen Mitglieder einer Gesellschaft. In der liberalen Tradition nahm man gewöhnlich an, daß Gerechtigkeit eine Verteilung entsprechend den Beiträgen jedes Einzelnen zum Gesamtprodukt voraussetzt. Wie läßt sich zeigen, daß der Markt diese Bedingung erfüllt? Eine bestimmte Verteilung von Ressourcen und Einkommen vorausgesetzt, können Ökonomen zeigen, daß der Mechanismus eines vollkommen freien, wettbewerbsmäßig funktionierenden Marktes jedem die Höchstbefriedigung gibt, zu der ihn sein Beitrag berechtigt. Aber wenn sich nicht zeigen läßt, daß die gegebene Verteilung von Ressourcen und Einkommen gerecht ist, kann die Behauptung gerechter Maximierung nicht mehr aufrecht erhalten werden. Das ökonomische Modell kann höchstens zeigen, daß der vollkommene Wettbewerb jedem genau die Belohnung gibt, die den eigenen eingesetzten Ressourcen entspricht, seien es seine Geschicklichkeit, sein Kapital oder Land oder irgendwelche anderen Ressourcen. Dies aber läßt die Frage offen, ob die bestehende Besitzverteilung all dieser Ressourcen gerecht ist. Wenn Gerechtigkeit Belohnung entsprechend der eingesetzten Energie und Geschicklichkeit voraussetzt – dies war John Stuart Mills Gerechtigkeitsprinzip für Eigentum –, dann erweist sich das Marktmodell als ungerecht. Denn abgesehen von dem Einsatz von Energie und Geschicklichkeit verteilt der Markt Belohnungen auch gemäß dem Besitz anderer Ressourcen, unabhängig davon, wie sie erworben worden sind, und niemand kann behaupten, daß der Besitz dieser Ressourcen in einem Verhältnis zu der von ihren Besitzern verausgabten Energie und Geschicklichkeit steht.

Also leistet der Markt weder eine gerechte, der Leistung entsprechende Nutzenmaximierung, noch gelingt ihm gemäß irgendeiner egalitären Bedürfniskonzeption eine gerechte Maximierung von Bedürfnissen. Gerade Bentham hatte die egalitäre Annahme gemacht, daß die Individuen die gleiche Befähigung zu Genuß und folglich auch gleiche Bedürfnisse haben, und so forderte er, daß jedes Individuum bei der Berechnung des Gesamtnutzens als eines und niemand mehr als eines zählen sollte. Er zeigte dann, daß nach dem Gesetz vom abnehmenden Grenznutzen der Nutzen durch eine absolut gleiche Verteilung des Reichtums maximiert würde. Dann allerdings wies er darauf hin, daß gleiche Verteilung völlig unvereinbar sei mit der Garantie des Eigentums einschließlich des Profits, den er als Produktivitätsanreiz für unentbehrlich hielt. Er schloß daraus, daß der Gleichheitsanspruch hinter den Sicherheitsanspruch zurücktreten müsse, damit der Gesamtnutzen maximiert werden könne. Bentham zeigte also mit bewundernswerter Klarheit, daß man unter Voraussetzung marktwirtschaftlicher Profitanreize nicht mehr jedes Individuum gleichermaßen bei der Berechnung des maximalen Nutzens berücksichtigen kann. Bentham behauptete nicht, daß der Markt entsprechend seinem eigenen Begriff von Gerechtigkeit Nutzen gerecht maximiere, sondern vielmehr, daß der Markt das gar nicht leisten kann.

Andere Begriffe von Gerechtigkeit als die beiden, die wir gerade untersucht haben – Verteilung entsprechend der Leistung sowie Verteilung entsprechend den Bedürfnissen – sind möglich, aber keiner, der mit dem minimalen Gleichheitsgrundsatz übereinstimmt, erbringt den Nachweis, daß der Markt Nutzen gerecht maximiert.

Deshalb sind beide Ansprüche, der, Nutzen zu maximieren, wie der, dies auf gerechte Weise zu tun, auch unter der Voraussetzung vollkommener Konkurrenz verfehlt. Außerdem besteht die Schwierigkeit, daß die kapitalistische Marktgesellschaft sich immer mehr vom Ideal der vollkommenen Konkurrenz entfernt und sich in Richtung auf Oligopol, Monopol, verwalteter Preise und geplanter Produktion bewegt. In dem Ausmaß, wie dieser Prozeß fortschreitet, ist der Anspruch auf Nutzenmaximierung noch aus einem anderen Grund verfehlt.

3

Der Anspruch, daß die liberal–demokratische Gesellschaft die Fähigkeiten ihrer Mitglieder zur größtmöglichen Entfaltung bringt *(maximize)*, ist komplexer, wiewohl die grundsätzliche Idee klar genug ist. Es ist sicherlich eine ziemliche Vereinfachung, alle von der Nutzenmaximierung verschiedenen grundlegenden Ansprüche der liberalen Demokratie unter dieses Prinzip, dem der größtmöglichen Entfaltung individueller Fähigkeiten, zu subsumieren, aber dadurch gelingt es, die Aufmerksamkeit auf einige fundamentale, aber oft übersehene Faktoren zu lenken. Das Prinzip der größtmöglichen Entfaltungsmöglichkeit *(power-maximizing principle)* wird hier als Neuformulierung der nicht-utilitaristischen Prinzipien verstanden, die im 19. Jahrhundert in die liberale Theorie aufgenommen worden sind, um sie zu demokratisieren und sie mit der vorliberalen (oder nicht markt-orientierten) westlichen Tradition zu verbinden. Ganz gleich, ob man diese westliche Tradition auf Plato oder Aristoteles oder auf das christliche Naturrecht zurückführt, sie beruht auf der Vorstellung, daß der Zweck oder das Ziel des Menschen darin besteht, seine einzigartig menschlichen Eigenschaften und Anlagen zu verwirklichen und zu entwickeln. Ihre potentielle Verwirklichung und mögliche Entwicklung mag man den Inbegriff der Fähigkeiten *(powers)* eines Menschen nennen. Ein gutes Leben besteht dann darin, diese Fähigkeiten zu maximieren. Eine gute Gesellschaft ist dadurch gekennzeichnet, daß sie eben diese Maximierung erlaubt und begünstigt und es so den Menschen ermöglicht, das Beste aus sich zu machen.

Man darf nicht übersehen, daß der Begriff der Fähigkeiten ein ethischer, kein deskriptiver Begriff ist. Ihmzufolge ist der Inbegriff der Fähigkeiten eines Menschen sein Potential, die ihm als Gattungswesen zukommenden Anlagen zu verwirklichen, seien sie ihm nun von Gott oder von der Natur gegeben, und nicht (wie bei Hobbes) seine gegenwärtigen, wie auch immer erworbenen Mittel, sich der zukünftigen Befriedigung seiner Begierden zu versichern. Der Unterschied wird sofort klar, wenn man aufzeigt, was beide Begriffe jeweils umfassen.

Der ethische Begriff der menschlichen Fähigkeiten als Ausdruck für das Potential zur Verwirklichung menschlicher Zwecke schließt in die Fähigkeiten des Menschen notwendigerweise nicht nur seine natürlichen Anlagen mit ein (seine Energie und seine Geschicklichkeit), sondern auch die *Möglichkeit,* sie auszuüben. Es umfaßt deshalb auch den *Zugang* zu all den Dingen, die für diese Ausübung erforderlich sind. Was immer der Verwirklichung seines menschlichen Zweckes entgegensteht oder was diesen Zugang einschränkt, muß man deshalb als eine Beeinträchtigung der Fähigkeiten eines Menschen ansehen.

Der deskriptive Begriff der Fähigkeiten dagegen zählt zu seinen natürlichen Anlagen noch *zusätzlich* all die Macht (verstanden als Mittel, sich zukünftiger Befriedigung zu versichern) hinzu, die er durch die Verfügungsgewalt über die Energien und Geschicklichkeit anderer Menschen erlangt hat, bzw. zieht den Teil seiner Energien und Fertigkeiten ab, den er an andere Menschen verloren hat. Dieser Begriff der menschlichen Fähigkeiten fordert nicht, daß ein Mensch die Möglichkeit haben soll, seine menschlichen Anlagen voll zu verwirklichen. Er setzt nicht voraus, daß ein Mensch freien Zugang zu all den Dingen haben soll, die er für die Verwirklichung seiner Anlagen benötigt. Deshalb wird alles, was der vollen Verwirklichung seiner menschlichen Anlagen oder dem Zugang zu dem, was für diesen Zweck nötig ist, im Wege steht, nicht als eine Beeinträchtigung der menschlichen Fähigkeiten behandelt. Aus dieser Sicht sind die Fähigkeiten eines Menschen die, die er faktisch besitzt, und nicht die, die er haben müßte, um menschenwürdig zu leben. Wenn man die Fähigkeiten eines Menschen als seine gegenwärtigen Mittel für zukünftige Bedürfnisbefriedigung definiert, dann schließen sie die Verfügungsgewalt über die Energien und Fertigkeiten anderer Menschen mit ein. Die Fähigkeiten dieser anderen umfassen dann nur noch die nach der Übertragung übrig gebliebene Energie und Fertigkeit. Diesem Begriff der Fähigkeiten zufolge entsteht keine Beeinträchtigung der Fähigkeiten eines Menschen, wenn man ihm die Möglichkeit zur vollen Entfaltung seiner Anlagen verwehrt, denn seine Fähigkeiten werden erst gemessen, nachdem eine solche Beeinträchtigung stattgefunden hat.

Eine Methode, sich die Fähigkeiten eines anderen Menschen anzueignen, besteht darin, ihm den freien Zugang zu dem zu verwehren, was er braucht, um seine Anlagen zu verwirklichen, und ihn dann für den Zugang mit einem Teil seiner Fähigkeiten zahlen zu lassen. In jeder Gesellschaft, in der eine Einschränkung des Zugangs in großem Ausmaße stattgefunden hat, wird man die entstandene Situation, abhängig vom verwandten Begriff menschlicher Fähigkeiten, verschieden beurteilen. Dem ethischen Begriff zufolge findet eine ständige Nettoübertragung eines Teils der Fähigkeiten einiger Menschen auf andere statt und damit eine Beeinträchtigung des menschlichen Wesens derjenigen, denen diese Macht entzogen worden ist. Nach dem deskriptiven Konzept findet keine Nettoübertragung von Fähigkeiten statt (da Fähigkeiten als die Mittel definiert sind, die man schon erlangt bzw. übrig behalten hat) und auch keine Beeinträchtigung des menschlichen Wesens (da der hier vorausgesetzte Begriff des menschlichen Wesens den Menschen nur als Konsumenten von Befriedigungen berücksichtigt).

M. E. war es der ethische Begriff der menschlichen Fähigkeiten, der im neunzehnten Jahrhundert in die Tradition des Westens wiederaufgenommen wurde und auf diese Weise die Umwandlung der liberalen in eine liberal-demokratische Theorie ermöglichte. Das kommt klar bei T. H. Green zum Ausdruck, etwas weniger klar bei John Stuart Mill (der sich erst einmal von der Position Benthams, d. h. Hobbes, lösen mußte). Als dieser ethische Begriff im neunzehnten Jahrhundert wieder aufgegriffen wurde, lag die Betonung stärker auf dem Gleichheitsgrundsatz als im Altertum und im Mittelalter. Es wurde nicht nur angenommen, daß jedes Individuum ein gleiches Anrecht auf die Verwirklichung seines menschlichen Wesens habe, sondern auch (und das im Unterschied zu den Griechen), daß die Anlagen der Menschen im wesentlichen gleich seien und (im Gegensatz zur mittelalterlichen Tradition) daß die Menschen einen Anspruch auf Chancengleichheit in dieser Welt hätten.

Mit der Wiedereinführung des ethischen Begriffes durch die, die sich bemühten, Marktgesellschaft und die vordemokratische liberale Theorie zu humanisieren, wurde er zu dem Anspruch, daß die liberal-demokratische Gesellschaft Fähigkeiten jedes Menschen maximiere, im Sinne einer Maximierung der Möglichkeit jedes Menschen, seine wesentlichen menschlichen Eigenschaften und Anlagen zu gebrauchen und zu entwickeln.

Dieser Begriff der Maximierung menschlicher Fähigkeiten bringt nicht die logischen Schwierigkeiten mit sich, die dem Begriff der Nutzenmaximierung anhaften. Hier gibt es kein Problem der Messung und des Vergleichs des Nutzens und der Befriedigung, die verschiedene Individuen dem Gebrauch der selben Dinge abgewinnen. Natürlich ist der Genuß, den ein Mensch bei der Anwendung und der Verausgabung seiner Energien empfindet, unvergleichbar mit dem eines anderen Menschen. Doch hier wird lediglich behauptet, daß die liberal-demokratische Gesellschaft einem jedem die größtmögliche Freiheit gewährt, seine natürlichen Anlagen zu verwirklichen und zu entwickeln.

Die Schwierigkeit mit diesem Anspruch liegt tiefer. Sie liegt in der Tatsache, daß die liberal-demokratische Gesellschaft eine kapitalistische Marktgesellschaft[3] ist und ihre Struktur eine ständige Nettoübertragung eines Teils der Macht einiger Menschen auf andere erzwingt und so eher die individuelle Freiheit zur Selbstentfaltung der natürlichen Anlagen vermindert als maximiert.

Der Grund dafür läßt sich unschwer erkennen. Die kapitalistische Marktgesellschaft funktioniert notwendigerweise aufgrund eines ständigen und überall verbreiteten Austauschs von individuellen Fähigkeiten. Die meisten Menschen verkaufen auf dem Markt den Gebrauch ihrer Arbeitskraft und Fertigkeit im Austausch für das Produkt oder für den Gebrauch der Arbeitskraft und Fertigkeit anderer. Dazu sind sie gezwungen, denn sie besitzen oder kontrollieren weder genug Kapital noch andere Arbeitsmittel. Dieses liegt in der Natur der kapitalistischen Gesellschaft, in der relativ wenige im Besitz von Kapital und anderen Ressourcen sind, ohne (der ganzen Gesellschaft oder einem Teil von ihr) für irgendetwas außer für ihr Bestreben, ihr Kapital zu vermehren, verantwortlich zu sein. Je mehr sie ihr Kapital vermehren, desto größeren Einfluß haben sie auf die Bedingungen, unter denen diejenigen, die kein Kapital besitzen, Zugang zu diesem bekommen. Kapital und andere materielle Ressourcen sind unentbehrliche Arbeitsmittel: Ohne Zugang zu ihnen kann man nicht seine Geschicklichkeiten und Energie für die primäre Lebensaufgabe, die Lebenserhaltung einsetzen, noch den wirklichen Lebenszweck verfolgen, der (der zweiten Ansicht vom Wesen des Menschen zufolge) im Genuß und in der Entwicklung der eigenen Fähigkeiten besteht. Mittel zum Arbeiten sind unerläßlich. Diejenigen, die ohne eigene Arbeitsmittel sind, müssen für den Zugang zu denen anderer zahlen. Von einer Gesellschaft, die die Menschen dazu zwingt, anderen für den Zugang zu den Mitteln, ohne die man seine Energien und Fertigkeiten nicht sinnvoll einsetzen kann, etwas zu zahlen, kann man nicht behaupten, daß sie die Fähigkeiten eines jeden maximiert (unter Voraussetzung des ethischen Begriffs menschlicher Fähigkeiten).

Aus unserer Analyse der beiden Begriffe menschlicher Fähigkeiten sollte der Grund klar werden, warum dies generell nicht gesehen worden ist: die beiden Begriffe sind nicht genau auseinandergehalten worden. Die Ökonomen (und die meisten politischen Theoretiker) erkennen keine Nettoübertragung von Fähigkeiten in einer kapitalistischen Marktgesellschaft mit vollständiger Konkurrenz. Als Erben der von Hobbes bis Bentham vorherrschenden Vorstellung vom Menschen erkennen sie diese nicht, weil sie, wie wir gesehen haben, die Fähigkeiten eines Menschen als genau die Mittel definieren, die ein Mensch zu seiner Bedürfnisbefriedigung hat, d. h. so viel Macht, wie ein Mensch durch Land- oder Kapitalbesitz schon erworben hat, bzw. so wenig wie er übrig hat (seine Arbeitskraft), nachdem andere sich Land und Kapital angeeignet haben. Wenn man Fähigkeiten so definiert, dann geschieht keine Nettoübertragung von Fähigkeiten in der Beziehung zwischen Kapital und Arbeit.

Wie wir aber gesehen haben, ist diese Definition von Fähigkeiten weitgehend unvereinbar mit der ethischen Definition der menschlichen Fähigkeiten, und gerade die letztere ist es, auf die der Anspruch der liberalen Demokratie, individuelle Fähigkeiten zu maximieren, logisch gegründet werden muß.[4]

Wenn also im Zusammenhang mit dem liberal-demokratischen Maximierungsanspruch gefordert werden muß, daß die Fähigkeiten eines Menschen die Möglichkeit miteinbeschließen, seine natürlichen Anlagen zu verwirklichen, so folgt daraus, daß die kapitalistische Marktgesellschaft, die aufgrund einer ständigen Nettoübertragung eines Teils der Fähigkeiten einiger Menschen auf andere zu deren Vorteil und Genuß funktioniert, nicht wirklich von sich behaupten kann, die individuellen Fähigkeiten eines jeden zu maximieren.

Dagegen läßt sich einwenden, daß zwar das kapitalistische Marktmodell eine ständige Nettoübertragung von Fähigkeiten voraussetzt, daß dies aber in den gegenwärtigen westlichen Demokratien nicht mehr der Fall ist, weil sie sich vom kapitalistischen Modell ein gutes Stück entfernt haben. Es wird allgemein angenommen, daß ein Resultat der Durchsetzung des allgemeinen, demokratischen Wahlrechts die Entstehung des Wohlfahrtsstaates ist, dessen auffälligstes Merkmal weitgehende und ständige Transferzahlungen von den Besitzenden zu den Besitzlosen in Form von staatlicher Fürsorge und eines subventionierten Dienstleistungsangebots ist. Deshalb läßt sich behaupten, daß der moderne Wohlfahrtsstaat die Fähigkeitsübertragung von den Besitzlosen, die in dem kapitalistischen Gesellschaftsmodell existieren muß, kompensiert hat bzw. kompensieren kann.

Diese Behauptung läßt sich nicht aufrech, erhalten. Wir brauchen uns nicht auf die Diskussion einzulassen, ob die Transferzahlungen des Wohlfahrtsstaates tatsächlich die bisher vorherrschende Verteilung des Sozialproduktes zwischen den Klassen verändert hat. Wir müssen nur zur Kenntnis nehmen, daß der kapitalistische Wohlfahrtsstaat immer noch für die Bewältigung des Hauptteils der produktiven Arbeit der Gesellschaft auf kapitalistischen Anreizen beruht, und daß, solange das der Fall ist, jeder wohlfahrtsstaatliche Transfer von den Besitzenden zu den Besitzlosen unmöglich den ursprünglichen Transfer in die Gegenrichtung ausgleichen kann. Dies geben selbst die hartnäckigsten Verteidiger des Kapitalismus zu, wenn sie ganz richtig darauf hinweisen, daß es keinen Anreiz zu kapitalistischer Unternehmung und folglich auch keine Privatinitiative gäbe, wären die Wohlfahrtszahlungen so groß, daß kein Profit mehr möglich ist.[5] Wir dürfen also daraus den Schluß ziehen, daß die Existenz des Wohlfahrtsstaates die Nettoübertragung der Fähigkeiten von den Besitzlosen zu den Besitzenden – die, wie wir gesehen haben, jedem kapitalistischen Modell innewohnt – weder beseitigt noch substantiell verändert. Die Behauptung, daß der liberal-demokratische Wohlfahrtsstaat menschliche Fähigkeiten maximiert, bleibt deshalb unbewiesen.

Unsere Analyse des Anspruchs auf die Maximierung der Fähigkeiten hat einen immanenten Mangel aufgedeckt: Die Fähigkeiten, die die liberal-demokratische Gesellschaft tatsächlich und notwendigerweise maximiert, sind von denen verschieden, die sie zu maximieren beansprucht, und die Maximierung, die sie erreicht, ist mit der angestrebten Maximierung unvereinbar. Die Fähigkeiten, die sie zu maximieren beansprucht, sind das Vermögen eines jeden Menschen, seine menschlichen Anlagen zu verwirklichen und zu entwickeln. Die Fähigkeiten, die sie letztlich maximiert, sind die Mittel einiger Menschen, sich dadurch Vorteile zu verschaffen, daß sie sich in einem ständigen Übertragungsprozeß die Fähigkeiten anderer aneignen. Diesen Mangel kann man als inhärent ansehen, betrachtet man den liberal-demokratischen Anspruch isoliert.

Wir müssen den liberal-demokratischen Anspruch jedoch noch einer vergleichenden Analyse unterziehen, denn das Problem besteht im zwanzigsten Jahrhundert in der Konfrontation des liberal-demokratischen Anspruchs mit anderen Ansprüchen. Der liberal-demokratische Anspruch, menschliche Fähigkeiten zu maximieren, wird doch schließlich in vergleichender Absicht erhoben: Er besagt, daß die liberal-demokratische Marktgesellschaft jedem Individuum die Möglichkeit zur Verwirklichung seines menschlichen Wesens in größerem Maß gewährt als jede andere Gesellschaft. Auch unter der Hinnahme einer ständigen Nettoübertragung von Fähigkeiten der Nicht-Eigentümer auf die Eigentümer in unserer Gesellschaft könnte dieser Anspruch noch aufrecht gehalten werden, wenn sich zeigte, daß ein ähnlicher Transfer jeder möglichen Gesellschaft inhärent ist. Die Übertragung von Fähigkeiten würde dann für jeden Gesellschaftsvergleich irrelevant sein, und man könnte die These vertreten, daß die liberal-demokratische Marktgesellschaft dem Einzelnen eine bessere Chance gibt als jede andere Gesellschaft. Die entscheidende Frage ist also, ob eine ständige Nettoübertragung jeder möglichen Gesellschaft inhärent ist.

Da die Übertragung die Bezahlung für den Zugang zu den Arbeitsmitteln darstellt, muß man fragen, ob freier Zugang in irgendeiner Gesellschaftsform möglich wäre. Man denkt sofort an zwei Gesellschaftsmodelle, die freien Zugang zu den Arbeitsmitteln gewähren. Aus verschiedenen Gründen kann keines von ihnen unsere Problem lösen, aber wir sollten sie wenigstens deshalb erwähnen, um eine weitere Forschungsrichtung anzudeuten.

Das eine Modell ist eine Gesellschaft unabhängiger Produzenten, in der jeder soviel freies Land oder andere Ressourcen besitzen oder verwenden kann, wie er wünscht. Dem entsprach die hypothetische Situation des ersten Stadiums in Lockes Naturzustand, wo jeder soviel Land hatte, wie er gebrauchen konnte, und es noch „genug und gutes" Land für andere gab. Unabhängig davon, ob man sich unter einer Gesellschaft freier Produzenten eine reine Haushaltswirtschaft, in der nichts für den Austausch produziert wird, oder eine einfache Warengesellschaft vorstellt, in der die Produkte, aber nicht die Arbeitskraft auf dem Markt erscheinen, liegt keine Nettoübertragung von Fähigkeiten vor.

Obwohl aber so eine Gesellschaft vorstellbar ist und Annäherungen an sie zu einer Zeit existiert haben, da noch mehr Land zur Verfügung stand, als die Bevölkerung gebrauchen konnte, würde niemand heute eine derartige Gesellschaftsform als allgemeines Modell vorschlagen. Die fortgeschrittenen industriellen Gesellschaften können nicht zu handwerklicher oder agrarischer Produktion zurückkehren. Auf diese Weise könnten sie ihre Bevölkerung nicht erhalten, zumindest nicht auf dem materiellen Niveau, das ihre Mitglieder erwarten. Und auch die heutigen Entwicklungsländer, die im allgemeinen bisher auf der Stufe handwerklicher und agrarischer Produktion verblieben sind (außer der Massenproduktion, die von und für ausländisches Kapital organisiert wird), haben seit kurzer Zeit neue Erwartungshorizonte entwickelt und sind deshalb entschlossen, nicht nur die Übertragung von Fähigkeiten, die mit Fremdbesitz verbunden ist, zu reduzieren, sondern auch über die handwerkliche und agrarische Produktionsstufe hinauszuwachsen. Wir können also sagen, daß eine Gesellschaft unabhängiger Produzenten mit individuellem Produktionsmittelbesitz außer Frage steht.

Das andere Modell, in dem keine Nettoübertragung von Fähigkeiten notwendig ist, ist das sozialistische Modell. Dort besitzen nicht einzelne die Arbeitsmittel der ganzen Gesellschaft, und dort bekommt deshalb auch keine Klasse von Eigentümern automatisch den Nettoertrag eines Teils der Fähigkeiten anderer. Eine Gesellschaft dieser Art käme genausowenig in Betracht wie die, die wir gerade ausgeschlossen haben, es sei denn, sie kann ihre Mitglieder auf dem materiellen Niveau erhalten, das sie erwartet haben. Der Grund aber, weshalb eine Gesellschaft unabhängiger Produzenten dieses heute nicht zu leisten vermag, gilt nicht für andere Gesellschaftsformen: Die Gesellschaft unabhängiger Produzenten hat eine eingebaute Produktivitätsschranke, denn per definitionem darf in ihr keine Technologie verwandt werden, die größere Einheiten der Kapitalausstattung erfordert, als ein unabhängiger Produzent bedienen kann. Für eine Gesellschaft, die nicht auf unabhängige Produzenten beschränkt ist, besteht diese Schranke nicht; sie kann technische Produktivitätsfortschritte voll ausnutzen.

Wie jede andere Gesellschaft muß sie sicherstellen, daß die Fähigkeiten ihrer Mitglieder zum Teil für die Ersetzung oder sogar für die Erweiterung des gesellschaftlichen Kapitals verwandt werden, das für die Aufrechterhaltung oder Verbesserung des Produktionsniveaus erforderlich ist. Aber das bedeutet an sich noch nicht eine Fähigkeitsübertragung, von der einige Menschen profitieren: Niemand erfährt folglich eine Beeinträchtigung seines menschlichen Wesens.

Die Tatsache, daß das sozialistische Modell nicht unbedingt eine Übertragung von Fähigkeiten bedingt, löst allerdings unser Problem noch nicht. Denn wir können weder wissen noch beweisen, ob eine sozialistische Gesellschaft nicht doch eine andere Form der Beeinträchtigung menschlicher Fähigkeiten mit sich bringt, die der Beeinträchtigung von Fähigkeiten in der Marktgesellschaft gleichkommt, oder sie sogar noch übertrifft. Wenn wir nämlich wieder in der Diskussion berücksichtigen, was wir vorher bei der Behandlung des Nutzenmaximierungsanspruchs der liberal-demokratischen Gesellschaft beiseite gelassen haben, nämlich die bürgerlichen und politischen Freiheiten, die mit der Marktgesellschaft gewonnen wurden und die bisher in den bestehenden sozialistischen Gesellschaften noch nicht erreicht worden sind, dann ändert sich das Gleichgewicht in Hinblick auf vorteilhafte Maximierung von Chancen grundlegend. Und ganz gleich, ob man bürgerliche und politische Freiheiten als nützliche Güter oder als direkten Beitrag zur Möglichkeit der Fähigkeitsmaximierung ansieht, müssen sie bei jeder Beurteilung der Maximierungsansprüche einer Gesellschaft genau berücksichtigt werden.

Denn dem ethischen Begriff menschlicher Fähigkeiten zufolge muß die Unterdrückung oder ernsthafte Beschneidung bürgerlicher und politischer Freiheiten als eine stärkere Beeinträchtigung menschlicher Fähigkeiten angesehen werden als der ökonomische Markttransfer von Fähigkeiten. Aber während ein Vergleich bürgerlicher und politischer Freiheiten in liberal-demokratischen und in sozialistischen Gesellschaften eindeutig zugunsten der ersteren ausfällt, kann nicht bewiesen werden, daß das Fehlen dieser Freiheiten den letzteren inhärent ist und nicht den Umständen anzulasten ist, unter denen diese Gesellschaften entstanden und sich entwickelten.

Außerdem müssen wir nicht nur bürgerliche und politische Freiheiten allein berücksichtigen, sondern auch die anderen Freiheiten, die nach dem ethischen Begriff der Fähigkeiten erst die gesamten Chancen ausmachen, die ein Mensch zur Verwirklichung und Entwicklung all seiner menschlichen Anlagen hat. Eine der Freiheiten, die diese Verwirklichung angeblich in der Marktgesellschaft ermöglichen (was für die Privilegierten in ihr auch tatsächlich der Fall ist), ist das Recht auf unbegrenzte Aneignung, das offensichtlich in einem sozialistischen Modell nicht besteht. Dies ist aber eine Freiheit für einige, die die Freiheit anderer vermindert, weshalb ihr Fehlen offenbar keinen Nettoverlust an Freiheit bedeutet. Die Marxsche Vision einer letztlich freien und klassenlosen Gesellschaft bietet natürlich jedem Individuum die größtmögliche Gelegenheit, seine menschlichen Eigenschaften zu verwirklichen und zu entwickeln. Bisher hat jedoch noch keine Gesellschaft, die nach einer marxistischen Revolution entstanden ist, diese Vision verwirklichen können, und wir wissen nicht, ob das überhaupt möglich ist. Auch hat sich bisher keine liberal-demokratische Gesellschaft – wie stark auch immer die sozialistische Bewegung in ihr sein mag – über den Wohlfahrtsstaat hinaus so weit auf ein sozialistisches Modell hin entwickelt, daß man beurteilen könnte, ob die der Marktgesellschaft inhärente Beeinträchtigung menschlicher Fähigkeiten beseitigt werden kann, ohne andere Freiheiten zu verlieren, die für die Maximierung menschlicher Fähigkeiten unerläßlich sind.

Kurz gesagt, die Erfahrung bisher kann den Anspruch der liberal-demokratischen Gesellschaft, im Vergleich mit jeder anderen möglichen Gesellschaftsform menschliche Fähigkeiten zu maximieren, weder bestätigen noch widerlegen.

Die Analyse ist bisher unter der Voraussetzung vorangetrieben worden, daß es theoretisch möglich sei, unter Zugrundelegung des ethischen Begriffs menschlicher Fähigkeiten die Ansprüche verschiedener Gesellschaftsformen auf Fähigkeitsmaximierung zu vergleichen und gegeneinander abzuwägen. Unsere Schwierigkeit war, daß wir nichts über die inhärenten Eigenschaften des sozialistischen Modells wußten. Bei dem gegenwärtigen Stand unseres Wissens ist diese Schwierigkeit unüberwindbar. Wir können deshalb die Annahme aufgeben, daß ein objektiver Vergleich möglich ist, und uns stattdessen den subjektiven Urteilen über die vergleichsweisen Vorzüge der liberal-demokratischen Gesellschaft zuwenden.

Die Bevölkerung liberal-demokratischer Gesellschaften hat sich durchweg für die Marktgesellschaft und gegen eine sozialistische Gesellschaftsform ausgesprochen. Die Frage ist nicht irrelevant, aus welchen Gründen dieses Votum gefällt wurde und ob sich diese Gründe möglicherweise ändern werden.

In einer aufsteigenden Reihe von Rationalität lassen sich drei mögliche Gründe für diese Wahl angeben. Erstens, die Wahl ist möglicherweise in nichts anderem begründet als in der Unfähigkeit, die Tatsache der Nettoübertragung von Fähigkeiten in der liberal-demokratischen Gesellschaft zu erkennen. Möglicherweise wird die Übertragung in den wohlhabenderen Gesellschaften durch die Wertschätzung der vergleichsweise hohen materiellen Produktivität nicht wahrgenommen und verschleiert. Daß sie verschleiert wird, scheint die negative Korrelation zwischen dem Anteil sozialistischer und kommunistischer Stimmen bei Wahlen und dem Wohlstand bestimmter westlicher Nationen zu beweisen. Ist das der Fall, dann kann man erwarten, daß die Einstellung der Wähler sich in dem Maße ändert, wie die am weitesten fortgeschrittenen sozialistischen Länder die kapitalistischen im ökonomischen Wettbewerb einholen.

Zweitens: Die Entscheidung der Wähler in den liberalen Demokratien beruht vielleicht auf dem Werturteil, daß die bürgerlichen und politischen Freiheiten, die sie genießen, höher einzuschätzen sind als irgendein möglicher Zuwachs an Fähigkeiten, den sie von einer Beseitigung der Fähigkeitsübertragung in der sozialistischen Gesellschaft erwarten können. Oder sie beruht auf der Erfahrungstatsache, daß sie möglicherweise ihre Freiheiten in der sozialistischen Gesellschaft verlieren. Auch diese Einstellung kann sich ändern, wenn die existierenden sozialistischen Gesellschaften sich in der Lage sehen, größere bürgerliche und politische Freiheiten institutionell zu garantieren. Das setzt allerdings die wachsende Fähigkeit zur Erfüllung der materiellen Erwartung der Bevölkerung voraus.

Drittens: Die Entscheidung der Wähler in den liberalen Demokratien beruht möglicherweise auf dem Werturteil, daß Marktfreiheiten (einschließlich der Freiheit der Privatinitiative und des Erwerbs) selbst unter Hinnahme der unvermeidlichen Übertragung von Fähigkeiten in einer entwickelten Marktgesellschaft für den vollen Genuß und die volle Entwicklung des menschlichen Wesens unabdingbar sind. Das ist die rationalste Grundlage für diese Entscheidung. Doch auch diese Beurteilung kann sich ändern, sobald sich zeigt, daß die Annahme, auf der sie beruht, nur vorübergehende Gültigkeit hat. Und genau dieses, so glaube ich, läßt sich zeigen.

Meine These ist, daß die Nettoübertragung von Fähigkeiten in einer freien Gesellschaft nur dann notwendig ist, wenn die Gesellschaft bestimmte Annahmen über Knappheit und Bedürfnisse gemacht hat und daß diese Annahmen bis in die Gegenwart für die liberalen Gesellschaften eine historische Notwendigkeit gewesen sind, jetzt aber entbehrlich und unrealistisch werden.

5

Um diese These zu entfalten, müssen wir zuerst die Ursachen der Übertragung von Fähigkeiten genauer untersuchen. Wir müssen versuchen, die Reihe von Faktoren zu bestimmen, deren Zusammentreffen die Übertragung von Fähigkeiten historisch erforderte und logisch notwendig macht. Uns beschäftigt hier nur die Übertragung, die in einer freien Gesellschaft stattfindet. Offensichtlich gibt es auch eine Übertragung in Sklavenhalter-, Feudal- und Kolonialgesellschaften sowie in anderen abhängigen Gesellschaften, die einer Großmacht tributpflichtig sind, aber in allen diesen Fällen kann die Übertragung einfach als das Resultat überlegener militärischer Macht erklärt werden. Unsere Frage lautet, wie die Übertragung in einer freien Gesellschaft zustande kommen kann, in der keine Klasse oder Gruppe offene Gewalt anwendet, um eine andere zu unterdrücken, und in der jeder frei ist, seine Fähigkeiten so teuer wie möglich auf dem Markt zu verkaufen.

Wie wir gesehen haben, liegt die unmittelbare Ursache für die Übertragung darin, daß eine Gruppe von Leuten praktisch das ganze Kapital und alle anderen Ressourcen besitzt, deren Verfügbarkeit für jeden notwendig ist, der seine menschlichen Anlagen gebrauchen und entwickeln will. Doch wann und wie kommt eine derartige Verteilung der Ressourcen in einer freien Gesellschaft zustande? Sie entsteht, wenn eine Gesellschaft den Individuen als Anreiz zur Leistung der produktiven Arbeit der Gesellschaft das Recht gibt, unbegrenzt, oder zumindest fast unbegrenzt, Eigentum zu akkumulieren. Dann, und nur dann, geschieht es, daß die natürliche Ungleichheit individueller Fähigkeiten zur Akkumulation fast aller Ressourcen und Arbeitsmittel in den Händen einer Gruppe von Leuten führt.

Wann und warum führt eine Gesellschaft das Recht auf unbegrenzte Akkumulation als Produktionsanreiz ein? Die Frage muß gestellt werden, weil das Recht auf unbegrenzte individuelle Aneignung eher die Ausnahme als die Regel gewesen ist, wenn man die Welt als Ganzes und durch die Zeiten hindurch betrachtet. Meines Erachtens führt eine Gesellschaft dieses Recht ein, wenn die Bevölkerung (oder die aktivsten Klassen) zwei Werturteile fällen. Das eine (das schon in unserer Hypothese von einer freien Gesellschaft enthalten ist, hier aber der Vollständigkeit halber wiederholt werden soll) lautet, daß der freiwilligen und individuellen Wahl von Arbeit und Entgelt der Vorzug gegenüber autoritativer Zuteilung zu geben ist. Ohne dieses Werturteil würden die Menschen mit einer hierarchisch-traditionellen Gesellschaft zufrieden sein. Das andere Werturteil besagt, daß man den endlosen Produktivitätszuwachs oder, was auf das Gleiche hinausläuft, den endlosen Kampf mit der Knappheit zu einem der höchsten Werte, wenn nicht sogar zum höchsten erhebt, und als einen Hauptzweck, wenn nicht sogar als Endzweck, ansieht. Ohne dieses Werturteil würden sich die Menschen mit einer weniger betriebsamen Gesellschaft und gemäßigteren Anreizen zufrieden geben.

Das zweite Werturteil, das ich schon bei Locke impliziert finde, wurde verstärkt im achtzehnten und neunzehnten Jahrhundert geäußert.[6] Das Neue an diesem Werturteil war die Annahme, daß das unbegrenzte Bedürfnis vernünftig sei. Es hatte immer schon Knappheit gegeben: Die Menschen mußten sich immer mit der Natur auseinandersetzen, um ihr Leben zu reproduzieren. Nur war die Annahme neu, daß die Knappheit, der der Mensch ausgesetzt war, zur Knappheit wurde in Beziehung zu einem unbegrenzten Bedürfnis, das an sich vernünftig und natürlich war. Moralphilosophen und politische Theoretiker hatten von den frühesten Zeiten an in der Menschheit einen Zug von unbegrenzten Bedürfnis erkannt, aber die meisten hatten ihn als Habsucht beklagt und geglaubt, daß er bekämpft werden könnte und müßte. Neu seit dem siebzehnten Jahrhundert war der Vorrang der Annahme, das das unbegrenzte Bedürfnis vernünftig und moralisch akzeptabel sei. Dieser Annahme zufolge besteht die eigentliche

Aufgabe des Menschen in der Überwindung der Knappheit in Beziehung zum unbegrenzten Bedürfnis. Unser zweites Werturteil kann dann als die Annahme bezeichnet werden, daß das unbegrenzte Bedürfnis vernünftig und naturgemäß sei.

Zusammen mit dem Werturteil über die freie Disposition von Arbeit führte diese Annahme, so möchte ich meinen, zur Etablierung des Rechts auf uneingeschränkte individuelle Aneignung. Denn die Anstrengung, die in dem nichtendenden Kampf mit der Knappheit erforderlich war, konnte in einer freien Gesellschaft nur mit Zuckerbrot und nicht mit Peitsche in Gang gesetzt werden. Und das Recht auf unbegrenzte individuelle Aneignung war ein attraktives Zuckerbrot. Es bewegte die Menschen, die unbegrenzt bedürftigen Geschöpfe, zu ständiger Anstrengung, indem es ihnen die Aussicht auf unbegrenzte Verfügungsgewalt über Sachen zur Befriedigung ihrer Konsumbedürfnisse versprach. Außerdem konnte es als ein Weg angesehen werden, die Menschen zum Handeln, zur Ausübung von Fähigkeiten zu bewegen, denn es erlaubte ihnen, ihre Fähigkeiten dadurch zu erweitern, daß sie zusätzlich zu ihren natürlichen Fähigkeiten die Gewalt über die Fähigkeiten anderer gewannen: Aus der Sicht der Ökonomen bedeutete Eigentum nämlich nicht nur ein Verfügungsrecht über Dinge, sondern auch ein Verfügungsrecht über die Fähigkeiten anderer Menschen.

Wir können nun die logische Kette, die zu der Übertragung von Fähigkeiten führt, zusammenfassen. In einer freien Gesellschaft ist die Nettoübertragung von Fähigkeiten das Resultat der Akkumulation der materiellen Arbeitsmittel in den Händen einer Gruppe von Leuten. Diese Akkumulation ist das Resultat zweier Faktoren: a) der Entscheidung der Gesellschaft, ein Recht auf unbegrenzte individuelle Aneignung zu etablieren und b) der natürlichen Ungleichheit individueller Anlagen. Von den beiden Faktoren nehme ich an, daß (b) in jeder Gesellschaft außer einer genetisch manipulierten gegeben ist. Faktor (a) ist meiner Meinung nach das Resultat zweier Werturteile der Gesellschaft: I) Daß individuelle Freiheit einer zwangsweisen Zuteilung von Arbeit und Entlohnung vorzuziehen ist, und II), daß der Hauptzweck des

Menschen in einem endlosen Kampf gegen die Knappheit in Beziehung zum unbegrenzten Bedürfnis besteht. Annahme II läßt sich umformulieren oder auf die Annahme reduzieren, daß das unbegrenzte Bedürfnis natürlich und vernünftig sei.

In umgekehrter, komprimierter Form lautet die logische Kette: Die Billigung der Überzeugung durch den aktivsten Teil der Gesellschaft, daß das unbegrenzte Bedürfnis natürlich und vernünftig sei, *führt* zur Etablierung des Rechts auf unbegrenzte Aneignung, das zur Konzentration des Eigentums an den materiellen Arbeitsmitteln *führt,* was letztlich zu einer ständigen Nettoübertragung von Fähigkeiten *führt.*

Mit dem Vorrang, dem ich der Billigung der Ansicht über das unbegrenzte Bedürfnis einräume, will ich nicht sagen, daß ein Ideenwandel die einzige treibende Kraft war. Mir geht es hier nicht um die allgemeine Frage nach dem Primat von Ideen oder materiellen Bedingungen. Hier genügt der Hinweis, daß die Billigung der Ansicht über das unbegrenzte Bedürfnis eine notwendige Bedingung für die Etablierung des Rechts auf unbegrenzte Aneignung war. Ohne hier zu versuchen, all die Kräfte und Beziehungen abzuwägen, die zur Entstehung der kapitalistischen Marktgesellschaft führten, genügt der Hinweis, daß eine weitverbreitete Billigung der Ansicht über das unbegrenzte Bedürfnis nötig war, um die Institutionen dieser Gesellschaft, besonders die des Rechts auf unbegrenzte Aneignung, zu rechtfertigen. Das Recht auf unbegrenzte Aneignung sollte als Anreiz zu gesteigerter Produktivität dienen. Ein Anreiz zu gesteigerter Produktivität wurde nötig, um die Vermehrung von Reichtum (und Macht) zu ermöglichen, den eine aufsteigende Unternehmerklasse für sich selbst in Aussicht hatte. Für die Erzielung eines *substantiellen* Produktivitätszuwachses mußte den Institutionen eine Form gegeben werden, die schließlich nur mit dem Postulat eines unbegrenzten Bedürfnisses gerechtfertigt werden konnte. Kurz, man kann sagen, daß die Hinnahme der Vernünftigkeit des unbegrenzten Bedürfnisses die kapitalistische Marktgesellschaft geschaffen hat und zugleich selbst durch diese Gesellschaft geschaffen worden ist.

Der Grund, warum ich besonders auf die Annahme von Knappheit in Beziehung zum unbegrenzten Bedürfnis bzw. auf die Annahme von der Vernünftigkeit des unbegrenzten Bedürfnisses aufmerksam mache, liegt darin, daß diese Annahme im zwanzigsten Jahrhundert immer mehr an Gültigkeit zu verlieren scheint. Der Eindruck wird immer stärker, daß eine freie Gesellschaft auch ohne diese Annahme funktionieren kann und daß sie sogar fallen gelassen werden muß, soll unsere Gesellschaft weiter existieren.

Läßt sich das begründen, dann besteht einige Hoffnung. Meiner Argumentation zufolge liegt die Grundschwierigkeit unserer Rechtfertigungstheorie darin, daß der Transfer von Fähigkeiten, der die Folge der Annahme über das unbegrenzte Bedürfnis ist, dem in Werturteil I (oben) enthaltenen Prinzip widerspricht, daß individuelle Freiheit der zwangsweisen Zuteilung von Arbeit und Entlohnung vorzuziehen ist.

Das in diesem Werturteil enthaltene moralische Prinzip besagt, daß alle Individuen die gleiche Chance zum Gebrauch und zur Entwicklung ihrer natürlichen Anlagen haben sollen. Die Übertragung von Fähigkeiten widerspricht diesem Prinzip, weil sie dem größeren Teil der Menschen gleichen Zugang zu den Mitteln verwehrt, die für den Gebrauch und die Entwicklung ihrer natürlichen Fähigkeiten erforderlich sind.

6

Der hauptsächliche neue Faktor, der die Annahme über das unbegrenzte Bedürfnis entbehrlich zu machen scheint, ist die allen bewußte Aussicht auf die endgültige Überwindung der Knappheit mit Hilfe der so rasch fortschreitenden technischen Naturbeherrschung. Die Ausnutzung neuer Energiequellen und neue Methoden produktiver Energiekontrolle scheinen die Beendigung des Zwangs zu unaufhörlicher Arbeit möglich zu machen. Ob sie dies tatsächlich tun werden und ob sie dies im Rahmen marktwirtschaftlicher Institutionen tun können, darüber gehen die Expertenmeinungen auseinander. Aber die Vision von einer Gesellschaft, in der nur ein Bruchteil der gegenwärtig notwendigen Arbeit Überfluß für alle produzieren könnte, scheint jetzt nur schwer durch gegenteilige Expertenmeinung beseitigt werden zu können. Denn die Vision ist zu einer Zeit zum Durchbruch gekommen, da sich bereits zwei Drittel der Welt in der Revolte gegen die Marktmoral befinden und neue Wege zur Bewahrung menschlicher Würde suchen, die heute schon mit dem Ende zwangsweiser Arbeit gleichgesetzt wird. Diese Verschiebung in den Wertvorstellungen bei den anderen zwei Dritteln der Welt müßte nicht an sich schon Einfluß auf die liberal-demokratischen Gesellschaften im Westen ausüben, ständen die letzteren nicht in einem technologischen Konkurrenzkampf mit den fortgeschrittensten nicht-westlichen Nationen. Die westlichen Nationen können es sich deshalb nicht leisten, die Geschwindigkeit des technischen Fortschritts zu verlangsamen, und so wird die Reduzierung der notwendigen Arbeit unvermeidlich werden. Die Ansprüche auf Muße, auf Nicht-Arbeit im Sinne zwangloser Arbeit, werden deshalb auf Kosten der Ansprüche auf unaufhörliche produktive Arbeit wachsen.

Dagegen läßt sich einwenden, daß ein anderes Ergebnis der technischen Revolution im Westen möglich ist, daß nämlich die Bedürfnisse genauso schnell wachsen wie der technische Fortschritt, so daß für die Gesellschaft im ganzen Grund genug besteht, genauso hart zu arbeiten wie früher. Besonders denen erscheint dieses als die wahrscheinlichere Folge, die von der Zwangsübertragung von Fähigkeiten absehen. Sie weisen darauf hin, daß Knappheit und Überfluß relativ sind zu den Bedürfnisniveaus und daß man eigentlich nur in Bezug auf ein bestehendes oder irgendein endlich bestimmtes Bedürfnisniveau von Abschaffung der Knappheit sprechen könnte. Da sie das unbegrenzte Bedürfnis als eine angeborene Eigenschaft vernünftiger Menschen postulieren, bestreiten sie die Möglichkeit, die Knappheit zu beseitigen.

Mit dieser Annahme unterstellt man jedoch als angeborene Eigenschaften des Menschen, was, wie ich behauptet habe, eine historische Neuheit war, diktiert von den Notwendigkeiten der

kapitalistischen Gesellschaft. Diese Annahme war zur Rechtfertigung des Rechts auf unbegrenzte Aneignung erforderlich, das
wiederum als Anreiz zu gesteigerter Produktivität nötig war. Um
einen substantiellen Produktivitätszuwachs zu erzielen, mußten,
wie schon gesagt, die Institutionen eine Form annehmen, die nur
mit dem Postulat eines unbegrenzten Bedürfnisses zu rechtfertigen war. Für die Begründung und Rechtfertigung einer Gesellschaft, die einer größeren Anzahl von Menschen größere Gelegenheit geben sollte, ihre Fähigkeiten zu genießen und zu entwikkeln, mußte man einen Grad von materieller Bedürfnisbefriedigung postulieren, der bald zu einer Gesellschaft führte, in der der
Genuß und die Entfaltung menschlicher Fähigkeiten dem Ziel der
Befriedigung angeblich unendlicher materieller Bedürfnisse untergeordnet wurden.

Meines Erachtens haben wir jetzt ein Produktivitätsniveau erreicht oder in Aussicht, das die Aufrechterhaltung dieser perver-
sen, künstlichen und zeitgebundenen Vorstellung vom Menschen
nicht länger erforderlich macht. Ich behaupte, daß wir auf ein
Produktivitätsniveau zusteuern, auf dem eher die Maximierung
der menschlichen Fähigkeiten im ethischen Sinn als die von Nutzen oder Fähigkeiten im deskriptiven Sinne als Kriterium einer
guten Gesellschaft gelten kann und daß sie beim heutigen Welt-
klima eine egalitäre Maximierung von Fähigkeiten zu sein hat.

Wir sahen, daß zu dem Begriff der Maximierung von Fähigkeiten die Auffassung vom Wesen des Menschen gehört, der seine
einzigartigen Anlagen ausübt und entwickelt. Was in jeder allgemeinen ethischen oder politischen Theorie, die auf dieser Vorstellung beruhte, maximiert werden mußte, war *jedes* Menschens Fähigkeit, sein Wesen zu verwirklichen. Was durchgesetzt werden
mußte, war das gleiche Recht jedes Menschen, das Beste aus sich
zu machen. Die Bedingungen dafür haben in keiner Klassengesellschaft vor der Marktgesellschaft bestanden. Noch existierten
sie in der Marktgesellschaft, sobald erst einmal das Recht auf unbegrenzte Aneignung und der Anreiz dazu wirksam geworden
waren, denn sie brachten einen neuen Transfer von Fähigkeiten
hervor. Die ungleichen Erträge, die sich aus den Markttransaktio-

nen ergaben, wurden zu den Mitteln, mit denen einige Menschen ihre Fähigkeiten vergrößerten, indem sie sich der Fähigkeiten anderer bemächtigten. Die frühere moralische Vorstellung von der Maximierung menschlicher Fähigkeiten bahnte den Weg zu einer Marktidee, die jedem Erlaubnis und Anreiz gab, die Maximierung seiner Fähigkeiten durch die Ausbeutung der Fähigkeiten anderer zu erreichen.

Diese Art, Fähigkeiten zu maximieren, kann nicht als das Kriterium für eine demokratische Gesellschaft dienen: sie hat keinen besseren Stand als die Maximierung von Gütern, von der sie nur eine ideologische Inversion darstellt (in dem Sinne, daß das Postulat des unbegrenzten Bedürfnisses nach Macht über andere ersetzt wird).

Ich glaube nun, daß wir sowohl auf die Auffassung, der Mensch strebe unbegrenzt nach Gütern wie auch auf die, er strebe unbegrenzt nach Macht über andere, verzichten und mit einiger Hoffnung auf Verwirklichung eine Vorstellung vom Menschen vertreten können, nach der er die Ausübung und Entwicklung *seiner eigenen* Fähigkeiten anstrebt.

Aber zu behaupten, daß wir jetzt auf Auffassungen verzichten können, die für die letzten zwei- oder dreihundert Jahre vorherrschend waren, und endlich die humane Auffassung vertreten können, die bisher nicht möglich war, bedeutet noch nicht, daß wir auch entsprechend handeln werden. Die bisher beherrschenden Vorstellungen mögen als ökonomisches Stimulanz nicht mehr erforderlich sein, aber sie sind tief verwurzelt. Die Aussicht auf Überfluß macht es uns zwar *möglich,* die alten Annahmen fallen zu lassen, aber *zwingt* uns irgendetwas dazu, dies wirklich zu tun? Meiner Meinung nach zwingen uns dazu bestimmte gesellschaftliche Entwicklungen in der zweiten Hälfte des zwanzigsten Jahrhunderts.

Die eine Entwicklung ist die, daß der Westen nicht mehr die ganze Welt beherrscht, eine andere, daß er nicht länger erwartet, seine Gesellschaftsstruktur der ganzen Welt aufzuzwingen. Letzteres kann er militärisch nicht wegen einer anderen neuen sozialen Tatsache: der Entwicklung nuklearer Waffen.

Da er seine Gesellschaftsstruktur dem Rest der Welt nicht aufzwingen kann, kann er höchstens mit der übrigen Welt in friedlichen Wettbewerb treten. Dies kann durch ökonomischen Wettbewerb geschehen, aber bei den gegenwärtigen Wachstumsraten sieht es so aus, als würde sich der relative Vorsprung des Westens verringern. Er könnte mit politischen und bürgerlichen Freiheiten konkurrieren, worin der Westen bisher einen Vorsprung hatte, aber auch hier scheint sein Vorsprung zu schwinden: Was bürgerliche und politische Freiheiten anbelangt, so können die kommunistischen Staaten nur dazu gewinnen, während die westlichen Nationen durch die Zwänge der Rüstungsgesellschaften leicht zurückfallen können.

Der Westen wird also, so glaube ich, nur noch moralisch konkurrieren können. Er wird, oder besser, er muß mit der Lebensqualität konkurrieren, die er seinen Bürgern bietet. Das bedeutet in diesem von Gleichheitsforderungen geprägten Jahrzehnten, daß die Lebensqualität an der Maximierung der Fähigkeiten *eines jeden* gemessen werden muß. Die Vorstellung eines moralischen Wettbewerbs zwischen West und Ost erscheint etwas merkwürdig. Um wessen Gunst, so kann man fragen, wird hier konkurriert? Um die Gunst der Dritten Welt, der gerade unabhängig gewordenen, unterentwickelten Länder Afrikas und Asiens, die die liberal-demokratische Marktwirtschaftsordnung mit ihren Wertvorstellungen ablehnen, ohne kommunistische Wertvorstellungen und Institutionen zu übernehmen, so mag eine naheliegende Teilantwort lauten. Die Dritte Welt ist zahlenmäßig stark; ihre Existenz ist dem Westen zu Bewußtsein gekommen; ihre Armut ist eine Bürde für das Gewissen des Westen. Doch beide, der Westen und der Osten, haben so einen unerschütterlichen Glauben an ihre technologische und kulturelle Überlegenheit gegenüber der Dritten Welt, daß ihr Verhalten wohl kaum durch die Vorstellung eines Wettbewerbs um die Gunst dieser letzten beeinflußt werden kann.

Die Frage, um wessen Gunst Ost und West wetteifern, ist falsch gestellt. Der Wettbewerb findet nicht zwischen West und Ost um die Gunst einer dritten Kraft statt, sondern zwischen den

Führern, den Trägern der politischen Macht in Ost und West, um die Loyalität ihrer eigenen Bevölkerung. Ich will damit nicht sagen, daß die Wähler im Westen sich plötzlich dem Kommunismus zuwenden würden oder die kommunistischen Staaten liberale Demokratie anstrebten. Für solche Veränderungen gibt es keine Anzeichen, und ich glaube, daß ihre Wahrscheinlichkeit gering ist. Wahrscheinlicher ist es, daß die Bevölkerung im Westen größere Gleichheit fordern wird, d. h., die Beendigung des Fähigkeitentransfers, während die Bevölkerung im Osten eine Angleichung an die politischen und bürgerlichen Freiheiten fordern wird. Beides ist praktisch möglich.

Der Westen wird ins Hintertreffen geraten, wenn seine Führer nicht bereit sind, die heute möglichen Revisionen der liberal-demokratischen Rechtfertigungstheorie vorzunehmen oder zuzulassen. Denn die kommunistischen Staaten sind in der Lage und im Begriff, die technischen Produktivitätsfortschritte zu übernehmen, die der Westen erzielt hat: Der Kapitalismus ist nicht mehr die einzige Quelle der Produktivkraftentwicklung. Je mehr sie diese Fortschritte übernehmen, desto wahrscheinlicher wird es, daß sie die Art menschlicher Freiheit gewähren können, die die Marktgesellschaft verweigern muß. In dem Maße, wie sie das Stadium des Überflusses erreichen, werden sie in der Lage sein, ihre Vision einer Gesellschaft zu verwirklichen, die keinen Zwang zur Arbeit mehr kennt. Ohne einen grundlegenden Wandel unserer Theorie, der mit der Bewältigung der Knappheit möglich erscheint, werden wir diese Entwicklung nicht mitmachen können. Wenn wir jetzt nicht die Widersprüche lösen, die in unserer westlichen Theorie enthalten sind, den Widerspruch zwischen dem gleichen Recht auf Entfaltung menschlicher Fähigkeiten und der Freiheit der unbegrenzten Aneignung der Fähigkeiten anderer bzw. zwischen der Maximierung im ethischen Sinne und der im marktabhängigen deskriptiven Sinne, dann sind wir wahrscheinlich nicht konkurrenzfähig.

II. Demokratietheorie: Ontologie und Technologie

1. Das Wettrennen zwischen Ontologie und Technik

Die Vorstellung eines Wettrennens zwischen Ost und West um die technologische Vorherrschaft ist uns seit dem Sputnikschock vertraut. Die Vorstellung eines Wettbewerbs zwischen den Lebensweisen in Ost und West, der als Wettbewerb zwischen zwei Reihen ethischer Werte verstanden werden kann, ist uns, wenn auch weniger deutlich und bestimmt, ebenfalls vertraut. Die Vorstellung, daß der letztere Wettbewerb noch weiter auf einen Wettbewerb zwischen zwei Ontologien reduziert werden kann, zwischen zwei Ansichten vom Wesen des Menschen, ist uns weniger geläufig, aber einer Untersuchung wert. Ich will darauf hinaus, daß es jetzt nicht nur einen Wettbewerb um Technologien und einen zweiten um Ontologien zwischen Ost und West gibt, sondern daß diese zumindest im Westen ein verhängnisvolles Wettrennen zwischen technologischem und ontologischem Wandel ausgelöst haben. Mir geht es hier um den Nachweis, daß unsere westliche Demokratietheorie – die Theorie, mit der wir unsere demokratische Gesellschaft rechtfertigen und stützen – nicht länger eine Stütze dieser Gesellschaft sein kann, wenn es uns nicht gelingt, ihr ontologisches Fundament zu revidieren, bevor sie mit den Folgen weiteren technischen Fortschritts konfrontiert wird. Mein Interesse gilt dem Wettrennen zwischen Ontologie und Technologie in der Demokratietheorie und Gesellschaft des Westens.

Ich werde zeigen, daß die ontologischen Annahmen unserer westlichen Demokratietheorie seit ungefähr hundert Jahren in sich inkonsistent sind, da sie zwei Auffassungen vom menschlichen Wesen verbinden, die miteinander unvereinbar sind. Die eine ist die liberale, individualistische Auffassung vom Menschen als im wesentlichen einem Konsumenten von Gütern, unbegrenzt bedürftig und unbegrenzt appropriierend. Diese Auffassung war wie geschaffen, ja sogar notwendig für die Entwicklung der kapitalistischen Marktgesellschaft: Sie geht der Einführung demokratischer Institutionen und Prinzipien voraus, die vor dem neunzehnten Jahrhundert kaum eine Rolle spielten. Die andere ist die Auffassung vom Menschen als Genießer und Verwirklicher seiner einzigartigen menschlichen Eigenschaften oder Anlagen. In der Mitte des neunzehnten Jahrhunderts wurde diese Ansicht allmählich zur Herausforderung für die marktbezogene Ansicht und bald auch ein integraler Bestandteil der Rechtfertigungstheorie der liberalen Demokratie. Weiterhin will ich zeigen, daß die jetzt klar erkennbaren Veränderungen in unserer Gesellschaft, besonders die technische Revolution, es möglich machen, diese unhaltbare theoretische Position aufzugeben. Doch setzt diese Revision, die keineswegs eine automatische Folge gesellschaftlichen Wandels ist, zunächst bei den Politikwissenschaftlern ein Theorieverständnis voraus, das in der Sozialgeschichte politischer Theorie verwurzelt ist, und damit einhergehend oder in Folge davon (aber nicht automatisch gekoppelt), einen weiterreichenden Wandel unserer demokratischen Ideologie im Westen. Damit will ich sagen, daß die Technologie des zwanzigsten und einundzwanzigsten Jahrhunderts die Verwirklichung der demokratischeren Auffassung vom Wesen des Menschen möglich machen wird; daß aber der technische Fortschritt unserer Zeit, wenn er innerhalb der heutigen Sozialstruktur sich selbst überlassen bleibt und nur die gegenwärtige ambivalente Ontologie zur Richtschnur hat, ohne eine bewußte, den neuen Möglichkeiten angemessene Reformulierung der Wesensbestimmung des Menschen die Verwirklichung liberal-demokratischer Ziele vermutlich sowohl behindern wie befördern kann. In diesem Sinne betrachte ich das Wettrennen zwischen ontologischem und technischem Wandel in unserer Gesellschaft als schicksalhaft.

2. Westliche Demokratie-Ontologie:
(1) Das individualistische Fundament

Um zu beweisen, daß die unsere demokratische Theorie stützenden Prämissen über das Wesen des Menschen widersprüchlich sind, müssen wir einen Blick auf die von mir so genannte Sozialgeschichte politischer Theorie im letzten Jahrhundert oder noch früher werfen, denn die beiden sich jetzt widersprechenden Prämissengruppen entstanden zu verschiedenen Zeiten als Reaktion auf verschiedene Veränderungen im Machtgefüge unserer westlichen Gesellschaften. Ausgehen aber können wir von einer aktuellen Ansicht über ein entscheidendes Merkmal der westlichen Demokratie.

Das erste Ergebnis jeder Untersuchung der heutigen westlichen Demokratietheorie – im Unterschied zu kommunistischen Demokratietheorien und zu verschiedenen populistischen, in den Ländern der Dritten Welt vorherrschenden Theorien – besteht darin, daß die westliche Theorie der individuellen Wahlfreiheit einen hohen Wert beimißt. Das gilt nicht nur für die Wahl zwischen politischen Parteien, sondern auch für die zwischen verschiedenen Verwendungsweisen des Einkommens, des Kapitals, der Geschicklichkeit und der Energie eines Menschen. Die westliche Demokratie ist durch und durch eine Marktgesellschaft; oder, wenn der Ausdruck ‚Demokratie‘ sich nur auf Regierungssysteme und nicht auf Gesellschaftsformen beziehen soll, die westliche Demokratie ist *für* die Marktgesellschaft.

Diese Beobachtung, die man aus der vergleichenden Analyse der gegenwärtigen sogenannten demokratischen Systeme und Ideologien gewinnt, wird noch bedeutungsvoller, wenn man den westlichen Demokratiebegriff ein Jahrhundert und weiter zurückverfolgt. Es wird dann deutlich, daß die Wurzeln der gegenwärtigen westlichen oder liberal-demokratischen Theorie einerseits in der liberalen Marktgesellschaft und dem liberalen Staat liegen, die, zuerst in England, bereits im siebzehnten Jahrhundert entstanden, und andererseits in den liberalen Rechtfertigungstheorien von, sagen wir, Locke bis zu Bentham. Wie ich anderswo gezeigt habe,[1] waren Gesellschaft, Staat und Theorie schon ein halbes Jahrhundert fest etabliert, bevor das Wahlrecht überhaupt demokratisch und die demokratische Theorie respektabel oder intellektuell haltbar wurden. Die liberalen Marktpostulate hatten sich schon völlig durchgesetzt, bevor sich die liberale Theorie in eine liberal-demokratische Theorie wandelte. Ihre Durchsetzung bedeutete die Durchsetzung einer bestimmten Auffassung vom Wesen des Menschen. Die vordemokratische liberale Theorie beruhte auf einer Auffassung vom Menschen als im Wesentlichen einem Konsumenten von Gütern, einem unbegrenzt Bedürftigen. Diese klar im Benthamismus hervorgetretene Auffassung, die ihren vollendeten Ausdruck in James Mills Essay *On Government* findet, geht über die klassischen Ökonomen mindestens bis auf Locke zurück.[2]

Besonders die liberale Theorie in ihrer Benthamschen Form machte die Maximierung individuellen Nutzens zum Kriterium einer guten Gesellschaft und bestimmte als das Wesen des Menschen sein Verlangen nach Nutzenmaximierung. Seinem Wesen nach war der Mensch ein Bündel von Begierden, das nach Befriedigung verlangte. Der Mensch war ein Güterkonsument. Die Benthamsche Analyse war natürlich nicht so grob zu behaupten, daß alle Befriedigungen oder Güter, die der Einzelne begehrt, materielle Konsumgüter seien. Zu den Gütern des Menschen zählten auch die Freuden der Neugier, der Freundschaft, eines guten Rufes, der Macht, der Sympathie, der Gelassenheit, der Geschicklichkeit, der Frömmigkeit, der Wohltätigkeit usf.[3] Wenn es jedoch zur entscheidenden Frage kam, ob materielle Gleichheit oder der Schutz ungleicher Eigentumsverteilung und Profitchancen wichtiger seien, war Benthams Antwort unzweideutig: Der Schutz ungleicher Eigentumsverteilung hat den Vorrang vor den moralischen Forderungen nach gleicher Eigentumsverteilung, obwohl er gerade anhand des Gesetzes vom abnehmenden Grenznutzen gezeigt hatte, daß eine gleiche Eigentumsverteilung in jeder Gesellschaft erforderlich ist, in der jedes Individuum bei der Berechnung des Gesamtnutzens als eines zählen soll. Die Gleichheitsansprüche wurden zurückgestellt, weil ihre Verwirklichung alle Anreize zur Kapitalakkumulation zunichte gemacht hätte und damit auch jeden Zuwachs der Gesamtmenge materieller Güter, die zum Nutzen der ganzen Gesellschaft zur Verfügung stehen.[4] Im grenzenlosen Anwachsen der Gesamtmenge materieller Güter bestand das Wohl der Menschen. Man kann dieser Argumentation leicht entnehmen, daß Bentham den Menschen zuerst und vor allem als Appropriateur und Konsumenten materieller Güter ansah.

Und in der Tat kann man die ersten beiden Postulate, auf denen Bentham sein Plädoyer für Gleichheit gründet, als die Grundlage seines gesamten Nutzenbegriffes betrachten. Sie besagen (indem abstrahiert wird „von der je besonderen Einstellung der Individuen und von den äußeren Umständen, in die sie gestellt sind" – eine Abstraktion, die Bentham für weitgehend gerechtfertigt hielt): „Erstens, *jedem Stück Reichtum entspricht ein Stück Zufriedenheit.* Zweitens, *von zwei Individuen mit ungleichem Vermögen ist dasjenige das zufriedenste, das den größten Reichtum besitzt.*"[5] Die Maximierung von Reichtum ist *identisch* mit der Maximierung von Zufriedenheit, zumindest aber die *sine qua non* Bedingung der Nutzenmaximierung. Die zentrale Bedeutung der Auffassung vom Menschen als Konsumenten ist deutlich genug.

Man mag nun einwenden, daß die Auffassung vom Menschen als einem Güterkonsumenten nicht notwendigerweise das Postulat unbegrenzten Bedürfnisses voraussetzt. Das mag logisch so sein. Aber historisch gesehen war das Postulat des unbegrenzten Bedürfnisses erforderlich, um eine Gesellschaft zu rechtfertigen, in deren Mittelpunkt der Mensch als Konsument stehen sollte.

Die erste Gesellschaft, die den Menschen als einen unbegrenzt bedürftigen Konsumenten von Gütern hinstellte, war die im siebzehnten Jahrhundert in England entstehende kapitalistische Marktgesellschaft. Ich will damit nicht sagen, daß Moralphilosophen und politische Theoretiker niemals zuvor die triebhafte Seite des Menschen hervorgehoben oder sogar die unbegrenzt bedürftige Natur einiger Menschen behauptet hätten. Viele hatten dies getan. Im allgemeinen jedoch hoben sie sie nur hervor, um sie zu beklagen und um auf ihre Ersetzung durch höhere moralische

Werte zu drängen. Was ich seit dem siebzehnten Jahrhundert neu finde, ist die weit verbreitete Annahme, daß das unbegrenzte Bedürfnis dem Menschen nicht nur zukomme, sondern vernünftig und moralisch akzeptabel sei.

Warum sollte diese neue Prämisse für die neue Gesellschaft erforderlich sein? Meines Erachtens war sie erforderlich, um den Übergang zu gewissen neuen Institutionen zu rechtfertigen, die wiederum benötigt wurden, um den großen Zuwachs an individuellem und nationalem Reichtum (und an individueller Freiheit) zustande zu bringen, der damals in Aussicht stand. Ich will versuchen, dies in zwei Schritten zu begründen: (a) daß neue Institutionen, einschließlich eines neuen Systems der Anreize zu produktiver Arbeit nötig wurden; (b) daß die neue Prämisse über das Wesen des Menschen nötig war, um diese Institutionen zu rechtfertigen.

(a) Meines Erachtens kann man nicht bestreiten, daß das System kapitalistischer Produktion (sei es in merkantilistischer, laissez-faire oder neo-merkantilistischer Form) im Unterschied zu jeder früheren Produktionsweise den Verzicht auf autoritative oder gewohnheitsmäßige Zuteilung von Arbeit und Entlohnung an Individuen voraussetzt sowie deren Ersetzung durch die Freiheit des Einzelnen, seine Energie, Geschicklichkeit und materiellen Ressourcen mittels vertraglicher Vereinbarungen so bestkalkuliert einzusetzen, daß sie ihm den größten Ertrag bringen. Auch kann man nicht bestreiten, daß jeder, soll dieses System effektiv arbeiten, seine Entscheidungen aufgrund der Kalkulation des größten Gewinns treffen muß. Nur so würde der Marktmechanismus das gesellschaftlich erstrebenswerte Resultat der Maximierung des nationalen Reichtums erbringen.

Das Marktsystem verlangt also, daß die Menschen sich als Nutzenmaximierer verhalten. Es sieht so aus, als könnte dieses allein schon die Auffassung vom Menschen als im Wesentlichen einem Maximierer seines Nutzens nahelegen, was das Postulat des unbegrenzten Bedürfnisses impliziert. Aber wie wir gleich sehen werden, macht eine andere Voraussetzung des Marktsystems eine derartige Auffassung unentbehrlich.

Die minimal erforderlichen Institutionen eines kapitalistischen Produktionssystems sind erstens die gesetzlich gesicherte Vertragsfreiheit, über seine Person und sein Eigentum in der gewinnträchtigsten Weise, die man sich denken kann, zu verfügen, zweitens ein System von Märkten, auf denen Arbeitskraft, Kapital und Boden regelmäßig Preise erzielen, die ihren Eigentümern Anlaß geben, sie im Produktionsprozeß einzusetzen. Offensichtlich können diese Erfordernisse sowohl in einem merkantilistischen System staatlicher Regulierung des Handels als auch auf einem vollständig freien *laissez-faire* Markt erfüllt werden: Ein hohes Maß staatlicher Regulierung von Handel und Preisen ist durchaus vereinbar mit dem Marktsystem, denn solche Regulierung modifiziert nur einige der Bedingungen, die jedes Individuum einkalkulieren muß, läßt aber die auf diesen Kalkulationen beruhende Privatinitiative als Motor des gesamten Systems durchaus bestehen.

Während aber ein vollständig freier Markt nicht notwendig ist, um das System in Gang zu setzen, ist doch als Anreiz mehr erforderlich als nur die Freiheit, den größten Ertrag zu erzielen. Eine Gesellschaft, in der es *qua definitione* keine traditionelle, patriarchalische oder feudale Arbeitsverpflichtung gibt und deren Anhänger außerdem unter der neuen Marktordnung die Aussicht auf noch nie dagewesenen Reichtum zu haben glauben, wenn nur Menschen veranlaßt werden könnten, bestimmte Leistungen zu erbringen, benötigt einen institutionalisierten Anreiz zu ständiger Leistungsbereitschaft. Solch ein Anreiz ergab sich durch die Etablierung des Rechts auf unbegrenzte individuelle Aneignung. Die Etablierung dieses Rechts sollte die Menschen zu unaufhörlicher Anstrengung treiben, indem es ihnen die Aussicht auf immer größere Verfügungsgewalt über Dinge zu ihrer Bedürfnisbefriedigung gab.

Ob dieser Anreiz jemals die Masse der beschäftigten Arbeiter dazu bewog oder bewegen konnte, ständig ihre Arbeitskraft zu verausgaben, darf man wohl bezweifeln. Die Autoren des siebzehnten Jahrhunderts bestritten dies, Locke miteingeschlossen. Aber sie hielten ja auch die eigentumslose Arbeiterklasse für nicht voll menschlich, zumindest nicht für volle Bürger. Für die kleineren und mittleren unabhängigen Eigentümer sowie die eigentlichen Kapitalisten würde das Recht auf unbegrenzte Aneignung aber ein effektiver Anreiz zu ständiger Leistung und Kreativität sein. Und auf diesen ruhte die ganze Hoffnung auf Produktivitätszuwachs. Die lohnabhängige Arbeiterschaft sollte weiterhin zu den vom Markt gesetzten Bedingungen (mit gelegentlicher Hilfe von Richtern in *Quarter Sessions*) zur Arbeit gefügig sein – eine andere Möglichkeit gab es ja für sie nicht. Aber die Farmer, die Fabrikanten und die Kaufleute, die tragenden Säulen der neuen Gesellschaft, würden auf den Anreiz reagieren, den ihnen die Aussicht auf unbegrenzte Aneignung gab.

Es ist auch schwierig, sich einen anderen Anreiz außer dem Recht auf unbegrenzte Aneignung vorzustellen, der diese Reaktion bewirken könnte. Denn wie könnte man das Recht auf individuelle Aneignung begrenzen? Es wäre offensichtlich sinnlos gewesen, den menschlichen Eigentumserwerb auf das Maß zu begrenzen, das zur Aufrechterhaltung eines gewissen gewohnheitsmäßigen Lebensstandards für die Mitglieder jedes herkömmlichen Standes oder jeder Klasse nötig ist. Es wäre gleichfalls sinnlos gewesen, alle Begrenzungen für den Eigentumserwerb beizubehalten, wie sie die alten Prinzipien der Tauschgerechtigkeit festlegten. Und auch das alte Prinzip der Verteilungsgerechtigkeit hätte nicht als Erwerbsschranke dienen können, denn die Marktordnung läßt für den Wert eines Menschen kein anderes Kriterium zu als den Wert, den er auf dem Markt erzielt. Alle diese Begrenzungen mußten verschwinden, ohne daß ein Grund bestand, sich neue auszudenken. Denn jede andere Begrenzung hätte vermutlich durch irgendein moralisches Prinzip gerechtfertigt werden müssen, das die Marktordnung in Frage gestellt hätte, während doch der springende Punkt darin bestand, von moralischen wie von traditionellen Beschränkungen loszukommen (wie es Locke tat, indem er die naturrechtliche Beschränkung individueller Aneignung für nichtig erklärte).

Wir ziehen daraus den Schluß, daß die für die kapitalistische Marktgesellschaft erforderlichen Institutionen das Recht unbegrenzter individueller Aneignung als Anreiz zu ständiger Leistung miteinbegriffen.

(b) Wir müssen nun zeigen, daß diese Tatsache wiederum der neuen Prämisse über das Wesen des Menschen bedurfte.

Um das Recht auf unbegrenzte individuelle Aneignung zu rechtfertigen, d. h., eine moralische Grundlage dafür zu finden (und die war ja unentbehrlich, denn die Proklamierung dieses Rechts erschütterte die bis dahin vorherrschenden naturrechtlichen Eigentumsschranken), mußte es aus der vermeintlichen Natur oder dem Wesen des Menschen abgeleitet werden, genau wie die früheren Theorien, die das Recht der Aneignung beschränkt hatten, aus einer vermeintlichen Natur oder dem Wesen des Menschen hergeleitet worden waren.

Das Postulat, aus dem sich diese Ableitung ganz unmittelbar ergeben konnte, lautet, daß der Mensch seinem Wesen nach zu grenzenloser Aneignung neigt, d. h., daß seine Natur nur dann voll verwirklicht wird, wenn er in den Besitz von allem gelangt. Aber dieses Postulat ist untauglich, wenn nicht sogar unhaltbar. Neben der Schwierigkeit, daß diesem Postulat zufolge kein Individuum sein Wesen verwirklichen könnte, solange es andere Individuen in demselben Universum gäbe, besteht eine andere, eher operationale als logische Schwierigkeit. Es genügt nämlich nicht zu postulieren, daß die Menschen so seien, sondern daß sich ihr Sosein in Übereinstimmung mit dem Naturrecht oder der Moral befinde. Benötigt wurde ein Postulat, das als Grundlage moralischer Rechtfertigung dienen konnte. Auf ihm mußte eine annehmbare moralische Theorie aufbauen können. Zu postulieren, daß die Liebe zum Reichtum nicht nur natürlich, sondern auch die Wurzel alles Guten sei, wäre freilich zu übertrieben gewesen.[6]

Aber wenn das postulierte Bild vom Menschen als einem unbegrenzten Appropriateur grell war, dann gab es noch ein anderes, das moralischer erschien und ebenso dienlich war. Es ist das Postulat, daß der Mensch seinem Wesen nach grenzenlos Güter bedarf, als ein Geschöpf, dessen Natur es ist, die Befriedigung unbegrenzter sowohl angeborener wie erworbener Bedürfnisse zu suchen. Die Bedürfnisse konnten als sinnlich oder rational oder als beides angesehen werden. Entscheidend war, daß ihre Befriedigung einen ständigen „Input" von außen erforderte. Der Mensch ist seinem Wesen nach ein unbegrenzter Konsument.

Aber das macht aus dem Menschen nicht notwendig einen unbegrenzten Appropriateur. Der Mensch braucht ja im Prinzip nicht den Besitz von allem anzustreben, um die Hoffnung auf ein immer höheres Befriedigungsniveau zu haben. Konsumtive Befriedigung konnte sogar (wie bei Locke) als moralische Belohnung für eine rechtschaffene Leistung hingestellt werden, die mit dem *amor sceleratus habendi* nichts gemein hatte.

Wenn nun auch das Postulat vom Menschen als einem unbegrenzten Konsumenten ihn nicht notwendig zu einem unbegrenzten Appropriateur macht, so bedarf es nur einer einfachen zusätzlichen Nebenbedingung, ihn dazu zu machen. Erforderlich ist nur die Bedingung, daß sich Kapital und Boden in Privatbesitz befinden müssen, um produktiv zu sein (eine Annahme, die Locke z. B. ausdrücklich machte).[7] Um also sein Wesen als Konsument zu erfüllen, muß man sich Boden und Kapital aneignen. Der Mensch als Konsument wird ein unbegrenzter Appropriateur. Diese Schlußfolgerung wurde nicht immer gezogen: das Postulat vom unbegrenzten Konsumenten reichte schon.

Man hätte vielleicht eine genauere Darstellung des Wesens – nicht nur des Menschen als solchen, sondern unter Berücksichtigung seiner Anpassung an die kapitalistische Marktgesellschaft – finden können, doch waren die Theoretiker gerade an Aussagen über den Menschen als solchen interessiert, da nur diese eine sichere Grundlage für eine allgemeine Rechtfertigungstheorie abzugeben schienen. Ohne Rücksicht darauf hätte man den Menschen geradewegs als unbegrenzten Appropriateur nicht nur von Gebrauchsgütern, sondern auch von Einkünfte produzierendem Kapital beschrieben (was der Mensch im Kapitalismus wesentlich auch sein muß). Aber es paßte besser zu den Anforderungen an eine allgemeine Moraltheorie, den Menschen stattdessen als einen nach Gütern unbegrenzt Bedürftigen zu beschreiben, was dann nur als bedürftig nach Konsumgütern ausgelegt werden konnte. Dies würde ihm das Recht zur unbegrenzten Aneignung von

Konsumgütern geben. Da man es aber unterließ, die Unterscheidung zwischen Eigentum zu Konsumzwecken und Einkünfte produzierendem Eigentum zu machen (bzw. zu betonen), ließ sich mit dieser Theorie ebenso die unbegrenzte Aneignung des letzteren rechtfertigen.

Bisher habe ich argumentiert, daß die Auffassung vom Menschen als unbegrenztem Konsumenten nicht nur das Verhalten abdeckte, das von ihm in einer Marktgesellschaft gefordert wurde, sondern daß sie auch zur Rechtfertigung des Rechts auf unbegrenzte Aneignung diente, was wiederum als Anreiz zu ständiger Leistung in dieser Gesellschaft benötigt wurde. Ich versuche hier nicht die Frage zu beantworten, ob diese Auffassung eine bewußte Erfindung von Denkern war, die klar erkannten, daß sich die Marktgesellschaft ohne eine solche Auffassung nicht rechtfertigen ließ. Ich behaupte nur, daß eine Notwendigkeit für eine derartige Auffassung bestand und daß dieser Notwendigkeit in Form der liberalen Theorie von Locke bis Bentham entsprochen wurde. Diese Auffassung ist heute noch wirksam: Sie ist insofern noch notwendig, als unsere Gesellschaft sich immer noch für die Bewältigung ihrer produktiven Arbeit auf Marktanreize verlassen muß.

Und wir sollten eine Implikation, die sich aus der Annahme der Auffassung vom Menschen als unbegrenzten Konsumenten ergibt, nicht übersehen: eine Implikation, deren Wichtigkeit später in unserer Analyse hervortreten wird. Wenn die Bedürfnisse des Menschen unbegrenzt sind, dann muß der Zweck des Menschen in einem endlosen Versuch bestehen, die Knappheit zu überwinden. Damit wird mehr ausgesagt, als daß Knappheit die permanente menschliche Existenzbedingung ist, was ja keineswegs eine neue Idee war. Es hatte immer Knappheit gegeben, und bis zur Entstehung des Kapitalismus war allgemein angenommen worden, daß sie es immer geben würde. Aber die vorkapitalistische These von der Permanenz der Knappheit beinhaltete nie irgendeine Idee, daß der Lebenszweck des vernünftigen Menschen darin bestehe, sich dem Versuch ihrer Überwindung zu widmen. Sie war im Gegenteil eher geeignet, Resignation gegenüber der

Knappheit als menschlichem Schicksal hervorzubringen (da Knappheit für eine absolute und nicht für eine relative Bedingung gehalten wurde) und Moraltheorien, die ein auf Erwerb ausgerichtetes Leben verurteilten.

Die neue Auffassung von der Knappheit war davon grundverschieden. Zwar wurde auch dieser neuen Auffassung zufolge Knappheit für permanent gehalten, doch nicht einer menschlichen Unfähigkeit zu Produktivitätssteigerungen wegen und nicht in absolutem Sinne. Jetzt hielt man sie einfach deshalb für permanent, weil Befriedigungen, relativ zum unbegrenzten Bedürfnis, schon *der Definition nach* immer „knapp" sind. Neu war die Annahme der Vernünftigkeit oder moralischen Richtigkeit eines unbegrenzten Bedürfnisses. Sobald man aber diese Annahme macht, wird die endlose Anstrengung zur Überwindung der Knappheit der vernünftige Lebenszweck des Menschen. Die Anstrengung ist der Definition nach endlos, aber nur wenn er sich endlos für sie engagiert, kann der unbegrenzt bedürftige Mensch sein Wesen verwirklichen.

3. Westliche Demokratie-Ontologie:
(2) Das egalitäre Komplement

Eine zweite Auffassung vom Wesen des Menschen kam zu der Zeit auf, als die liberal-individualistische Theorie demokratisiert wurde. Die Wende kommt im neunzehnten Jahrhundert: Sie ist deutlich in dem Gegensatz zwischen John Stuart Mill und Bentham. Mitte des neunzehnten Jahrhunderts sahen aufmerksame Beobachter wie Mill ganz deutlich, daß die Marktgesellschaft eine genügend politisch bewußte Arbeiterklasse hervorgebracht hatte, der das allgemeine Wahlrecht nicht länger vorenthalten werden konnte. Zur gleichen Zeit sahen so verschiedene Moralisten wie Mill und Marx, Carlyle und Saint-Simon, Ruskin und Green, die deutschen Romantiker und die englischen Christian Socialists, daß die Lebensverhältnisse in der Marktgesellschaft einer Beleidigung für die Menschheit nahekam. Die Kritiker der

Marktmoral, die einige Werte des liberalen Individualismus noch zu bewahren hofften, hielten es sowohl politisch für angebracht, die unruhigen demokratischen Kräfte moralisch zu belehren, bevor diesen die Teilnahme an politischer Herrschaft gestattet wurde, als auch moralisch für richtig, höheren Wertvorstellungen als denen des Marktes Geltung zu verschaffen.

Das bedeutete die Bestätigung eines gleichen Rechts für jeden einzelnen, das Beste aus sich zu machen. Und es bedeutete, daß die Auffassung vom Menschen als wesentlich einem Güterkonsumenten ihren Vorrang, zumindest aber ihre Monopolstellung einbüßte. Die Vorstellung vom Menschen als wesentlich einem Verwirklicher und Genießer seiner eigenen Fähigkeiten mußte bestätigt werden. Das Leben war zum Leben da und nicht zum Erwerb von Gütern. Das Ziel oder der Zweck des Menschen war es, seine einzigartigen menschlichen Eigenschaften zu gebrauchen und zu entwickeln. Ein so ausgerichtetes Leben mochte als vernünftig oder sinnlich angesehen werden, nicht aber als auf Erwerb ausgerichtet. Will man den Begriff der Maximierung in diese Auffassung vom Menschen miteinbringen, könnte man sagen, daß das Wesen eines Menschen nicht in der Maximierung seines Nutzens, sondern in der Maximierung seiner unendlichen Fähigkeiten bestehe. Oder man könnte sagen, der Mensch ist weder ein unbegrenzter Konsument noch ein unbegrenzter Appropriateur, sondern ein unbegrenzter Entwickler seiner menschlichen Eigenschaften.

Die liberal-demokratischen Denker, die diese Ansicht vertraten – vor allem Mill und Green –, griffen natürlich auf eine viel ältere Tradition zurück als die Theorien von Locke bis Bentham über den Menschen. In einem gewissen Sinne entlarvten sie die Traditionen von Locke bis Bentham als eine Abweichung von den westlich-humanistischen Traditionen, die auf die Griechen und das mittelalterliche Naturrecht zurückgehen. In einem neuen und demokratischen Rahmen verhalfen sie alten Wertvorstellungen wieder zu ihrem Recht.

Es mag so aussehen, als bildete diese Auffassung vom Menschen als einem Verwirklicher und Genießer der eigenen Fähigkeiten und die Betonung des gleichen Rechts für jedes Individuum, das meiste aus sich zu machen, eine ausreichende Grundlage für eine lebensfähige liberal-demokratische Theorie. Man könnte behaupten, daß eine liberal-individualistische Gesellschaft, die mit diesen beiden Prinzipien Wiedergutmachung schafft (wobei letzteres durch die Sanktion demokratischen Wahlrechts zur Geltung gebracht wurde), das Beste aus beiden Welten hätte: die individuelle Freiheit der liberalen Gesellschaft und die Gleichheit einer demokratischen Gesellschaft. Das ist im Grunde genommen der Anspruch, der von Mill und Green und den ihnen folgenden liberal-demokratischen Theoretikern erhoben wird.

Ihr Anspruch ist niemals eingelöst worden. Der Grund dafür ist, daß es unmöglich war, sich von der von Locke bis Bentham gültigen Auffassung vom Menschen zu lösen und sie mit der anderen Auffassung vom Menschen zu verbinden. Der Grund, aus dem es unmöglich war, sich von der Auffassung des Menschen als unbegrenzten Konsumenten oder unbegrenzten Appropriateur zu lösen, wurde bereits angedeutet: Diese Auffassung wurde als Anreiz und als Rechtfertigung der Machtverhältnisse in der kapitalistischen Marktgesellschaft benötigt. Die westlichen liberalen Demokratien sind immer noch kapitalistische Marktgesellschaften. Wir zählen die Freiheit des Individuums, selbst zu entscheiden, wie es seine natürlichen und erlernten Fähigkeiten und seine erworbenen materiellen Ressourcen (falls vorhanden) für die Maximierung seiner materiellen Güter (Kapital ebenso umfassend wie Güter für den unmittelbaren Konsum) verwenden will, immer noch zu den wesentlichen Freiheiten. Immer noch verlassen wir uns auf kapitalistische Marktanreize wie das Recht auf Aneignung, das freilich nicht mehr unbegrenzt ist (denn unser Steuersystem setzt generell eine obere Grenze), dessen Grenze aber so hoch angesetzt ist, daß sie die meisten Menschen nicht erreichen, und deshalb praktisch für sie unbegrenzt. Solange wir uns auf diesen Anreiz verlassen, können wir weder auf die Auffassung vom Menschen als einem unbegrenzt Bedürftigen verzichten noch die Vernünftigkeit eines unbegrenzten Bedürfnisses bestreiten.

Der These, daß unsere Gesellschaft auf der Prämisse unbegrenzter Bedürftigkeit beruht, scheint das Phänomen der modernen Werbung vielleicht zu widersprechen. Deren Kritiker behaupten, der Zweck der Massenwerbung für Konsumgüter bestehe darin, Nachfrage zu schaffen, d. h. Bedürfnisse zu erzeugen, die sonst nicht existieren würden. Wenn das System durch einen Anstoß von Außen im Einzelnen neue Bedürfnisse erzeugen muß, dann scheint es nicht auf der Prämisse eines unbegrenzten natürlichen Bedürfnisses zu beruhen.

Dieser Einwand hat etwas für sich, wenn auch nicht so viel, wie es auf den ersten Blick erscheint. Wir räumen ein, daß der Zweck der Werbung darin besteht, ein Bedürfnis für ein bestimmtes Produkt zu wecken (z. B. Waschmittel X) oder im Falle allgemeiner Werbung für eine bestimmte Art von Produkten oder Diensten (z. B. Bier bleibt unerreicht, Wein ist chic, Bete in der Kirche deiner Wahl). Ihr Zweck ist, ein nicht existentes Bedürfnis zu schaffen oder die Größe eines schon bestehenden Bedürfnisses für diese bestimmten Dinge zu steigern. Aber das mag nichts anderes sein, als einen Teil einer gegebenen Bedürftigkeitsmenge von einem Produkt auf ein anderes zu übertragen. Wenn es mehr als dies ist, scheint es ein Versuch zu sein, durch künstliche Erzeugung von Bedürfnissen für neue oder mehr Dinge die Bedürftigkeitsmenge zu erhöhen. Dies würde mit der Prämisse eines angeborenen, unbegrenzten Bedürfnisses unvereinbar erscheinen.

Doch bei genauerer Analyse läßt sich denken, daß es nicht nur mit dieser Prämisse vereinbar ist, sondern eigentlich sogar auf ihr beruht. Denn die Werbung geht doch von der gleichen Voraussetzung aus wie die ökonomische Theorie, die annimmt, daß jedes befriedigte Bedürfnis ein weiteres erzeugt, womit unterstellt ist, daß sich Bedürfnisse zwar stufenweise, aber doch ohne Ende von selbst vermehren. Es wird angenommen, daß sich die Bedürftigkeitsmenge von Natur aus stetig erhöht: Die Absicht der Werbeleute ist es, einen Teil des Zuwachses zu absorbieren und in Nachfrage für ein bestimmtes Produkt zu verwandeln. Letztlich unterstellt man, daß der Mensch unbegrenzt bedürftig ist.

Alle Erörterungen dieser Art laufen bald auf die ärgerliche Frage nach dem relativen Gewicht von angeborenen und sozial erworbenen Bedürfnissen hinaus. Gelegentlich wird davon ausgegangen, daß Zivilisation in dem Erwerb und der Befriedigung neuer Bedürfnisse bestehe. Wenn man annimmt, daß es die Natur des Menschen ist, sich selbst zu zivilisieren (und manche Fortschrittstheorie stimmt mit dieser Ansicht über Zivilisation überein), dann ist ein unbegrenztes Bedürfnis nicht nur gut, sondern angeboren. Der Erwerb neuer Bedürfnisse wird zur angeborenen Notwendigkeit. Die Grenze zwischen angeborenen und erworbenen Bedürfnissen verschwindet genauso wie jedes moralische Kriterium für die Wahl zwischen verschiedenen Arten von Bedürfnis.

Ein Großteil der Schwierigkeit ergibt sich aus der Fragestellung. Wenn man von der Annahme ausgeht, daß es eine absolut unveränderliche Natur des Menschen gibt, dann ist man gezwungen, alle Veränderungen, wie etwa den Zuwachs an Bedürfnissen, seiner angeborenen Natur zuzuschreiben. Läßt man aber diese Annahme fallen und nimmt stattdessen an, daß der Mensch seine Natur ändert, indem er seine Beziehungen zu anderen Menschen und der materiellen Umwelt verändert, dann verschwindet die Schwierigkeit. Es zeigt sich dann, daß der Mensch im Prinzip die moralischen Normen wählen und sich auferlegen kann, die er wünscht, und daß er sie ändern kann, sobald die Umstände es ihm ratsam erscheinen lassen. Dies haben die Menschen im allgemeinen in verschiedensten Gesellschaften getan. In der Marktgesellschaft haben sie ein Bild vom Menschen als unbegrenzt Bedürftigem und unbegrenztem Appropriateur geschaffen und wählten die moralischen Normen dementsprechend. Als Reaktion auf deren Folgen versuchten Theoretiker im neunzehnten Jahrhundert, dieses Bild durch ein anderes zu ersetzen und schlugen einen revidierten Satz moralischer Regeln vor. Das neue Bild und die neue Moral haben einen genauso guten Anspruch wie das marktbezogene Bild und die Markt-Moral oder sogar einen besseren Anspruch, da sie auf eine längere humanistische Tradition zurückgehen. Keines der beiden kann jedoch auf Grund der

Prinzipien der anderen beurteilt werden. Und es ist schwer einzusehen, wie man beide gleichzeitig vertreten kann.

Meine scheinbare Abweichung über Werbung und Ethik bringen mich zu dem Punkt zurück, der nun behandelt werden soll.
Ich habe hoffentlich genug gezeigt, daß und warum es unmöglich
war, sich von der marktbezogenen Auffassung vom Menschen als
einem dem Wesen nach unbegrenzten Konsumenten zu lösen. Es
gilt noch zu zeigen, daß es heute unmöglich ist, diese Auffassung
gleichzeitig mit der moralisch akzeptableren und heute politisch
notwendigen Auffassung vom Menschen als einem Verwirklicher
und Genießer seiner unendlichen Fähigkeiten zu vertreten.

Ich möchte vorwegschicken, daß die beiden Auffassungen, abstrakt genommen, nicht logisch widersprüchlich oder sogar logisch unvereinbar sind. Denn man kann der Meinung sein, daß
Nutzenmaximierung der Maximierung menschlicher Fähigkeiten
eher dienlich als abträglich sind. Worin die beiden Aufassungen
unvereinbar sind, läßt sich auf zwei Weisen zeigen. Erstens ist
nicht die Nutzenmaximierung als solche der Maximierung
menschlicher Fähigkeiten entgegengesetzt, sondern nur eine ihrer
Formen, d. h. ein System von Marktanreizen, verbunden mit einer Marktmoral, die das Recht unbegrenzter individueller Aneignung miteinschließt. Denn in einer solchen Marktgesellschaft
führt die Ungleichheit von Kraft und Geschicklichkeit (falls nicht
noch anderes) zwangsläufig zu einer äußerst ungleichen Eigentumsverteilung, die im Endeffekt das Recht jedes Individuums,
das Beste aus sich zu machen, verneint. Tatsächlich ist es ein Erfordernis der kapitalistischen Produktionsweise, daß sich das Kapital in relativ wenig Händen befindet und daß jene, die davon
ausgeschlossen sind, für den Zugang zu ihm mit der Überant-
wortung einiger ihrer Fähigkeiten an die Eigentümer zu zahlen
haben. Deshalb verhindern die der Nutzenmaximierung dienen-
den Institutionen in einer kapitalistischen Marktgesellschaft notwendig ein effektives gleiches Recht der Individuen auf Ausübung, Genuß und Entwicklung ihrer Fähigkeiten.

Das läßt sich auch auf andere Weise zeigen. Unvereinbar mit
der Auffassung vom Menschen als Ausüber, Genießer und Ent-

wickler seiner Fähigkeiten ist nicht die Auffassung vom Menschen als unbegrenzt nach Gütern Bedürftigem, sondern die Auffassung vom Menschen als unbegrenztem Appropriateur. Denn wenn es dem Menschen zu seiner Wesensverwirklichung erlaubt sein muß, ohne Grenzen Besitz zu erwerben, dann muß es ihm auch gestattet sein, sich genauso Kapital und Boden wie Konsumgüter anzueignen. Daraus ergibt sich das gleiche Ergebnis wie oben: Der ganze Boden und das ganze Kapital befinden sich im Besitz einiger Menschen, während die übrigen außerstande sind, ihre Fähigkeiten zu nutzen, ohne mit einem Teil von ihnen für den Zugang zu den Ressourcen zu zahlen, ohne den sie ihre Fähigkeiten nicht gebrauchen können. Diese Lage ergibt sich notwendigerweise in einer kapitalistischen Marktgesellschaft. Und tatsächlich, wie ich bereits angedeutet habe, war historisch die wirkliche Bedeutung des Postulats, der Mensch sei seinem Wesen nach ein unbegrenzter Konsument, die, daß er seinem Wesen nach ein unbegrenzter Appropriateur sei. Denn man benötigte ein Postulat, welches das Recht unbegrenzter, individueller Aneignung legitim erscheinen lassen würde. Das Postulat, der Mensch sei seinem Wesen nach ein unbegrenzter Appropriateur, wäre einfacher, jedoch eine zu ungeschminkte Ablehnung des Naturrechts gewesen. Vermutlich aus diesem Grund wurde es von den meisten Theoretikern nicht bewußt vertreten, oder wo vertreten, zurückgewiesen. Das weniger anstößige Postulat – der Mensch als unbegrenzter Güterkonsument – schien die benötigte Rechtfertigung zu liefern, aber wir können es jetzt als Ersatz ansehen für: der Mensch als unbegrenzter Appropriateur.

Ich habe zwei Wege vorgeschlagen, auf denen die Auffassung vom Menschen als Nutzenmaximierer oder unbegrenzten Konsumenten und die Auffassung vom Menschen als Maximierer der individuellen menschlichen Fähigkeiten oder als Ausüber, Genießer und Entwickler der menschlichen Anlagen unvereinbar sind. Ich habe dargelegt, daß beide Auffassungen in unserer westlichen Demokratietheorie enthalten sind und beide für sie unentbehrlich sind. Die erste, weil wir immer noch kapitalistische Marktgesellschaften sind, die zweite, weil unsere Denker moralisch empört waren (und sind) und unsere Führer politisch in einer Gesellschaft in Gefahr gerieten, die sich allein an der ersten Auffassung orientierte.

Weil die westliche Demokratietheorie diese inkonsistenten Postulate enthält, befindet sie sich innerlich in einem prekären Zustand. Das spielt vielleicht keine Rolle, denn wir sind mit dieser Theorie in diesem Zustand nun schon seit einem Jahrhundert ausgekommen. Wenn nicht neuerdings die westliche Demokratie mit zunehmend starker Konkurrenz von den kommunistischen Nationen (die einen anderen Demokratiebegriff vertreten) und – zumindest in einem moralischen Sinne – von den unterentwickelten Nationen der Dritten Welt (die wieder eine andere Auffassung von Demokratie haben) rechnen müßte. Außerdem haben wir in den nächsten Jahrzehnten mit einem technologischen Wandel der produktiven Basis in unserer Gesellschaft zu rechnen, der unsere Problemstellung verändert. Ich will deutlich machen, daß der zu erwartende technologische Wandel eine Erneuerung unserer Theorie sowohl erforderlich als auch möglich macht; weiterhin, daß, wenn der technische Fortschritt in unserer gegenwärtigen Gesellschaft sich selbst überlassen bleibt, er unsere Schwächen vergrößern wird, daß es aber eine Möglichkeit gibt, ihn zur Behebung der Schwächen einzusetzen, mit denen unsere Gesellschaft und Theorie behaftet sind.

4. Technologie, Knappheit und Demokratie

Der tiefgreifendste Wandel der politischen Theorie und – hoffentlich – der Ideologie westlicher Demokratie, den ich aufgrund des technologischen Fortschritts für nötig und möglich halte, besteht in der Zurückweisung der Auffassung vom Menschen als wesentlich einem unbegrenzten Konsumenten und Appropriateur (welche ich der Kürze halber die marktbezogene Auffassung vom Wesen des Menschen nennen will). Dieser Wandel in dem schon erwähnten deutlichen Sinne war schon vor vielen Jahrzehnten nötig, wenn auch nur aus Gründen theoretischer Stimmigkeit. Aber wegen des Zusammenhangs der beiden Veränderungstendenzen in unserer Gesellschaft – des zunehmend demokratischeren Klimas in der ganzen Welt einerseits, und der technologischen Revolution in unserer Zeit andererseits – wird der Wandel jetzt um so dringlicher. Beide Veränderungstendenzen stehen in enger Beziehung zueinander.

Es bedarf jetzt in zunehmendem Maße der Zurückweisung der marktbezogenen Auffassung vom Wesen des Menschen, da, wie ich dargelegt habe, diese in unserer Gesellschaft tief verwurzelte Auffassung mit der Gleichheit des individuellen Rechts das Beste aus sich zu machen, unvereinbar ist. Das zunehmend demokratischer werdende Klima in der ganzen Welt fordert dieses Recht. Unter der Voraussetzung dieses Klimaumschwunges und der Konkurrenz um Macht und Einfluß in der Welt zwischen den westlichen und den nicht-westlichen Ländern ist es wahrscheinlich, daß das Fortbestehen der westlichen Gesellschaften mit ihrer Verbindung von individuellen Freiheiten und demokratischen Rechten von den Gesellschaften abhängt, die ihren Mitgliedern ein gleiches Recht auf die Realisierung ihres Wesens als Ausüber, Genießer und Entwickler ihrer individuellen menschlichen Anlagen gewähren. Denn das ist die Auffassung vom Wesen des Menschen, zu der sich ihrer Ideologie und Theorie zufolge die kommunistischen Länder sowie die der Dritten Welt bekennen. Wenn die Verwirklichung dieser Auffassung in der nicht-westlichen Welt nur eine utopische Hoffnung für ihre Bevölkerung bliebe, dann hätte sie keine unmittelbare Bedeutung für den Westen.

Aber die technologische Revolution unserer Zeit ändert die Sachlage hier. Mit technologischer Revolution meine ich die Entdeckung und Anwendung neuer Energiequellen und neuer Kontrollmethoden der Anwendung von Energie und Kommunikation im weitesten Sinne. Diese Revolution ist nicht auf den Westen beschränkt, sondern wird von den meisten nicht-westlichen Nationen geteilt. Auch sieht es so aus, als könnte sie ihnen ein Produktivitätsniveau erlauben, auf dem sie die Realisierung der Marxschen Vision vom Menschen beginnen könnten, der zum ersten Male in der Geschichte von zwangsweiser Arbeit befreit ist. So bringt die technologische Revolution die nicht-westlichen Nationen der Realisierung ihrer Auffassung vom menschlichen Wesen näher. Für sie ist die Technologie der Ontologie untergeordnet.

Was geschieht mit dem Westen? Auch hier *könnte* die technologische Revolution die Mittel liefern, um die demokratische Auffassung des menschlichen Wesens zu verwirklichen (die im Grundsatz der Marxschen Auffassung entspricht). Sie könnte durch die Freisetzung von immer mehr Zeit und Energie von zwangsweiser Arbeit es den Menschen gestatten, eher als Genießer und Entwickler ihrer menschlichen Anlagen zu denken und zu handeln, als sich der Arbeit als einem notwendigen Mittel zum Erwerb von Waren zu verschreiben. Gleichzeitig könnte die technologische Revolution es den Menschen erlauben, die Auffassung von sich selbst als Aneigner und Appropriateure aufzugeben. Wie wir gesehen haben, war ja diese Auffassung als ständiger Anreiz zur Verausgabung menschlicher produktiver Energie und Kapitalakkumulation erforderlich. Diese Anreize werden nun nicht mehr gebraucht. Das Problem wird nicht darin bestehen, menschliche Energien in den Dienst des materiellen Produktionsprozesses zu stellen, sondern neue Betätigungsmöglichkeiten für sie zu finden; nicht darin, immer mehr Kapital zu akkumulieren, sondern gesellschaftlich nützliche Verwendungsweisen zu finden für die zukünftige Akkumulation bei der Rate, an die wir uns gewöhnt haben.

So eröffnet uns die technologische Revolution die Möglichkeit, die marktbezogene Auffassung vom Wesen des Menschen aufzugeben und sie durch eine moralisch wünschenswertere Auffassung zu ersetzen, was früheren Generationen von liberal-demokratischen Denkern – von John Stuart Mill an – auf diese Art nicht möglich war, wenn sie es versuchten. Auf die technologische Revolution allein sollte man sich bei dieser Aufgabe allerdings nicht verlassen. Wahrscheinlich werden ihre unmittelbaren Auswirkungen eher ein Hindernis darstellen. Bevor wir uns diesem Problem widmen, sollten wir uns noch einen logischen Einwand ansehen, der gegen die Möglichkeit des Verzichts auf die marktbezogene Vorstellung vom Wesen des Menschen vorgebracht werden könnte.

Können wir einfach mit diesen Wesenspostulaten über den Menschen spielen, eines zurückweisen, weil es nicht unseren Moralvorstellungen entspricht, ein anderes, passenderes an seine Stelle setzen? Müssen wir nicht die Wahrheit oder Falschheit dieser Postulate aufzeigen, und haben wir das getan? Ich glaube, daß wir das nicht müssen, und sicherlich haben wir es nicht getan. Wir haben nur gezeigt, daß das Postulat, der Mensch sei wesentlich ein Konsument und Appropriateur, zu einer bestimmten historischen Periode Eingang in die westliche Theorie und Ideologie gefunden hat und daß es ein bestimmtes Bedürfnis erfüllte (indem es eine Rechtfertigung der kapitalistischen Marktbeziehungen lieferte). Das allein beweist noch nicht die Wahrheit oder Falschheit des Postulats.

Aber die Wahrheit oder Falschheit des Postulats steht nicht zur Diskussion. Denn es ist überhaupt keine Tatsachenaussage, wie immer man es auch als solche darstellen mag. Es ist ein ontologisches Postulat und als solches ein Werturteil. Seine grundlegende Behauptung lautet nicht, daß der Mensch sich *tatsächlich* in einer bestimmten Weise verhält (obwohl es diese Behauptung vielleicht macht), sondern daß er sein *Wesen* nur durch jenes Verhalten verwirklichen kann. Eine Behauptung über das Wesen des Menschen ist freilich ein Werturteil. Ein Konsens darüber ist möglich, daß sich der von der kapitalistischen Marktgesellschaft geprägte Mensch in einer bestimmten Weise verhält und sogar darüber, daß der Mensch in der Marktgesellschaft sich notwendigerweise in einer bestimmten Weise verhält, aber das sagt uns nichts über das Verhalten des Menschen als solchen und nichts über das Wesen des Menschen.

Da Wesenspostulate Werturteile sind, kann man sie getrost aufgeben, wenn sie augenscheinlich mit neuen Werturteilen über neuerdings mögliche menschliche Ziele in Konflikt geraten. Die Aufgabe des Postulats, der Mensch sei seinem Wesen nach ein endloser Konsument, endloser Appropriateur und endloser Antagonist der Knappheit, fällt unter die Kategorie zulässiger Korrekturen. Die Zurückweisung der marktbezogenen Auffassung vom menschlichen Wesen ist deshalb heute logisch wie technologisch möglich.

Es gibt allerdings noch eine große Schwierigkeit. Die technologische Revolution im Westen, bliebe sie innerhalb der gegenwärtigen Marktstrukturen und der gegenwärtigen Ideologien sich selbst überlassen, würde unmittelbar zur Stärkung der Vorstellung vom Menschen als endlosem Konsumenten beitragen, da sie Konsum attraktiv macht. Sobald die Technik die Produktivität vervielfacht, wird profitable Produktion der Schaffung neuer Bedürfnisse und neuer Bedürftigkeitsmengen bedürfen. (Was erforderlich wird, mag man richtiger als *Schaffung* neuer Bedürfnisse beschreiben, trotz meiner Behauptung, daß Werbung keine neuen Bedürfnisse schaffe, wenn wir, wie ich es vorgeschlagen habe, den faktischen Geltungsanspruch des Postulats zurückweisen, daß der Mensch als solcher von Natur aus unbegrenzt bedürftig ist.) Da die Profite zunehmend von der Schaffung von immer mehr Bedürfnissen abhängen, werden die Manager des Produktionssystems alles in ihrer Macht stehende tun, um die Vorstellung des westlichen Menschen von sich selbst als endlos Bedürftigem zu bestärken. Anstrengungen in dieser Richtung findet man zur Genüge in den heutigen Massenmedien. Deshalb wird die unmittelbare Auswirkung der technologischen Revolution im Westen zum Hindernis für den Wandel in unserer Ontologie werden, den sie andererseits möglich macht und der, wie ich betont habe, notwendig ist, wenn wir auch nur irgendeinen der Werte liberaler Demokratie beibehalten wollen. Was sollen wir also tun? Ich hoffe, daß die politischen Theoretiker unter uns Analysen wie diese erweitern und vertiefen. Sollten diese Resonanz finden, haben wir einen Beitrag geleistet zur Zerstörung der zeitbedingten, heute entbehrlichen und schädlichen Vorstellung vom Menschen als endlosem Konsumenten und endlosem Appropriateur, als einem Wesen, dessen vernünftiger Zweck darin besteht, sich dem endlosen Versuch zur Überwindung von Knappheit zu widmen. Für Jahrtausende gehörte Knappheit zur allgemeinen menschlichen Existenzbedingung; vor drei Jahrhun-

derten wurde sie zum künstlichen, aber nützlichen Ansporn gemacht; jetzt ist sie entbehrlich, obwohl die Gefahr besteht, daß
wir sie in neuer und künstlicherer Form weiter mit uns herum-
schleppen. Wir sollten das klar aussprechen. Unterlassen wir das,
hat das liberal-demokratische Erbe unserer westlichen Gesellschaft nur eine geringe Überlebenschance.

III. Probleme einer nicht-marktbezogenen Demokratietheorie

In den vorangehenden Essays schlug ich folgende Umformulierung der liberal-demokratischen Theorie vor: Die Marktannahmen über die Natur des Menschen werden fallengelassen und die ebenfalls in ihr enthaltenen demokratischen Annahmen zu ihrer Grundlage gemacht. Der zentrale Fehler der Rechtfertigungstheorie der liberalen Demokratie wurde in ihrem Versuch gesehen, zwei Auffassungen vom Menschen zu verbinden und die beiden ihnen entsprechenden Maximierungsansprüche zu vertreten: den Anspruch, Nutzen zu maximieren, und den Anspruch, Fähigkeiten zu maximieren im Sinne der Möglichkeit, die wesentlichen Anlagen des Menschen zu gebrauchen und zu entwickeln. Es wurden Gründe genannt für die Annahme, daß es jetzt für die liberal-demokratische Theorie möglich werde, die erste Auffassung (der Mensch als Konsument) und den ersten Maximierungsanspruch fallen zu lassen und zunehmend die zweite Auffassung vom Menschen (als wesentlich einem Täter, einem Handelnden, einem Genießer und Entwickler seiner menschlichen Eigenschaften) und den zweiten Maximierungsanspruch zu ihrer Grundlage zu machen.

Jeder Versuch, eine demokratische Theorie auf dieser Basis neu zu begründen, wirft eine Reihe von Fragen auf. Kann zum Beispiel der Begriff der Macht als Möglichkeit, die wesentlichen menschlichen Anlagen zu gebrauchen und zu entwickeln, soweit präzisiert werden, daß er von irgendwelchem Nutzen ist? Können wir annehmen, daß die Ausübung der wesentlichen menschlichen Anlagen aller Menschen nicht Konflikte unter ihnen schafft? Läßt sich die Möglichkeit der Ausübung dieser Fähigkeiten soweit messen, daß wir berechtigt sind, ihre Maximierung zum Kriterium einer vollkommen demokratischen Gesellschaft zu machen?

Das sind keine leichten Fragen. Wenn diese Schwierigkeiten ausschließlich daher stammen, daß wir die Formulierung demokratischer Theorie als ein Problem der Maximierung von Fähigkeiten ansehen, dann sind wir möglicherweise gut beraten, diese Formulierung aufzugeben. Doch es wird sich zeigen, daß die Schwierigkeiten jeder Demokratietheorie inhärent sind. Unsere Formulierung erleichtert es nur, sie klarer zu erkennen und offener mit ihnen umzugehen.

Bei der Untersuchung dieser Fragen besteht die erste Aufgabe darin, den grundlegenden Begriff zu klären: Macht*, definiert als die Möglichkeit, menschliche Anlagen zu verwirklichen und zu entwickeln. Die Klärung erreiche ich dadurch, daß ich den Unterschied zwischen diesem Begriff der Macht und seiner üblichen Verwendungsweise in der politischen Theorie untersuche (im ersten Abschnitt dieses Essays). Im zweiten Abschnitt wird der Begriff der ‚wesentlichen Fähigkeiten‘ *(powers)* einer weiteren Betrachtung unterzogen, und es wird gezeigt, daß er zugleich weniger und mehr Ansprüche stellt, als es auf den ersten Blick erscheint. Die Abschnitte 3 und 4 greifen Probleme der Messung von Fähigkeiten auf. In Abschnitt 3 will ich zeigen, daß die Macht eines Menschen in dem von einer Demokratietheorie geforderten Sinne an den Hindernissen zu messen ist, die dem Gebrauch und der Entwicklung seiner Anlagen entgegenstehen, und zwar in Relation zu einem möglichen Maximum und nicht (wie bei der Messung von Nutzen) in Relation zu einem früher erreichten Stand. Abschnitt 4 beschäftigt sich mit der Frage, was zu den Hindernissen zu zählen ist und wie man sie messen kann.

* Wie aus Macphersons Definition hervorgeht, hat das Wort ‚power‘ neben seinem Gebrauch als politologischer Terminus noch eine viel weitere Bedeutung als im Deutschen. ‚Power‘ bedeutet so viel, wie ‚Vermögen‘, ‚Fähigkeit‘, Inbegriff der subjektiven Kompetenzen des Menschen. Dies ist die Bedeutung, die Macpherson mit seinem power-Begriff meint. Dennoch wird ‚power‘ der terminologischen Einheitlichkeit wegen hier durchweg mit ‚Macht‘ oder ‚Machtpotential‘, im Plural allerdings wie in den vorangehenden Essays mit ‚Fähigkeiten‘ (oder ‚Machtpotentialen‘) wiedergegeben.

Dabei wird klar werden, daß die ‚Nettoübertragung von Fähigkeiten' im Gegensatz zu meiner früheren Argumentation kein Maßstab für die Messung von Hindernissen abgibt. Zum Schluß in Abschnitt 5 stelle ich die Frage, wie es, im Unterschied zum Nutzen, möglich ist, Fähigkeiten zu aggregieren, und ich komme zu der Schlußfolgerung, daß die Schwierigkeit mit dieser Operation nur beim *Übergang* zu einer vollkommen demokratischen Gesellschaft entsteht und daß sie nicht unüberwindbar ist.

1. Zwei Begriffe von Macht:
Ausbeuterisches und entwicklungsbezogenes Machtpotential

Im ersten Essay unterschied ich zwischen zwei Begriffen menschlicher Macht, von denen der eine für das demokratisch-humanistische Ideal, der andere für die klassische liberal-individualistische Tradition zentral war. Den ersten nannte ich den ethischen Begriff: er definierte die Macht eines Menschen als die Fähigkeit, seine wesentlich menschlichen Anlagen zu gebrauchen und zu entwickeln. Der zweite war der ‚deskriptive' Begriff menschlicher Macht, definiert als die gegenwärtige Fähigkeit, Befriedigung mit beliebigen Mitteln zu erlangen. Diese Unterscheidung sollte deutlich machen, daß, sobald man den Machtbegriff im ethischen Sinne zugrunde legt, diese Macht offenbar den Zugang zu den Mitteln für den Gebrauch menschlicher Anlagen einschließt und daß das Machtpotential durch das Fehlen dieses Zugangs[1] beeinträchtigt und zum Teil auf andere Menschen übertragen wird. Dagegen können diejenigen, die die Wichtigkeit des menschlichen Wesens oder wesentlich menschlicher Anlagen vernachlässigen, keine Beeinträchtigung oder Übertragung erkennen, denn sie messen das Machtpotential erst, *nachdem* sie stattgefunden hat.

Die dort getroffene Unterscheidung bleibt weiterhin nützlich. Doch ist sie nicht völlig zufriedenstellend, denn sie lenkt von einer sehr wichtigen Tatsache ab und wirft eine Frage auf, die sie völlig unbeantwortet läßt.

Sie lenkt von der Tatsache ab, daß der Zugang eines Menschen zu den Mitteln für den Gebrauch seiner Anlagen eine Komponente seines Machtpotentials ist, *unabhängig* davon, ob man erkennt, daß Macht eine ethische Dimension hat oder nicht. Die Tatsache, daß Zugang ein integraler Bestandteil des Machtpotentials eines Menschen ist, wird nur *erkannt,* wenn man die ethische Dimension berücksichtigt, doch gehört der Zugang in jedem Fall dazu. Auch im höchst neutralen deskriptiven Sinne hängt die *Größe* des Machtpotentials eines Menschen immer noch von dem Zugang zu den Mitteln für die Ausübung seiner vorhandenen Anlagen ab.

Die durch die Unterscheidung zwischen dem ethischen und deskriptiven Begriff von Macht aufgeworfene Frage ist die, welche Art von Macht denn nun durch den fehlenden Zugang zu den für den Gebrauch von Fähigkeiten notwendigen Mitteln beeinträchtigt wird. Es ist leicht zu sagen, was beeinträchtigt wird. Beeinträchtigt wird offenbar das Machtpotential eines Menschen im ethischen Sinne: Er verliert zum Teil seine Fähigkeit, seine Anlagen unter eigener bewußter Kontrolle für seine eigenen menschlichen Zwecke zu gebrauchen und zu entwickeln. Aber das kann nicht dasjenige sein, was *übertragen* wird, denn offensichtlich kann niemand die Fähigkeiten, seine eigenen Anlagen unter eigener Kontrolle zu gebrauchen, auf einen anderen übertragen. Es ist ebenso klar, daß auch das menschliche Machtpotential im deskriptiven Sinne nicht übertragen werden kann, denn ihrer Definition zufolge wird sie erst *nach* jeglicher Übertragung gemessen.

Keiner der bisher vorgeschlagenen Begriffe erfaßt bis jetzt, was übertragen wird. Das überrascht nicht, denn sie sind nicht zwei verschiedene Kategorien von Macht, sondern zwei verschiedene standortgebundene Betrachtungsweisen desselben Machtpotentials: Der Fähigkeit, menschliche Anlagen zu gebrauchen, um das zu tun oder herzustellen, was Menschen tun oder herstellen wollen. In einem neutralen Sinne wird ein Teil der Fähigkeiten eines Menschen zum Gebrauch seiner Anlagen übertragen, wobei von der Überlegung abstrahiert wird, *wem* die Ausübung seiner Fähigkeiten zugutekommt, ihm selbst oder jemand anderem. Übertragen wird ein Teil seiner Fähigkeit, Dinge zu tun und herzustellen. Dient diese Macht seinen eigenen Zwecken, ist sie ein Teil seines ethischen Machtpotentials; dient sie nicht seinen Zwecken, so ist sie das, was übertragen wird. Dieselbe Fähigkeit, dieselben Anlagen zu gebrauchen, zählt in dem einen Fall zum ethischen und in dem anderen zum übertragenen Machtpotential.

Da weder ‚ethische‘ noch ‚deskriptive‘ Fähigkeiten *(powers)* im definierten Sinne übertragen werden, reichen diese beiden Begriffe allein offensichtlich nicht aus, um die ‚Nettoübertragung von Fähigkeiten‘[2] zu erfassen. Wir können also sagen, daß die bisher getroffene Unterscheidung zwischen dem ethischen und dem deskriptiven Begriff menschlicher Macht zwar nützlich ist, aber dennoch unzureichend bleibt. Sie ist für den Nachweis nützlich, warum man bei der Verwendung nur des deskriptiven Begriffs keine Übertragung von Fähigkeiten erkennen kann und daß dieser einer demokratischen Theorie nicht adäquat ist, da er keinen Maßstab für wesentliche menschliche Zwecke und Bedürfnisse sein kann. Aber diese beiden Begriffe allein reichen für eine vollständige Analyse der Probleme einer Demokratietheorie nicht aus.

Der ethische Begriff bleibt der wesentlichere von beiden: Ohne ihn oder einen ähnlichen Begriff ist keine vollkommene Demokratietheorie möglich. Aber für die weitere Analyse der Stellung des Machtbegriffes in einer Demokratietheorie ist ein anderer Ausdruck als ‚ethisch‘ zweckmäßiger, wenn auch nur aus dem Grund, daß die Betonung, die dieser Ausdruck der qualitativen Seite dieses Begriffes gibt, die Tatsache verschleiert, daß er auch eine quantitative Dimension hat, d. h. daß es in einer Demokratietheorie auf die *Größe* des Machtpotentials, das die Menschen haben, ankommt. Da dieses Machtpotential als die Fähigkeit eines Menschen zum Gebrauch und zur Entwicklung seiner Anlagen definiert ist, sollte man es kurz als das *entwicklungsbezogene Machtpotential* (developmental power) eines Menschen bezeichnen. So nützlich der ‚deskriptive‘ Begriff der Macht auch ist, er wird der Vertiefung unserer Analyse kaum dienlich sein. Wir brauchen zusätzlich einen präziseren Begriff, der uns die Trennung der beiden

Komponenten gestattet, aus denen das Machtpotential eines Menschen bestehen mag: Seiner Fähigkeit zum Gebrauch der eigenen Anlagen und seiner Fähigkeit zum Gebrauch der Anlagen anderer Menschen. Die letztere Fähigkeit ist Macht über andere, die Fähigkeit, aus ihnen Nutzen zu ziehen. Da wir einen Ausdruck dafür benötigen, werde ich sie *ausbeuterische Macht* (extractive power) nennen.

Die ausbeuterische Macht eines Menschen ist offensichtlich nicht mit seiner gesamten Macht im allgemeinen deskriptiven Sinne identisch, denn letztere bezieht sowohl seine Fähigkeiten zum Gebrauch der eigenen Anlagen mit ein als auch die etwa vorhandenen Fähigkeit aus dem Gebrauch der Fähigkeiten anderer für sich Nutzen zu ziehen. Wie wir sehen werden, behandelt die individualistische Tradition von Hobbes bis James Mill beide immer ausdrücklicher als identisch: Das gesamte Machtpotential eines Menschen wurde für fast äquivalent mit seinem ausbeuterischen Machtpotential gehalten. Wir werden weiterhin sehen, daß mit dem Wandel des klassischen Utilitarismus zur modernen empirischen Pluralismustheorie diese Einsicht teilweise verloren ging.

Von ihren Anfängen bei Machiavelli und Hobbes bis zu ihren empirisch ausgerichteten Vertretern im 20. Jahrhundert hatte es ein Großteil der Literatur der modernen Politikwissenschaft mit dem Machtbegriff zu tun, den man im weiten Sinne als die Fähigkeit der Menschen verstand, durch die Beherrschung anderer das zu erlangen, was man wollte. 1640 fand Hobbes eine prägnante Formulierung dafür. Nachdem er das Machtpotential eines Menschen als seine Fähigkeit, irgendeine beliebige Wirkung zu erzielen, und deshalb als den Inbegriff aller geistigen und körperlichen Kräfte sowie aller erworbenen Fähigkeiten definiert hatte, kam er zu der Schlußfolgerung: „Und weil die Macht eines Menschen die Wirkung der Macht eines anderen Menschen hemmt und hindert, ist Macht nichts anderes als der Überschuß der Macht des einen über die des anderen."[3] So gab er der Macht eines jeden Menschen einen Beigeschmack von aggressiver Konkurrenz und machte sie praktisch zur ‚Macht über andere‘, indem er zeigte, daß in seinem Marktmodell der Gesellschaft niemand sich im Vergleich zu anderen Macht sichern kann, ohne Macht über andere zu erlangen.

Die Reduktion von Macht auf Macht über andere fand im 19. Jahrhundert einen noch radikaleren Ausdruck. Den Höhepunkt erreichte dieser Trend mit den Behauptungen von James Mill, die 1820 unwidersprochen aufgestellt werden konnten: „Das Streben ... nach der Macht, die nötig ist, um Personen und deren Eigentum unseren Wünschen dienstbar zu machen, ist ein großes, die menschliche Natur beherrschendes Gesetz ... Das große Instrument, um das zu erreichen, was ein Mensch will, sind die Handlungen anderer Menschen. In ihrer angemessensten Bedeutung bedeutet Macht deshalb die Sicherstellung der Übereinstimmung zwischen dem Willen eines Menschen und den Handlungen anderer Menschen. Wir vermuten, daß dies eine Behauptung ist, die nicht bestritten werden kann."[4]

Die immer unverhohlener auftretende Reduktion von menschlicher Macht auf Macht über andere sollte nicht dem Mangel an Sorgfalt oder an rigoroser Definitionsschärfe auf Seiten der Theoretiker zugeschrieben werden. Sie kann besser als Wiederspiegelung sich wandelnder Verhältnisse verstanden werden. Mit der wachsenden Durchsetzung der kapitalistischen Marktgesellschaft geschah es immer häufiger, daß die gesamte Macht eines Menschen fast mit seiner ausbeuterischen Macht äquivalent war. In einer vollkommen entwickelten kapitalistischen Gesellschaft werden beide zu ein und derselben Sache. Denn zumindest im klassischen Modell einer kapitalistischen Marktgesellschaft mit vollem Wettbewerb haben die Beziehungen zwischen Eigentümern und Nicht-Eigentümern von Land und Kapital zur Folge, daß die gesamte Macht jedes Mitglieds der beiden Klassen fast der Gesamtgröße seiner ausbeuterischen Macht äquivalent ist. Eine einfache Analyse macht dies deutlich.

a) Diejenigern, die in einer kapitalistischen Marktgesellschaft keinen Boden und kein Kapital besitzen, besitzen keine ausbeuterische Macht.[5] Auch dürften sie zu keiner Zeit irgendeine andere Form von Macht (und wenn, dann nur in ganz geringfügigem

Ausmaß) haben. Denn ihre Arbeitskraft, die Fähigkeit, ihre Anlagen und Energien der Güterproduktion dienstbar zu machen, müssen sie ständig an die Eigentümer von Land und Kapital zu einem Lohn verkaufen, der gerade die verausgabten Energien ersetzen kann, die sie benötigen, um ihre Fertigkeiten wieder auf dem Markt anbieten zu können. Ständig werden sie ohne eigene produktive Fähigkeit gelassen. Falls sie überhaupt Freizeit oder irgendwelche Energien für sie übrig haben, behalten sie natürlich einen Teil ihres Machtpotentials, d. h. einen Teil ihrer Fähigkeit, Anlagen der Entwicklung der eigenen Person dienstbar zu machen. Aber im klassischen Modell des Kapitalismus, in dem die Löhne immer um das Existenzminimum schwanken und die Energien durch die produktive Arbeit, für die sie gekauft worden sind, vollständig verbraucht werden, kann man die Größe dieses Machtpotentials als verschwindend gering ansetzen. Deshalb konnte man annehmen, daß das gesamte Machtpotential eines Nicht-Eigentümers mit dem seiner ausbeuterischen Macht zusammenfällt. Hierbei ist letztere gleich Null, erstere verschwindend gering.

b) Diejenigen, die Boden oder Kapital besitzen, haben ausbeuterische Macht. In einer entwickelten kapitalistischen Gesellschaft mit starker Konzentration von Kapital und bebaubarem Boden haben einige wenige Menschen ausbeuterische Macht über viele. Deshalb ist die ausbeuterische Macht dieser wenigen so groß wie die gesamte Macht der übrigen Menschen. Je größer die Kapitalkonzentration,[6] desto größer ist der Anteil der ausbeuterischen Macht an der gesamten Macht jedes Eigentümers. Das wird sofort verständlich, wenn wir James Mill folgen und die Größe des Vorteils, den sich ein Mensch von anderen verschaffen kann, mit der (als Bruchzahl oder ganze Zahl) der Anzahl der Menschen angeben, die er zu ‚unterdrücken‘ vermag.[7]

Wenn wir Kapital als ausbeuterische Macht ansehen, können wir folgende Rechnung aufstellen: Befände sich zum Beispiel das gesamte Kapital in den Händen von 10% der Bevölkerung, dann hätte jeder Eigentümer durchschnittlich eine ausbeuterische Macht, die praktisch dem gesamten Machtpotential von 9 anderen Menschen gleich käme. Wenn man den in der kapitalistischen Gesellschaft üblichen Verteilungsverhältnissen Rechnung tragen will,[8] wonach sich etwa ⅔ des Gesamtkapitals in den Händen von 5% der Bevölkerung befindet, dann hat jeder der Eigentümer durchschnittlich eine ausbeuterische Macht, die praktisch dem gesamten Machtpotential von ⅔ von 19 anderen Menschen, d. h. von 12 anderen Menschen, gleichkommt. Kleinere Eigentümer (diejenigen von den 95% der Bevölkerung, die unter sich das restliche Drittel des Kapitals ausmachen) haben natürlich weniger ausbeuterische Macht. Außerdem wird die Rechnung dadurch erschwert, daß ein ständiger Transfer von ausbeuterischem Machtpotential von den kleineren auf die größeren Eigentümer stattfindet; so zum Beispiel von Gutspächtern und ähnlichen Abhängigen auf die Gutsherren, und von allen Unternehmern, außer den größten, auf die Kreditgeber. Aber das berührt nicht die Gesamtgröße des ausbeuterischen Machtpotentials der Eigentümer.

Wenn aber das ausbeuterische Machtpotential allem Anschein nach eine Größe von 9 aufweist, (wobei jeder Kapitaleigentümer durchschnittlich ein Machtpotential hat, das praktisch dem gesamten Machtpotential von 9 anderen Menschen entspricht, dann besteht der überwiegende Teil des ganzen Machtpotentials jedes Eigentümer aus seiner ausbeuterischen Macht. Setzen wir voraus, daß die natürlichen Anlagen der Angehörigen beider Klassen ungefähr gleich sind (d. h. daß sich die Anlagen der Angehörigen beider Klassen nicht bedeutend unterscheiden, wenn wir all die Vor- und Nachteile außer acht lassen, die durch Geburt in die besitzende oder besitzlose Klasse entstehen), dann besteht das gesamte Machtpotential jedes Mitglieds der besitzenden Klasse im Durchschnitt zu einem Teil aus seinen eigenen natürlichen Fähigkeiten und zu neun Teilen aus seiner ausbeuterischen Macht. Folglich ist das ausbeuterische Machtpotential der Eigentümer fast äquivalent mit ihrem gesamten Machtpotential.

Infolgedessen ist in einem entwickelten kapitalistischen Modell das gesamte Machtpotential eines jeden ungefähr mit seinem ausbeuterischen Machtpotential äquivalent. Das gesamte Machtpotential eines Nicht-Eigentümers geht auf Null zu und seine ausbeuterische Macht ist gleich Null. Das gesamte Machtpotential jedes Eigentümers besteht ungefähr zu einem Teil aus nicht-ausbeuterischem Machtpotential und zu 9 Teilen aus seiner ausbeuterischen Macht. Man kann nur vermuten, wie deutlich die Utilitaristen und die klassischen Ökonomen das erkannten. Aber die immer deutlicher hervortretende Identifikation des gesamten Machtpotentials eines Menschen mit seiner ausbeuterischen Macht, die mit James Mills Formulierung ihren Höhepunkt findet, entsprach der wachsenden faktischen Gleichsetzung der beiden zu einer Zeit, da der ungehemmte Konkurrenzkapitalismus seinen Höhepunkt erreichte. Als der Kapitalismus später im 19. Jahrhundert ideologisch in die Defensive geriet, nahm man die Tatsache ausbeuterischer Macht nicht mehr richtig wahr.[9] In modifizierter Form findet sie sich allerdings immer noch bei John Stuart Mill, später jedoch verschwindet sie fast völlig.

Untersuchen wir daraufhin die empirisch ausgerichteten politischen Theoretiker im 20. Jahrhundert, begegnet uns wieder die Annahme, daß das einzig bedeutsame Machtpotential in politischer Hinsicht die Macht eines Menschen oder einer Gruppe über andere ist. So schreiben Laswell und Kaplan 1950: „Macht im politischen Sinne kann nicht als die Fähigkeit begriffen werden, beabsichtigte Wirkung generell zu erzielen (in Bezugnahme auf Bertrand Russells Definition von Macht), sondern nur solche Wirkungen, die sich direkt auf andere Personen beziehen. Politische Macht unterscheidet sich von Naturbeherrschung als Macht über andere Menschen."[10] Ebenso schreibt Easton 1953: „Macht ist eine Beziehung, in der eine Person oder Gruppe in der Lage ist, die Handlungen der anderen in ihrem Sinne zu bestimmen ... Ein Machtverhältnis liegt in dem Ausmaße vor, in dem eine Person die Entscheidungen und Handlungen einer anderen durch Sanktionen kontrolliert."[11] Ähnlich auch Friedrich 1963: „(Politische) Macht ist immer Macht *über* andere Menschen."[12] Und so auch Dahl 1964, der Macht als eine bestimmte Art der Beeinflussung definiert, nämlich ‚*Beeinflussung unter Zwang*' (coercive influence) und der Beeinflussung als „eine *Beziehung zwischen Akteuren* definiert, in der ein Akteur einen anderen veranlaßt, in einer Weise zu handeln, die sie sonst nicht wählen würden".[13]

Die heutigen empirischen Theoretiker haben im Ganzen eine beschränktere Sichtweise von politischer Macht als die klassischen politischen Theoretiker von Hobbes bis Mill. Sie erkennen zwar, daß politische Macht Macht über andere ist, aber im allgemeinen verkennen sie (im Gegensatz zu den früheren Theoretikern), daß in einer Marktgesellschaft Macht über andere hauptsächlich in ausbeuterischer Macht besteht, wie wir sie gerade analysiert haben. Auch sehen sie nicht, daß politische Macht dazu dient, die ausbeuterische Macht der Eigentümer von Kapital und Boden zu sichern. Daß sie im allgemeinen übersahen, inwieweit in kapitalistischen Marktgesellschaften politische Macht der Aufrechterhaltung eines Ausbeutungssystems dient, lag vielleicht daran, daß sie so bemüht waren, die Politikwissenschaft unabhängig von der politischen Ökonomie zu begründen, oder daß sie einen Rahmen für die Analyse finden wollte, der für alle, nicht nur für kapitalistische Gesellschaften, gültig ist. Sie erkennen natürlich, daß Reichtum manchmal die Grundlage für die Erlangung politischer Macht darstellt und politische Macht umgekehrt die Grundlage zur Erlangung von ökonomischer Macht, doch behandeln sie diesen Zusammenhang nicht als wesentlich für den Charakter politischer Macht. Sie bewegen sich innerhalb eines pluralistischen Gesellschaftsmodells, das keinen Raum läßt für die Maxime früherer Staatskunst: ‚Mit Menschen gewinnen wir Geld und mit Geld gewinnen wir Menschen.‘ Da sie weit davon entfernt sind, politische Macht vor allem als Mittel zur Konsolidierung von ausbeuterischer Macht zu behandeln, bestehen sie eher auf einer strikten Trennung der beiden. So weist Friedrich die Hobbes'sche Definition der Macht eines Menschen als seine ‚vorhandenen Mittel zur Erlangung eines zukünftigen, augenscheinlichen Gutes‘ zurück, denn sie unterscheidet nicht zwischen Macht und Reichtum, während er die Ansicht vertritt, „daß es heute von operationeller Wichtigkeit ist, diese Unterscheidung zu treffen, um zwischen politischen und ökonomischen Belangen und so zwischen Politik und Ökonomie zu unterscheiden."[14] Diese extreme Trennung wird auch von Easton vertreten und gutgeheißen, der Bezug nimmt „auf eine lange Reihe (moderner) Autoren, die davon ausgehen, daß das typische Merkmal politischer Aktivität, das politische Aspekte einer Situation von ökonomischen oder anderen scheidet, in dem Versuch besteht, andere zu kontrollieren."[15] Wie weit sich die empirischen Theoretiker schon von der Wirklichkeit der Machtverhältnisse entfernt haben, läßt sich kaum besser verdeutlichen als an der These, daß sich politische Macht dadurch von ökonomischer Macht *unterscheidet,* daß sie Macht über andere ist.

Die Schwierigkeit mit dem üblichen Machtbegriff der empirischen politischen Theoretiker kann man wie folgt formulieren: Anstatt wie Hobbes und James Mill von einer Analyse menschlicher Macht auszugehen, dann zu zeigen, wie sie auf Macht über andere hinausläuft, und anschließend politische Macht als einen Fall von Macht über andere zu behandeln, der in vermutlich enger und wechselseitiger Beziehung zu den anderen Formen von Macht steht, beginnen sie mit der Suche nach einem Begriff von *politischer* Macht und den Merkmalen, die ihn von anderen Begriffen von Macht unterscheiden. Sie erkennen, daß politische Macht Macht über andere ist, d. h., die Fähigkeit, andere das tun zu lassen, was man will. Als unterscheidendes Merkmal politischer Macht geben sie das staatliche Gewaltmonopol an. Interessant sind dann die Mittel, mit denen es den Inhabern politischer Macht gelingt, diese aufrecht zu erhalten. Man konzentriert sein Interesse ganz auf die *Quelle* der Macht der Herrschenden: Wie erhalten und erneuern sie ihre Macht? Unter welchen Bedingungen läßt sich ein stabiles System von Inputs und Outputs politischer Macht erhalten? Daraus ergeben sich die vorrangigen Interessengebiete der empirischen Theorie: Analysen demokratischer Elitemodelle, pluralistischer Gleichgewichtsmodelle sowie Systemtheorie. Dabei verliert man völlig aus den Augen, daß politische Macht als Macht über andere den Herrschenden in jeder ungleichen Gesellschaft dient, aus den Beherrschten einen Nutzen zu ziehen. Die Konzentration auf die *Quelle* politischer Macht läßt ihren notwendigen *Zweck* in jeder ungleichen Gesellschaft – der darin besteht, die ausbeuterische Macht einer oder mehrerer Klassen zu erhalten – aus dem Blickfeld treten.

Wir können also nicht behaupten, daß die heutigen empirischen Theoretiker ihren utilitaristischen Vorfahren darin folgen, daß sie das gesamte Machtpotential eines Menschen mit seiner ausbeuterischen Macht ungefähr gleichsetzen. Das ist ihnen nicht möglich, da sie weder von einem Begriff des gesamten Machtpotentials eines Menschen ausgehen noch die zentrale Kategorie ausbeuterischer Macht anerkennen. Dennoch behandeln sie immer noch politische Macht als Macht über andere.

Wir können zumindest feststellen, daß diejenigen, die sich selbst als politische Realisten bezeichneten, in den letzten drei Jahrhunderten Macht immer als Macht über andere verstanden. Macht als Kontrolle über andere wurde als eine zentrale, wenn nicht sogar die zentrale Tatsache einer politischen Gesellschaft behandelt. Sie wurde als ein beobachtetes und im allgemeinen notwendiges Phänomen angesehen. Man nahm an, daß alle menschlichen Wesen mehr oder weniger nach Macht strebten und daß in jeder Gesellschaft einige Menschen mehr Macht als andere hätten. Die Fragen, die gestellt wurden (und werden), sind: Wie läßt sich Macht messen, wo und zu welchen Anteilen ist sie in einer gegebenen Gesellschaft anzutreffen, und wie kann man (wenn die Theorie wie bei Hobbes und James Mill normativ und nicht bloß empirisch ist) Macht einsetzen, um bestimmte erwünschte gesellschaftliche Ziele zu durchkreuzen oder ihre Durchkreuzung zu verhindern?

Macht als Herrschaft über andere kann sowohl Gegenstand empirischer Forschung sein, die mit dem Anspruch auf Wertfreiheit auftritt bzw. diesen vortäuscht, als auch Gegenstand zugegebenermaßen normativer Analyse. Die meisten Politikwissenschaftler würden ein gewisses moralisches Interesse an dem Gebrauch zugestehen, der von Macht gemacht wird, wie weit sie es auch immer von ihren empirischen Untersuchungen fernzuhalten versuchen mögen. So werden sie Macht höchstens als eine moralisch neutrale Kraft behandeln, eher aber noch als eine Gefahr, es sei denn, sie würde durch politische Institutionen und letzlich durch bestimmte Ansichten über politische Rechte und Pflichten in abgesteckte Bahnen gelenkt. Da man Macht als Kontrolle über andere versteht, erscheint sie sicherlich nicht als etwas, dessen Vermehrung oder Maximierung an sich wünschenswert ist.

Allgemein wird sogar angenommen, daß sie nicht vermehrt werden kann, daß der Gesamtbetrag an Macht innerhalb einer Gruppe von Individuen oder zwischen Gruppen (d. h. innerhalb eines Nationalstaates oder eines Systems von Nationalstaaten) eine konstante Größe ist. Denn wenn man Macht als Herrschaft über andere definiert, dann kann die Macht eines Menschen oder einer Gruppe offensichtlich nur auf Kosten der Macht anderer vermehrt werden. Das Streben nach Macht wird als Nullsummenspiel angesehen: Der Gesamtbetrag an Macht kann nur durch Bevölkerungswachstum gesteigert werden. Man erkennt sofort, daß das eine irrige Schlußfolgerung ist.

Aus der Definition von Macht als Herrschaft über andere folgt nicht, daß der Gesamtbetrag an Macht bei gegebener Bevölkerungsgröße nicht gesteigert werden kann. Denn gewöhnlich strebt und wendet man Macht als Herrschaft über andere deshalb an, um aus den Beherrschten einen Nutzen für die Herrschenden zu ziehen. Deshalb kann die Größe der Macht durch die Größe des erlangten Vorteils gemessen werden. Wenn die Durchsetzung eines effizienteren Herrschaftsmodus die alten oder neuen Herrscher in die Lage versetzt, einen größeren Nutzen als früher aus den Beherrschten zu ziehen, z. B. indem man sie härter arbeiten und mehr produzieren läßt, dann wird die Größe von Macht bei gegebener Bevölkerungsgröße gesteigert. Dies kam häufig in der Geschichte vor: Es war ein allgemeines Merkmal kolonialistischer Herrschaft und die normale Begleiterscheinung industrieller Revolutionen. Die gegenwärtige Politikwissenschaft hat im allgemeinen dieses Merkmal von Macht im Sinne von Herrschaft über andere (was wir die variabel gestaltbare ausbeuterische Dimension von Macht nennen können) vernachlässigt. Wenn sie überhaupt Macht als eine Größe und nicht einfach als eine Beziehung zwischen Menschen ansieht, behandelt sie sie eher als eine konstante Größe bei gegebener Bevölkerungszahl. Das erleichtert die Gleichgewichtsanalyse.

Wenn man Macht nicht als Herrschaft über andere definiert, sondern einfach als die Fähigkeit, das zu erreichen, was man will, ohne die Festsetzung, daß dies durch die Herrschaft über andere erreicht werden soll, dann kann natürlich in jeder Gesellschaft die Gesamtgröße durch erweiterte menschliche Verfügungsgewalt über Natur gesteigert werden. Dieser Ansatz ist in einigen der gegenwärtigen Theorien über politische Entwicklung und Modernisierung enthalten. Das Machtpotential einer ganzen Gesellschaft wird als ihre Fähigkeit definiert, ihre Ziele zu erreichen. Dieser Definition zufolge kann das gesamte Machtpotential einer Gesellschaft durch gesellschaftliche Reorganisation, die zu niemandes Lasten geht, gesteigert werden, z. B. durch die Modernisierung eines Stammesgesellschaft im Sinne der Erweiterung gesellschaftlicher Naturbeherrschung. Aber im großen und ganzen behandelt die moderne Politikwissenschaft Macht weiterhin so, wie sie es von Anfang an getan hat: als Herrschaft über andere Personen. Das ist das Phänomen, das sie hauptsächlich untersucht.

Niemand wird die Bedeutung von Macht als Herrschaft über andere in Frage stellen. Sie wird und soll eine zentrale Angelegenheit der politischen Wissenschaft bleiben. Man kann nur hoffen, daß die Politikwissenschaftler, die sich mit Macht in diesem Sinne beschäftigen, nicht so weit der wissenschaftlichen Schmeichelei der Spiel- und Systemtheorie erliegen, daß sie Macht als Nullsummenspiel behandeln und so die variabel gestaltbare ausbeuterische Seite von Macht übersehen. Auch kann man nur wünschen, daß diejenigen, die sich mit politischer Modernisierungstheorie beschäftigen, nicht so oft die auf Menschen gerichtete ausbeuterische Funktion von Macht über andere zugunsten der nicht auf Menschen gerichteten ausbeuterischen Funktion der Naturbeherrschung übersähen. Diese Mängel der heute vorherrschenden empirischen Ansätze zur politischen Analyse könnten behoben werden, wenn man dem anderen Begriff von Macht größere Aufmerksamkeit schenkte: Macht als die Fähigkeit, wesentlich liche Anlagen zu gebrauchen und zu entwickeln. Es ist zwar wahr, daß dieser Begriff in die liberale Theorie eher zu dem Zweck aufgenommen wurde, die Gesellschaft des 19. Jahrhunderts zu reformieren, als sie zu erklären. Er war Bestandteil einer normativen Theorie. Aber ein Verständnis von ihm sollte uns heute helfen, die liberal-demokratischen Gesellschaften des 20. Jahrhunderts besser zu erklären und zu beurteilen.

Ein gewisses Verständnis des entwicklungsbezogenen Begriffs von Macht trägt tatsächlich etwas zum Verständnis der Kontroversen und Konflikte um ausbeuterische Macht bei. Denn beide Begriffe sind in einigen politischen Bewegungen unserer Zeit verschmolzen, was jede Politikwissenschaft, die ihren Namen zu Recht trägt, zur Kenntnis nehmen muß. Eine Analyse des entwicklungsbezogenen Begriffes von Macht erscheint deshalb nicht nur für eine Rechtfertigungstheorie der Demokratie von Nutzen, sondern auch für jede adäquate moderne Politikwissenschaft. Eine Politikwissenschaft, die es unterließe, sich mit den Begriffen von Macht zu beschäftigen, die heute die politischen Aktionen eines beträchtlichen und offensichtlich wachsenden Teils der menschlichen Gesellschaft außerhalb und (wenn auch offensichtlich weniger) innerhalb des Westens anleiten und motivieren, wäre eine ziemlich armselige Politikwissenschaft. Die Anerkennung und Untersuchung der Kräfteumgruppierung in der politischen Welt der zweiten Hälfte des 20. Jahrhunderts sollte nicht auf einen Zweig der Politikwissenschaft beschränkt bleiben, der sich ‚area studies‘ oder ‚comparative government‘ nennt, sondern sie sollte eine zentrale theoretische Position einnehmen. Da die Politikwissenschaft, wie sie uns vertraut ist, immer eine westliche Angelegenheit gewesen ist, fällt es ihr zweifelsohne nicht leicht, ihren Horizont zu erweitern, um neue, anderswo auftretende Phänomene zu berücksichtigen. Sie tut dies höchstens in der Form von ‚area studies‘ und ähnlichem, was bedeutet, daß man Begriffe, die einem geographisch fremd sind, als intellektuell fremde behandelt. Aber die Anstrengung eines Wandels muß man auf sich nehmen, wenn die Politikwissenschaft irgendeine Bedeutung in der Welt des ausgehenden 20. Jahrhunderts behalten soll. Das

Eintreten dafür bedeutet keine Schmälerung der andauernden Studien von Macht im gewöhnlichen Sinne von Ausbeutung. Die vorherrschenden Machtbeziehungen und Unterordnungsverhältnisse in den westlichen und außer-westlichen Gesellschaften bedürfen offensichtlich nicht nur der ständigen, sondern auch der gründlichsten Analyse, die man sich vorstellen kann. Soll diese Analyse gründlich sein, dann darf sie nicht im pluralistischen oder behavioristischen Gewande durchgeführt werden, da das dazu führt, neue Phänomene von Bedeutung auch innerhalb der westlichen Welt zu übersehen.

Das Aufkommen neuer Ausdrücke in der Umgangssprache ist nicht unbedingt ein unfehlbares Anzeichen für das Auftauchen neuer Phänomene. Aber es sollte uns zu denken geben, daß im letzten Jahrzehnt die soziale Struktur der westlichen liberalen Demokratien Belastungsproben von seiten politischer Bewegungen ausgesetzt war, die Namen wie ‚Black Power‘ und ‚Student Power‘ trugen oder akzeptierten. Es bedarf keiner genauen Kenntnis dieser Bewegungen, um zu erkennen, daß das, was sie fordern, eine in wechselnden Zusammensetzungen auftretende Mischbildung der beiden Formen von Macht darstellt. Das Machtpotential, das sie anstreben, ist eine Kreuzung von beiden: 1) der Macht als der Fähigkeit, andere zu beherrschen (bzw. nicht beherrscht zu werden), um ihren Anteil an den Gratifikationen, der jetzt zur Verfügung steht, dessen Verteilung aber für sie jetzt ungünstig ist, erhöhen zu können; 2) der Macht als der Fähigkeit, ihre menschlichen Anlagen in einer Weise und in einem Maße zu gebrauchen und zu entwickeln, die sie für sich oder irgendjemand anderen innerhalb der bestehenden Gesellschaft nicht für möglich halten, ganz gleich, ob sie die bestehende Gesellschaft als Konsumgesellschaft oder als kapitalistische, imperialistische, technokratische oder bürokratische, gerontokratische oder (zusammenfassend) als entfremdete Gesellschaft bezeichnen. Man kann sie als gesellschaftliche Randgruppen verspotten oder als Gefahr für die Aufrechterhaltung der bestehenden Gesellschaft bekämpfen. Aber jede realistische Politikwissenschaft kann sie nicht außer acht lassen.

Insofern als die Macht, die sie verlangen, die Fähigkeit ist, das zu nützen und zu entfalten, was sie als gegenwärtig unbrauchbare oder verweigerte Anlagen ansehen, stellen sie die ideologische Reaktion innerhalb des Westens auf die Gärung dar, die jetzt seit einiger Zeit in großen Teilen von Osteuropa, Asien und Afrika am Werke ist. Insofern aber als die Macht, die sie fordern, die Möglichkeit bedeutet, von Beherrschten zu Herrschenden zu werden, nehmen sie sich die Revolution in den anderen Zweidritteln der Welt zu ihrem praktischen Vorbild. Aber wie auch immer die Mischung aussieht, das Phänomen hat sich sicherlich auch im Westen ausreichend bemerkbar gemacht, um eine neue Anforderung an die Politikwissenschaft zu stellen. Wir müssen den entwicklungsbezogenen Begriff von Macht und den demokratischen Anspruch, diese zu maximieren, ernst nehmen, soll unsere politische Wissenschaft analytisch adäquat bleiben. Hier jedoch gilt mein Hauptinteresse der Wichtigkeit des entwicklungsbezogenen Begriffes von Macht in jeder modernen Rechtfertigungstheorie von Demokratie.

Angesichts des Scheiterns von John Stuart Mill, Green und ihren Anhängern, auf der Basis des entwicklungsbezogenen Begriffs von Macht eine kohärente liberal-demokratische Theorie zu formulieren, mag es widersinnig erscheinen, demokratische Theorie als einen Anspruch auf die Maximierung entwicklungsbezogener Fähigkeiten der Menschen zu interpretieren. Lohnt es sich, die Implikationen dieses Begriffes von Macht zu verfolgen? Ich meine, es lohnt sich aus zwei Gründen. Erstens braucht ihr Scheitern nicht irgendeiner Schwäche dieses Begriffs zugeschrieben zu werden, sondern, wie ich gezeigt habe, den jetzt lösbaren Widersprüchen der liberal-demokratischen Gesellschaft.

Zweitens würde ich die These vertreten, daß der entwicklungsbezogene Begriff von Macht vielleicht nicht der wesentlichste, doch aber wenigstens der tauglichste Begriff für die Formulierung einer Demokratietheorie im ausgehenden 20. Jahrhundert ist. Ich möchte meine Ansicht vorläufig damit belegen, daß der wesentliche Gehalt einer modernen Demokratietheorie am wirkungsvollsten mit dem entwicklungsbezogenen Begriff von

Macht formuliert werden kann, wobei der Test der Leistungsfähigkeit dieses Begriffs darin besteht, inwieweit die Formulierung es erlaubt, die Implikationen des wesentlichen Prinzips zum Ausdruck zu bringen und sich den Schwierigkeiten seiner Anwendung zu stellen.

Was ist wesentlich an einer modernen Demokratietheorie? Sobald man Demokratie als Gesellschaftsform und nicht bloß als Mechanismus für die Wahl und Autorisierung von Regierungen versteht, stellt das jeder Demokratie inhärente egalitäre Prinzip nicht nur die Forderung ‚one man, one vote‘, sondern auch die Forderung: ‚jeder Person das gleiche wirksame Recht, so vollkommen menschlich zu leben, wie sie es wünschen mag.‘ Demokratie *wird* dann von denen, die sie haben (oder sie angeblich haben) und ihren Ausbau fordern, als eine Gesellschaftsform verstanden – als ein System komplexer Beziehungen zwischen Individuen – und nicht einfach als ein Regierungssystem. So wird jede Theorie, die irgendwelche Explikationen, Empfehlungen oder Rechtfertigungen hinsichtlich der Bewahrung und Verbesserung von Demokratie in unserer Zeit geben soll, das gleiche wirksame Recht der Individuen auf ein menschenwürdiges Leben zum grundlegenden Kriterium von Demokratie machen müssen. Dies ist einfach das Prinzip, daß jeder in der Lage sein sollte, das Meiste oder das Beste aus sich zu machen. Ich behaupte, daß das nicht nur das Prinzip *war,* das im 19. Jahrhundert in die vordemokratische liberale Theorie aufgenommen wurde, um diese liberaldemokratisch zu machen, sondern daß es gerade heute ein wesentliches Prinzip jeder demokratischen Theorie ist. Außerdem würde ich behaupten (wie Mill und Green es taten), daß dieses Prinzip eher eine Auffassung vom Menschen als zumindest potentiell einem Akteur, Ausübenden, Entwickler und Genießer seiner menschlichen Anlagen denn bloß als Konsumenten von Gütern erfordert.

An diesem Punkt können wir eine scheinbare Schwierigkeit mit dieser Auffassung vom Menschen erwähnen und abtun. Man muß einräumen, daß einige Menschen (besonders wenn sie von der modernen Marktgesellschaft geprägt sind) selbst bei größtmöglicher Freiheit nichts weiter zu sein wünschen als Konsumenten von Gütern. Man muß aber auch einräumen, daß einige aktiv Ausübende, Entwickler und Genießer ihrer menschlichen Anlagen sein wollen. Weiterhin muß eingeräumt werden, daß die anderen wenigstens potentiell ein ähnliches Anliegen haben. Daraus läßt sich folgern, daß zumindest jede Theorie, die das Recht eines jeden auf ein menschenwürdiges Leben behauptet, wenigstens potentiell bei allen ein derartiges Anliegen voraussetzen muß; auch wurde deutlich, daß jede demokratische Theorie dieses Recht zur Geltung bringen muß. Obwohl es für unsere Argumentation nicht wesentlich ist, können wir hinzufügen, daß die Vorstellung von Menschen und Gesellschaft als sich *entwickelnder* Entitäten heute verbreiteter ist als im 19. Jahrhundert. Wir leben – und das wahrscheinlich noch für eine ganze Zeit – in einem Zeitalter der Entwicklung. Der Mensch wird größtenteils für ein vorwärtsstrebendes Wesen gehalten.

Da jede adäquate Demokratietheorie im 20. Jahrhundert Demokratie als eine Gesellschaftsform und ihre einzelnen Mitglieder zumindest potentiell eher als Akteure denn als bloße Konsumenten ansehen muß, ziehe ich daraus die Schlußfolgerung, daß jede Demokratietheorie das gleichwirksame Recht ihrer Mitglieder auf den Gebrauch und die Entwicklung ihrer Anlagen zur Geltung bringen muß. Dazu muß jeder die Chance haben, völlig unabhängig davon, ob er diese Chance wahrnimmt oder nicht. Es reicht nicht aus, dieses Prinzip zu konstatieren. Es *sollte* so formuliert werden, so daß es möglich wird, alle seine Implikationen klar darzulegen und seinen Schwierigkeiten direkt entgegenzutreten. Die von mir vorgeschlagene Formulierung – Demokratie als ein Anspruch auf die Maximierung menschlicher Macht im Sinne von Macht als der Fähigkeit, menschliche Anlagen zu gebrauchen und zu entwickeln – scheint diese Anforderung zu erfüllen.

Die folgenden Abschnitte dieses Essays versuchen diesen Anspruch dadurch einzulösen, daß einige bisher unzureichend untersuchte Implikationen und Schwierigkeiten der Formulierung von Demokratietheorie als einem Anspruch auf größtmögliche Entfaltung menschlicher Fähigkeiten im entwicklungsbezogenen Sinne

von Macht untersucht werden. Insofern dieser Anspruch eingelöst werden kann, wird diese Formulierung von Demokratietheorie als Grundlage für eine kritische Auseinandersetzung mit einigen der heute führenden Rechtfertigungstheorien liberaler Demokratie dienen. Diese Kritik wird in Kapitel IV und V dargelegt.

2. Macht und menschliche Anlagen

Der Begriff von Macht, den ich als den entwicklungsbezogenen
Begriff von Macht bezeichne, definiert die Macht eines Menschen
als seine Fähigkeit zum Gebrauch und zur Entwicklung seiner angenommenen wesentlichen menschlichen Anlagen. Bevor wir einige Implikationen dieses Begriffs untersuchen, soll eine Änderung unserer Terminologie unsere Aufmerksamkeit finden, die
hier vorgenommen wird. In früheren Bezugnahmen[16] auf den
ethischen (jetzt entwicklungsbezogenen) sowie auf den deskriptiven Begriff von Macht habe ich den Ausdruck ‚die Fähigkeiten
eines Menschen‘ *(a man's powers)* gebraucht. Ich glaube, es ist jetzt
besser, den Singular zu gebrauchen und ‚das Machtpotential eines
Menschen‘ *(a man's power)* zu sagen (wobei der Plural für ‚die
Machtpotentiale von Menschen‘, *men's powers,* vorbehalten bleiben soll). Damit soll eine Verwechslung des Machtpotential eines
Menschen (verstanden als seine *Fähigkeit (ability),* sich seiner Anlagen zu bedienen) mit den Anlagen selbst vermieden werden.
Normalerweise spricht man von Anlagen im Plural, da man zwischen verschiedenen Arten von ihnen unterscheiden kann.[17] Zu
leicht verwendet man Fähigkeiten *(powers)* und Anlagen *(capacities)* synonym, wenn beide im Plural auftreten. Doch sie sind
zwei verschiedene Dinge, ganz gleich mit welchen Namen wir sie
belegen, und der Unterschied ist von Bedeutung, wenn wir sie
quantitativ bestimmen wollen. Denn die Größe der Anlagen eines
Menschen – seien sie nun physischer, geistiger oder psychischer
Natur – ist weder identisch noch korreliert sie mit der Größe seiner Fähigkeit, sie zu nutzen. Letztere hängt von den vorhandenen

äußeren Hindernissen ab; die erstere von der angeborenen Begabung sowie früheren äußeren Hindernissen.

Hauptsächlich um den Unterschied zwischen Machtpotential und Anlagen herauszustellen, schlage ich jetzt vor, die Fähigkeit eines Menschen, seine Anlagen zu verwirklichen, die ich bisher Fähigkeiten eines Menschen *(a man's powers)* genannt habe, jetzt sein Machtpotential zu nennen. Die politischen Theoretiker, die den entwicklungsbezogenen Begriff von Macht einführten, machten nicht immer eine deutliche Unterscheidung. Sowohl Mill als auch Green neigten dazu, mit ‚Fähigkeiten‘ *(powers)* das zu bezeichnen, was ich Anlagen *(capacities)* nenne.[18]. Der Gebrauch von ‚Fähigkeiten‘ im Sinne von latenten Fähigkeiten, d. h. Anlagen, ist völlig legitim, aber dann fehlt uns ein Ausdruck für das eigentliche Machtpotential, d. h. für die eigentliche Fähigkeit zur Ausübung der eigenen Anlagen. Es scheint am besten zu sein, ‚Machtpotential‘ als Ausdruck für die eigentliche Fähigkeit zum Gebrauch von Anlagen beizubehalten und mit ‚Anlagen‘ das zu bezeichnen, was man gebraucht.

Die Nützlichkeit des entwicklungsbezogenen Begriffs von Macht hängt offensichtlich von der Adäquatheit des Begriffs ‚wesentlicher menschlicher Anlagen‘ ab. Die mangelnde Präzision dieses Ausdrucks in unserer Definition wird wahrscheinlich viele Fragen provozieren. Doch ein Begriff von menschlicher Macht, der für eine demokratische Rechtfertigungstheorie tauglich sein soll, muß einen Begriff wesentlicher menschlicher Anlagen enthalten. In der Tat muß jede ethische Theorie und damit auch jede politische Rechtfertigungstheorie – sei sie nun idealistisch oder materialistisch, liberal oder nicht, demokratisch oder undemokratisch – von der Annahme ausgehen, daß es spezifische oder einzigartige menschliche Anlagen gibt, die den Menschen von den Tieren unterscheiden oder ihn über sie hinausheben. Ob man nun die Existenz spezifischer menschlicher Anlagen göttlicher Schöpfung oder der evolutionären Entwicklung komplexer Organismen zuschreibt, es ist ein grundlegendes Postulat. Es ist ein empirisches Urteil, auf vielerlei Arten durch Beobachtung verifizierbar. Gleichzeitig aber ist es ein Werturteil in dem Sinne, daß bestimmte Rechte und Pflichten ohne eine weitere Wertprämisse aus ihm abgeleitet werden können, denn Aussagen über den ‚Menschen‘ sind in die normative Struktur unseres Denkens und unserer Sprache eingebettet.[19]

Dies läßt aber die Frage offen, worin diese Anlagen bestehen. In ‚Die Maximierung von Demokratie‘ schlug ich unter der Berücksichtigung der Tatsache, daß man verschiedene Aufstellungen menschlicher Eigenschaften geben könnte, folgende Zusammenstellung vor: ‚Die Befähigung zu rationalem Verstandesgebrauch, zu moralischem Urteilen und Handeln, zu ästhetischer Kreation und Komtemplation, zu emotionalen Aktivitäten wie Freundschaft und Liebe und manchmal zu religiöser Erfahrung‘.[20] Und natürlich ist in dieser Sichtweise vom Menschen als einem Handelnden, einem Schöpfer und Akteur, der seine Energien verausgabt, die Befähigung zur Veränderung der Natur vorausgesetzt.[21] Dies ist weiter gefaßt als die Befähigung zu materiell produktiver Arbeit, schließt sie aber mit ein. Selbstverständlich kann eine solche Aufzählung auf viele Arten erweitert oder modifiziert werden. Man könnte Eigenschaften wie die Fähigkeit, Fragen zu stellen, oder die Neugierde hinzufügen; religiöse Erfahrung könnte unter eine oder mehrere andere Eigenschaften subsumiert werden; weiterhin könnte man die Befähigung zu lachen hinzunehmen (allerdings nicht, wenn man mit Hobbes Darstellung des Lachens übereinstimmt);[22] außerdem könnte man die Befähigung zu kontrollierter physischer, geistiger und ästhetischer Tätigkeit, wie sie sich z. B. beim Musizieren und bei Geschicklichkeitsspielen zeigt, berücksichtigen. Aber wie mir scheint, trifft jede Liste dieser Art den Kern dessen, was die liberalen Demokratietheoretiker meinten, wenn sie an menschliche Anlagen dachten, deren Entwicklung oder Verwirklichung zu ihren höchsten Werten gehörten. Ohne Zweifel ist irgendeine derartige Liste für jede Demokratietheorie wesentlich.

Hier mag der Einwand kommen, daß die Unverbindlichkeit jeder solchen Liste die Idee wesentlicher menschlicher Anlagen der Untauglichkeit überführt. Zumindest aber, so könnte man denken, sollten die Anlagen in einer geordneten Rangfolge erscheinen, in der eine als erstes Prinzip fungiert und die anderen als Ableitungen. Wir können einen *homo faber* oder einen *homo sapiens* oder einen *homo ludens* haben, aber nicht ein Konglomerat aller. Ich glaube nicht, daß dieser Einwand aufrechterhalten werden kann, sobald die Idee von Anlagen in einer Demokratietheorie Verwendung findet. Denn wenn bestimmte Anlagen in einer Demokratietheorie postuliert werden, dann muß das Postulat noch eine weitere Annahme miteinschließen, die zufällig eine hierarchische Anordnung erübrigt. Diese weitere Annahme, die auf den ersten Blick erstaunlich erscheint, besagt, daß ein Mitglied einer Gesellschaft bei der Ausübung seiner Anlagen nicht andere Mitglieder an der Ausübung ihrer Anlagen hindern darf; daß alle wesentlichen menschlichen Anlagen gebraucht und entwickelt werden dürfen, ohne den Gebrauch und die Entwicklung all der übrigen zu verhindern.

Wenn man aber nur die als wesentliche menschliche Eigenschaften bezeichnet, die keine destruktiv-aggressiven Züge haben, nimmt man einen grundsätzlich optimistischen Standpunkt ein. Dieser Standpunkt war immer schon an der Wurzel demokratischer und selbstverständlich liberaler Visionen zu finden. Man denke nur an die Enzyklopädisten, mit Condorcet als Grenzfall. Die so offensichtliche aggressive Streitsüchtigkeit der Menschen konnte man möglicherweise intellektuellem Irrtum oder der Knappheit zuschreiben. Beide Bedingungen hielt man für überwindbar. Daß aber die Menschen nach der Befreiung von Knappheit und intellektuellem Irrtum (d. h. den Ideologien, die man aus dem Zeitalter der Knappheit geerbt hatte), so harmonisch miteinander leben würden, daß ihr Restbestand an Streitsüchtigkeit sich nur als kreative Spannung äußern würde, kann nur durch Versuch bewiesen oder widerlegt werden. Eine solche Hypothese jedoch ist grundlegend für jede Forderung nach oder Rechtfertigung von einer demokratischen Gesellschaft. Ein Plädoyer für ein demokratisches Regierungssystem (‚one man, one vote') kann sich selbstverständlich hinreichend auf die gegenteilige Annahme stützen: In einer völlig aggressiven Gesellschaft benötigt jeder sein Stimmrecht als Schutz. Aber ein Plädoyer für eine demokratische Gesellschaft ist ohne die Annahme potentieller gesellschaftlicher Harmonie unhaltbar. Denn welchen Sinn hätte der Vorsatz, daß jeder fähig sein sollte, das Beste aus sich zu machen – Inbegriff der Idee einer demokratischen Gesellschaft – wenn das zwangsläufig zu mehr destruktiver Aggressivität führt.

Es gehört deshalb zu den Postulaten jeder vollkommenen Demokratietheorie, daß die Rechte oder Freiheiten, die die Menschen für ein völlig menschliches Leben brauchen, sich nicht gegenseitig aufheben. Anders formuliert: Man muß darauf bestehen, daß als die Rechte eines jeden Menschen, die aufgrund eines beliebigen egalitären Prinzips moralisch gerechtfertigt werden können, nur die gelten, die es all den anderen erlaubt, gleich wirksame Rechte zu haben; weiterhin daß sie *hinreichend* sind, um jeden Menschen zu gestatten, völlig menschlich zu sein. Sie sind nicht mit den Rechten identisch, die jeder gerne hätte. Sie laufen nicht auf Hobbes (sich selbst widersprechendes) Naturrecht eines jeden auf jedes Ding hinaus. Dies kann auch mit Hilfe des Machtbegriffes ausgedrückt werden: Das Machtpotential, das einer Demokratietheorie zufolge maximiert werden muß, ist die Fähigkeit eines jeden, diejenigen Anlagen zu gebrauchen und zu entwickeln, deren Gebrauch und Entwicklung nicht andere an dem Gebrauch und der Entwicklung ihrer Anlagen hindert. Zu seinen *menschlichen* Fähigkeiten zählen nur diese; von diesen, den nicht-destruktiven Anlagen, wird angenommen, daß sie hinreichend sind, um es ihm zu ermöglichen, völlig menschlich zu sein.

Das Postulat, daß wesentliche menschliche Anlagen nicht in Gegensatz zueinander geraten, ist vielleicht zu schön, um wahr zu sein. Es wird selten explizit aufgestellt, vielleicht weil ihm alle Erfahrung zu widersprechen scheint. In allen Gesellschaften – einschließlich derer mit einem demokratischen Regierungssystem – zeigt sich ein ewiger Kampf zwischen den konkurrierenden Bedürfnissen ihrer Mitglieder. Demokratische Regierungen scheinen genug damit zu tun haben, diesen Kampf in gewissen Grenzen zu halten und die Objekte der konkurrierenden Bedürfnisse auf akzeptable Weise zu verteilen. Dies wird ohne Zweifel so lange andauern, wie Knappheit an diesen Objekten besteht. Eine wirklich demokratische Gesellschaft ist nur möglich, wenn sowohl echte wie künstliche Knappheit überwunden wird. Aber der Glaube, daß sie überwunden werden könnte, gehört zum Kern einer demokratischen Theorie. Keinesfalls kann man behaupten, das Postulat, daß wesentliche menschliche Anlagen nicht in Widerstreit zueinander geraten, widerspricht der Erfahrung, denn es bezieht sich nur auf Anlagen, die in einer noch nicht existierenden Gesellschaft für menschlich gehalten werden würden. Ich werde weiter unten auf diese Frage zurückkommen,[23] nachdem das Problem der Knappheit mehr Beachtung gefunden hat.

Wir können jetzt nocht zwei weitere Probleme mit dem Begriff der Anlagen und ihrer Ausübung erwähnen. Das erste ist, daß der Begriff menschlicher Anlagen in einer Demokratietheorie sowohl qualitativen wie quantitativen Charakter hat. Denn es ist das Ziel einer demokratischen Theorie, die größtmögliche Entfaltung dieser Anlagen zu befördern, was sich nur als Quantität denken läßt. Deshalb muß man unter den Anlagen eines Menschen die *Größe* seiner vereinten und koordinierten physischen, geistigen und psychischen Kräfte verstehen, ganz gleich, ob sie zu einem gegebenen Zeitpunkt wirklich vorhanden sind oder erst zu einem späteren Zeitpunkt unter anderen Bedingungen existieren.

Hier besteht eine reiche Quelle für Verwechslungen. In einem Begriff der menschlichen Anlagen lassen sich nicht weniger als drei verschiedene Größen verwechseln: 1) Seine gegenwärtig vorhandenen Anlagen. 2) Die Anlagen, die er bisher vermutlich entwickelt hätte, wenn die Gesellschaft ihm keine Hindernisse in den Weg gelegt hätte. 3) Die noch größeren Anlagen, die er vermutlich in seinem ganzen Leben entwickelt hätte, wenn die Gesellschaft ihn nicht daran gehindert hätte. Es ist leicht für die liberaldemokratische Theorie, von einer dieser Bedeutungen auf eine andere überzuwechseln. Denn unter der Voraussetzung einer idealen liberalen Demokratie (d. h. einer Demokratie, in der die Gesellschaft niemandem Hindernisse in den Weg legt) wären die erste und zweite Größe identisch, die dritte würde automatisch erreicht werden. Aber bei jeder Entfernung vom Idealzustand ist die erste Größe für einige Menschen kleiner als die zweite, wobei die Größenunterschiede für verschiedene Menschen von den jeweils verschiedenen Hindernissen abhängig sind, denen sie gegenüberstehen. Die dritte Größe wird von einigen Menschen nicht automatisch erreicht.

Das andere Problem, auf das man bei dem Begriff menschlicher Anlagen achten muß, ist, daß ihre Ausübung unter der bewußten Kontrolle eines jeden erfolgen muß, nicht aber unter dem Diktat von anderen, soll sie völlig menschlich sein. Dies erfordert der Begriff des menschlichen Wesens, demzufolge die Aktivitäten eines Menschen nur insoweit als menschlich angesehen werden können, als sie durch seine eigene Zwecksetzung bestimmt sind (eine Annahme so alt wie Aristoteles' *ton logon echon*). Damit ist natürlich nicht gesagt, ein Mensch soll an der Tatsache vorbeigehen, daß er als soziales Wesen nur als Mitglied einer Gesellschaft wirklich menschlich sein kann. Vielmehr ist damit gemeint, daß nur die Regeln für ihn verbindlich sind, von denen man mit Vernunftgründen behaupten kann, daß sie für die Gesellschaft und deshalb auch für die eigene Menschlichkeit notwendig sind. Oder anders ausgedrückt: Die Regeln, die von einer Gesellschaft für verbindlich erklärt werden, dürfen nicht dem Prinzip widersprechen, daß der Mensch nie als Mittel für Zwecke anderer, sondern immer als Zweck an sich selbst behandelt werden soll. Bei all den Schwierigkeiten bedeutet dies im Grunde genommen nichts anderes, als der Menschenwürde Geltung zu verschaffen.

Es bleibt noch die Frage offen, ob der liberal-demokratische Begriff menschlicher Macht neben der vollen Nutzung der vorhandenen Anlagen der Menschen nicht auch ihre Entwicklung umfassen muß. Muß eine liberal-demokratische Theorie, die die Maximierung der Machtpotentiale der Menschen beansprucht (sowie ein liberal-demokratischer Staat, der dies anstrebt), nicht auch neben der Maximierung der gegenwärtigen Nutzungsmöglichkeiten die Maximierung der zukünftigen Entwicklung der Anlagen jedes Menschen beanspruchen? Auf den ersten Blick erscheint es ausreichend, nur die Maximierung der Nutzung der gegenwärtigen Anlagen zu beanspruchen. Dies wäre schon an sich ein beträchtlicher Anspruch und eine große Aufgabe. Aber eine Demokratietheorie muß das gleiche Recht von Individuen auf die größtmögliche Entfaltung ihrer Anlagen geltend machen. Ein gleiches Recht, bloß von zu einem bestimmten Zeitpunkt bestehenden Anlagen Gebrauch zu machen, stellt auch keine Gleichheit zwischen denen sicher, deren Anlagen durch äußere Hindernisse beeinträchtigt worden sind und denen, die von einer Beeinträchtigung verschont geblieben sind.

Schließlich sollten wir erwähnen, daß dieser Sichtweise von Anlagen und ihrer Entwicklung zufolge zwar angenommen wird, daß alle Menschen zumindest potentiell Ausübende und Entwickler ihrer wesentlich menschlichen Anlagen sind und daß man die Entwicklung menschlicher Anlagen als einen Prozeß verstehen muß, der weiterginge, wenn die Gesellschaft niemandem Hindernisse in den Weg legte, daß aber damit nicht impliziert ist, daß die Gesellschaft nur eine einengende Instanz sei. Es wird nicht bestritten, daß die Gesellschaft auch eine positive Rolle bei der Entwicklung von Anlagen spielt. Es wird nicht bestritten, daß die menschlichen Anlagen eines jeden Individuums einen sozialen Ursprung haben und daß ihre Entwicklung innerhalb eines sozialen Rahmens erfolgen muß. Die menschliche Gesellschaft stellt das Medium dar, in dem sich menschliche Anlagen entwickeln. Eine gewisse Form von Gesellschaft ist eine notwendige Bedingung für die Entwicklung individueller Anlagen. Eine *bestehende* Gesellschaft mit all ihren förderlichen und hinderlichen Institutionen mag man jederzeit mehr als Hindernis denn als Hilfe oder mehr als Hilfe denn als Hindernis beurteilen. Gewöhnlich waren Gesellschaften in wechselndem Grad beides zugleich. Wenn meine Analyse sich auf die Hindernisse in modernen Marktgesellschaften konzentriert, so geschieht dies, weil deren Analyse für die Suche nach einem Weg von der liberal-demokratischen zu einer völlig demokratischen Gesellschaft am nötigsten ist. Das Ziel ist es, eine Gesellschaftsform zu finden, die mehr Hilfe als Hindernis ist: eine Hilfe auf neuen Wegen, ohne die gegenwärtigen Hindernisse. Wir müssen von den Hindernissen ausgehen, doch besagt das keineswegs, die Gesellschaft sei nur ein Hemmnis.

3. Die Messung von Macht

Wir haben gesehen (in Abschnitt 1), daß jede adäquate Demokratietheorie im 20. Jahrhundert das gleichwirksame Recht aller ihrer Mitglieder auf Gebrauch und Entwicklung ihrer wesentlichen menschlichen Anlagen geltend machen muß und alle ihre Mitglieder zumindest potentiell eher als Handelnde denn als bloße Konsumenten behandeln muß; daß dieses Prinzip als der Anspruch formuliert werden kann, daß Demokratie die Fähigkeit der Menschen zur Ausübung ihrer Anlagen maximiert (eine Fähigkeit, die wir als ihr Machtpotential definieren) und daß (in Abschnitt 2) eine Demokratietheorie postulieren muß, wesentliche menschliche Anlagen sind die, deren Ausübung nicht andere an der Ausübung ihrer Anlagen hindert. Jetzt müssen wir uns einigen Problemen der Maximierung von Macht zuwenden.

Die Formulierung einer Demokratietheorie als den Anspruch, daß Demokratie die Machtpotentiale der Menschen maximiert, setzt voraus, daß Macht meßbar ist, so daß man zumindest Größenunterschiede angeben kann. Wie soll die Macht eines Menschen, definiert als die Fähigkeit zum Gebrauch und zur Entwicklung seiner menschlichen Anlagen, gemessen werden? Und wie kann man die Machtpotentiale aller Gesellschaftsmitglieder summieren, um den Gesamtbetrag zu erhalten (dessen Maximierung beansprucht wird)? Bei beiden Operationen bestehen weniger Schwierigkeiten, als man vielleicht vermutet. Ich werde die Frage der Messung von Macht eines Menschen in diesem und im folgenden Abschnitt des Essays behandeln, die Frage nach der Aggregierung der Machtpotentiale aller Menschen in Abschnitt 5.

Das in einer Demokratietheorie vorausgesetzte Machtpotential eines Menschen ist an dem *Nichtvorhandensein von Hindernissen* für den Gebrauch menschlicher Anlagen zu messen. Denn wir haben gesehen, daß Demokratietheorie auf der Annahme beruht, daß jeder wenigstens potentiell ein Handelnder, ein Akteur, ein Gebraucher und Entwickler seiner Anlagen ist. Seine *Fähigkeit* (ability), so zu handeln, was die Demokratie zu maximieren beansprucht, erreicht ihr Maximum dann, wenn keine äußeren Hindernisse für solch eine Handlungsweise bestehen. Seine Fähigkeit wird durch die Größe der Hindernisse vermindert. Die Messung der negativen oder positiven Veränderung seiner Fähigkeit hängt vom Ausmaß der Hindernisse ab.

Wir werden weiter unten untersuchen, was zu den Hindernissen zu zählen ist. Hier muß aber hervorgehoben werden, daß die Größe des Machtpotentials eines Menschen in jeder Demokratietheorie an dem erreichbaren Maximum gemessen werden muß und nicht (wie es üblicherweise bei der Nutzenmessung geschieht) an einem bisher erreichten Stand. Liberale Theorie mißt gewöhnlich Nutzen an dem Punkt der bislang erreichten Menge. Das ist völlig angemessen, wenn man den Menschen wesentlich als Konsumenten versteht. Sein Machtpotential vergrößert sich um die Größe seiner gestiegenen Verfügung über Güter. Liberale Theorie ist zu leicht versucht, diesen Maßstab auch auf die Messung von Macht im entwicklungsbezogenen Sinne zu übertragen. Aber dies ist kein angemessener Maßstab für die Messung der Machtpotentiale von Menschen in einer Demokratietheorie. Und sobald man den Menschen primär für einen Handelnden und nur sekundär für einen Konsumenten hält, ist es auch kein geeignetes Verfahren für die Nutzenmessung.

Diese beiden Thesen lassen sich ohne weiteres plausibel entfalten. Eine Demokratietheorie muß die bestehenden Machtpotentiale von Menschen in Relation zu dem möglichen Maximum bestimmen und nicht in Relation zu einem früheren Stand, denn sie macht als das Kriterium einer demokratischen Gesellschaft die Maximierung der Machtpotentiale von Menschen geltend. Folglich besteht der Maßstab, mit dem die Theorie die demokratische Qualität jeder beliebigen Gesellschaft beurteilt und mit dem ihr Anspruch, daß irgendeine bestimmte Gesellschaft demokratisch ist, geprüft wird, darin, inwieweit sie das gegenwärtige Maximum erreicht (das größtmögliche Fähigkeitsniveau für Gebrauch und Entwicklung menschlicher Anlagen bei der gegenwärtig möglichen Naturbeherrschung). Wie nahe eine Gesellschaft diesem Maximum kommt, kann nur durch die Messung des Abstands von dem Maximum festgestellt werden. Sobald man die

Menschen primär als Handelnde, Ausübende und Genießer ihrer menschlichen Anlagen und nur instrumentell als Konsumenten versteht, muß Nutzen auf dieselbe Art gemessen werden. Denn Güter werden dann zu bloßen Mitteln für Gebrauch und Entwicklung menschlicher Anlagen (anstatt daß Anlagen wie in der klassischen liberalen Theorie bloß Mittel zum Erwerb von Gütern sind). Güter als bloße Mittel für Machtpotentiale müssen dann auf die gleiche Weise wie Machtpotentiale gemessen werden, d. h. in Relation zum Maximum.

Daß Demokratietheorie logischerweise die Machtpotentiale von Menschen in Relation zu ihrem Maximum messen muß, wird nicht immer von den liberal-demokratischen Theoretikern erkannt. Die frühen liberal-demokratischen Theoretiker waren sich dessen bewußter, als die meisten heutigen es oft sind. Mill und Green, die sich vom klassischen Utilitarisums abgesetzt hatten, weil ihnen bewußt wurde, daß ihre eigene Gesellschaft weit von der Maximierung der Machtpotentiale der Menschen entfernt war, neigten dazu, die Qualität einer Gesellschaft an der Entfernung von diesem Maximum zu messen. Die weniger provokativen und mehr defensiven liberal-demokratischen Theoretiker im 20. Jahrhundert neigen eher zu der These, daß die gegenwärtigen liberal-demokratischen Gesellschaften durch geringfügige Reformen das Maximum erreichen würden (oder daß ein leicht zu verwirklichendes Modell liberal-demokratischer Gesellschaft es tatsächlich erreicht).[24] Da sie gegenwärtig kaum eine Entfernung vom Maximum erkennen, sehen sie nicht die Notwendigkeit ein, Macht in Relation zu ihrem Maximum zu messen. Und so fallen sie leicht in die Gewohnheit der klassischen Liberalen zurück, Macht in Relation zu ihrem früheren Niveau zu messen.

4. Hindernisse und ihre Messung

Das in einer Demokratietheorie erforderliche Machtpotential eines Menschen ist, wie ich gezeigt habe, an dem Nichtvorhandensein von Hindernissen für den Gebrauch seiner menschlichen Anlagen zu messen. Was muß man zu den Hindernissen zählen.

Wir können von vornherein alle die physikalischen Hindernisse ausschließen, die nicht durch gesellschaftliches Handeln beseitigt werden können. Die Gravitationskraft, die Härte von Materialien, jede angeborene Beschränkung menschlicher Möglichkeit sind in der Tat Hindernisse für den menschlichen Wunsch, zu tun, was man möchte. Aber eine Gesellschaftstheorie ist nur an den Hindernissen interessiert, die gesellschaftlich variabel sind. Was sind nun die gesellschaftlich variablen Hindernisse für Gebrauch und Entwicklung der Anlagen eines Menschen, die eine liberale Demokratie auf ein Minimum zu reduzieren hätte, um ihr Ziel der Maximierung menschlichen Machtpotentials zu erreichen? Es gibt von ihnen mehr, als die liberale Theorie traditionell betonte. Sie lassen sich unter drei Rubriken aus der conditio humana ableiten.

I) Das Fehlen von adäquaten Mitteln zum Leben
Da jede Ausübung der Anlagen eines Menschen eine Verausgabung menschlicher Energie ist, macht es eine derartige Ausübung erforderlich, daß jedem Menschen die Energie und folglich auch die materiellen Mittel zur Verfügung stehen, die zur Aufrechterhaltung seiner Energie erforderlich sind. Da nicht nur physische, sondern auch psychische Energie erforderlich ist, macht das – genauso wie die Beschaffung von Nahrung und Unterkunft –eine Beschaffung der materiellen Voraussetzungen für seine Teilnahme am Leben der Gemeinschaft notwendig, wie hoch auch immer ihr Kulturniveau ist. Das Fehlen dieser Dinge ist ein Hindernis.

II) Fehlender Zugang zu Arbeitsmitteln
Da zu jeder Ausübung menschlicher Anlagen Arbeitsmaterialien und Arbeitsmittel nötig sind, erfordert sie Zugang zu diesen Ressourcen. Das gilt sowohl für materiell produktive Ausübung von Anlagen (welche Boden und/oder Kapital erfordert) als auch für die materiell unproduktive, aber ebenso wichtige Ausübung von Anlagen, bei der die Tätigkeit nicht ein Mittel zur Produktion von Gütern ist, sondern Befriedigung an sich: Der handelnde

Mensch braucht irgendwelche Mittel zum Handeln. Das Fehlen des Zugangs zu solchen Mitteln ist ein Hindernis. Dieses Hindernis kann als *Fehlen des Zugangs zu den Arbeitsmitteln* bezeichnet werden, wenn wir Arbeit im weitesten Sinne als Verausgabung von Energie verstehen.

III) Fehlender Schutz gegen Übergriffe anderer

Da jede Ausübung der Anlagen eines Menschen es erforderlich macht, daß er nicht bei oder wegen der Ausübung dieser Anlagen von anderen angegriffen und unterworfen wird, muß fehlender Schutz gegen solche Übergriffe als ein Hindernis angesehen werden. Insofern dies durch gesellschaftliches Handeln geschehen kann, kann das dritte dieser Hindernisse dadurch beseitigt oder abgebaut werden, daß der Staat bürgerliche Freiheiten, den Schutz von Personen und persönlichem Eigentum garantiert, das die Gesellschaft zuläßt. Liberal-demokratische Staaten erfüllen diese Aufgabe gewöhnlich mehr oder weniger gut. Dabei gibt es sicherlich viele und immer wiederkehrende Probleme – wo liegen die Grenzen zulässiger individueller Handlungsfreiheit? Welchen Schutz sollten Minderheiten genießen? – aber diese Probleme sind nicht prinzipiell unlösbar, wenn ein Einverständnis über das allgemeine Prinzip des gleichen Rechts jedes Individuums auf Gebrauch und Entwicklung seiner Anlagen herrscht, soweit dies nicht mit dem Gebrauch und der Entwicklung der Anlagen anderer in Konflikt gerät. Das waren die Probleme, mit denen sich die traditionelle liberale Theorie hauptsächlich beschäftigte.

Aber die beiden anderen Hindernisse bringen noch ganz andere Schwierigkeiten mit sich, die noch nicht so sehr untersucht worden sind. Deren Beseitigung oder Abbau erfordert die Beschaffung materieller Mittel zum Leben sowie Zugang zu den materiellen Ressourcen, die man als Arbeitsmaterial und als Arbeitsmittel verwenden kann. Was liegt vor, wenn die Beschaffung und die Ressourcen inadäquat sind, um für jeden zu sorgen? Dann haben wir es mit dem Problem der Knappheit zu tun. Wir werden hintereinander a) das Problem der Knappheit von Mitteln zum Leben und b) das der Knappheit von Arbeitsmitteln behandeln.

a) Knappheit von Mitteln zum Leben

Der Geiz der Natur wurde allgemein nicht nur von Ökonomen als eine feststehende Tatsache angesehen. Zwar gab man zu, daß man der Natur mit Arbeit und menschlichem Einfallsreichtum einen größeren Ertrag abringen könne, aber niemals einen für die Befriedigung aller menschlichen Bedürfnisse ausreichenden Ertrag, da man sah (oder annahm), daß die Bedürfnisse sich mit jedem Befriedigungszuwachs vermehrten. Dieser Ansicht zufolge ist Knappheit von Mitteln zum Leben (d. h. von den Mittteln für ein volles Leben) ein unveränderliches Naturphänomen, woraus abzuleiten wäre, daß unser erstes Hindernis nicht beseitigt oder abgebaut werden könnte.

Bei genauerer Untersuchung zeigt es sich, daß das nicht der Fall ist. Materielle Knappheit ist immer Knappheit, bezogen auf einen bestimmten Bedürfnismaßstab, und der Maßstab, der der Ansicht zugrundeliegt, daß Knappheit ein permanentes Naturphänomen ist, ist nicht mit dem identisch, der einer Demokratietheorie angemessen ist.

Der älteren Ansicht zufolge, die im klassischen Individualismus vom 17. bis zum 19. Jahrhundert und in der klassischen politischen Ökonomie enthalten ist, hängt der Bedürfnismaßstab, an dem Knappheit sich messen läßt, von der Menge materieller Güter ab, die vermutlich von allen Mitgliedern einer bestimmten Gesellschaft bei festliegendem kulturellem Niveau zu einer bestimmten Zeit wirklich begehrt wird. Man kann nur *vermuten*, daß die Menge wirklich begehrt wird; es läßt sich nicht *zeigen*, da in einer Marktgesellschaft als einziger Maßstab der Bedürfnisse die Nachfrage derer dient, die Geld zum Kaufen von Waren haben. Die klassischen Ökonomen scheinen allgemein angenommen zu haben, daß alle anderen wenigstens den komfortablen Lebensstandard anstrebten, den sie selbst genossen oder möglicherweise sogar den höheren, den sie zu genießen begehrten. Aufgrund dieser Annahmen war die Schlußfolgerung richtig, daß die wirklichen Bedürfnisse weit über die vorhandenen Güter hinausgingen. Aus ihren eigenen Erfahrungen und Beobachtungen in einer schnell wachsenden industriellen Gesellschaft konnten die

Theoretiker leicht zu der weiteren Annahme kommen, daß materielle Bedürfnisse die natürliche Tendenz haben, sich mit jedem Produktivitätszuwachs schrankenlos zu vermehren.

Im vorangehenden Essay habe ich gezeigt, daß die Vorstellung vom Menschen als unbegrenzt bedürftigem Konsumenten selbst eine kulturell determinierte Auffassung ist, die man benötigte, um das kapitalistische System in Gang zu setzen, die aber ihre Berechtigung verliert, sobald der Kapitalismus sein Reifestadium erreicht hat. Der springende Punkt aber ist hier, daß dieser Maßstab vermuteter oder projizierter wirklicher Bedürfnisse nicht derselbe ist wie der in einer liberal-demokratischen Theorie, die eine liberal-demokratische Gesellschaft damit rechtfertigt, daß sie die Fähigkeiten der Menschen, ihre wesentlichen menschlichen Anlagen zu gebrauchen und zu entwickeln, maximiert, und die annimmt, daß die Menschen ihrem Wesen nach nicht Konsumenten, sondern Handelnde sind. In solch einer liberal-demokratischen Theorie gibt die Menge materieller Güter, die erforderlich ist, um allen die volle Nutzung und Entwicklung ihrer Anlagen zu gestatten (seien diese nun intellektuelle, moralische, ästhetische, emotionale oder produktive Anlagen im weitesten Sinne), den Maßstab materieller Bedürfnisse ab, an dem Knappheit gemessen werden muß. Hier findet sich keine angebbare Beziehung auf die Menge, die zur Befriedigung von vermuteten oder projizierten wirklichen Bedürfnissen von Menschen nötig ist, die sich aufgrund kultureller Konditionierung für maßlose Konsumenten halten.

Wir wissen einfach nicht, was die wirklichen Bedürfnisse der Menschen sind, auch nicht in einer liberal-demokratischen Gesellschaft, die ihnen angeblich am meisten Rechnung trägt. Wir wissen aber, daß in der liberal-demokratischen Marktgesellschaft weder der ökonomische noch der politische Markt die wirklichen Bedürfnisse der Menschen genau mißt. Auf dem ökonomischen Markt mißt die Nachfrage nur die Bedürfnisse derer, die Geld haben, um sie anzumelden. Die Nachfrage, die durch den marktähnlichen Prozeß indirekter Demokratie übermittelt wird (in Kabinetts- wie in Präsidialdemokratien), wird immer durch die Funktionsweise des Parteiensystems und der Bürokratie verwässert oder völlig ignoriert, ganz zu schweigen von der Macht des Geldes der Bewußtseinsindustrie. Die wachsende Desillusionierung mit indirekter Demokratie und das wachsende Bedürfnis nach mehr demokratischer Partizipation kann man als Indiz dafür ansehen, daß der politische Markt die wirklichen Bedürfnisse der Menschen nicht mehr wiedergibt und daß dies immer mehr wahrgenommen wird. Dieselbe Desillusionierung und dasselbe Bedürfnis sprechen dafür, daß die Bedürfnisse, denen man heute entgegenkommt, nicht ,wirklicher' sind als die, die heute unberücksichtigt bleiben.

Der einer Demokratietheorie angemessene Bedürfnismaßstab unterscheidet sich also von dem, der gewöhnlich in der liberalen Theorie angenommen wird. Doch neigt dieser nicht auch wie der liberale Maßstab dazu, sich nach oben zu verschieben? Es ist wahr, daß die volle Entwicklung menschlicher Anlagen, wie sie nach der liberal-demokratischen Auffassung vom Menschen in ihrer optimistischen Version ins Auge gefaßt wird, keine Grenzen kennt. Es läßt sich keine inhärente Begrenzung des Ausmaßes erkennen, in dem menschliche Anlagen erweitert werden können. Aber es gibt keinen Grund anzunehmen, daß eine derartige unbegrenzte Erweiterung einen unbegrenzten Zuwachs an materiellen Voraussetzungen erfordert. Im Gegenteil, indem eine fortgeschrittene Gesellschaft die individuell angeeigneten materiellen Zuwächse zum Hauptkriterium des Allgemeinwohls macht, verstößt sie gegen das anerkannte Prinzip der gleichen Entwicklung wesentlicher menschlicher Anlagen.

Der große, durch die technologische Revolution hervorgebrachte Produktivitätszuwachs in unserer Zeit sowie zukünftige Zuwächse beseitigen noch nicht allein die Knappheit. Kein noch so großer Produktivitätszuwachs wird die Knappheit beseitigen, solange die Menschen nicht aufhören, sich als unbegrenzte Konsumenten zu verstehen. Mit einem verhältnismäßig bescheidenen Produktivitätszuwachs, vielleicht aber auch ohne ihn, könnte man bei der gegenwärtigen Produktionskapazität der ökonomisch fortgeschrittensten Nationen die Knappheit beseitigen, wenn die Menschen nur dazu kämen, sich als Handelnde, Ausübende, Genießer ihrer wesentlichen menschlichen Anlagen zu verstehen (wie es die Rechtfertigungstheorie liberaler Demokratie voraussetzen muß). Die ökonomisch am wenigsten fortgeschrittenen Nationen benötigen in der Tat einen substanziellen Produktivitätszuwachs, um den absoluten Mangel an materiellen Mitteln zum Leben zu überwinden, doch müssen sie sich nicht unbedingt als Produktivitätsniveau der fortgeschrittenen Nationen zum Ziel setzen, es sei denn, sie machen sich die gegenwärtige Konsumentenhaltung der Marktgesellschaft zu eigen.

Die zu überwindende Schwierigkeit der fortgeschrittenen liberalen Demokratien ist primär nicht von materieller, sondern von ideologischer Natur. Denn obwohl unsere liberal-demokratische Rechtfertigungstheorie die Annahme enthält (und erfordert), daß der Mensch wesentlich ein Genießer und Ausüber seiner menschlichen Anlagen ist, enthält sie auch (erfordert aber nicht) die gegenteilige, vom klassischen liberalen Individualismus ererbte Annahme, daß der Mensch wesentlich ein endloser Konsument sei. Nur aus der letzten Annahme folgt, daß Knappheit ein Dauerzustand ist. Heute aber, nach dem Aufkommen der modernen Technologie, sollten wir in der Lage sein zu erkennen, daß Knappheit, für was man sie auch immer seit Jahrtausenden hielt, kein unveränderliches Naturphänomen, sondern eine menschliche Konstruktion ist. Wir haben das noch nicht hinreichend zur Kenntnis genommen. Wie die liberalen Demokraten des 19. Jahrhunderts glauben wir immer noch, daß es darum geht, knappe Mittel umzuverteilen. Es ist wahr, daß die Verteilung knapper Mittel immer noch unfair erfolgt, doch spielt dieses Problem in westlichen Gesellschaften eine geringere Rolle als Mill vor einem Jahrhundert annahm.[25] Im Verhältnis zwischen entwickelten und unterentwickelten Nationen spielt es dagegen eine entscheidende Rolle. Aber das fortgeschrittenste Problem besteht nicht darin, knappe Mittel umzuverteilen, sondern Knappheit zu durchschauen: zu erkennen, daß sie kein unveränderliches Naturphänomen ist, sondern ein gesellschaftlich variables. Knappheit von Mitteln zum Leben stellt ein variables Hindernis dar.

b) Knappheit von Arbeitsmitteln

Knappheit an materiellen Ressourcen (Boden, Rohstoffe, Werkzeuge), an und mit welchen Menschen ihre Energien verausgaben können, ist ebenfalls eine menschliche Konstruktion, doch ist sie von anderer Art. Diese läßt sich nicht auf die Menge angelegten Kapitals und auch nicht darauf zurückführen, daß Kapital notwendigerweise nie in dem Ausmaße vorhanden ist, um jedem den Gebrauch und die Entwicklung seiner Anlagen zu gestatten. Keine der beiden Definitionen trifft zu. Die Masse akkumulierten Kapitals in der modernen Gesellschaft hat die Tendenz, ständig zu wachsen. Man kann auch nicht sagen, daß die Menge an Ressourcen immer kleiner sein muß als die benötigte Menge, es sei denn, man nimmt an, daß die Konsumnachfrage für die mit diesen Ressourcen hergestellten Produkten unendlich ist, eine Annahme, die sich als unhaltbar erwiesen hat.

Die Tatsache, daß in den fortgeschrittensten kapitalistischen Gesellschaften die bestehenden Produktionskapazitäten selten voll ausgelastet sind, ist nicht im strengen Sinne relevant, denn sie zeigt nur, daß bei der Funktionsweise dieses Systems die Ressourcen im allgemeinen die Menge übersteigen, von der die Unternehmer glauben, sie profitabel anwenden zu können. Letztere hängt (unter anderem) von ihrer Einschätzung der effektiven Nachfrage für ihr Produkt ab, die, wie wir gesehen haben, nicht notwendig identisch ist, was für Gebrauch und Entwicklung der Anlage eines jeden erforderlich ist. Es spielt auch keine Rolle, daß man in einem gewissen Sinne Ressourcen so lange für knapp ansehen kann, wie bei den Unternehmern zahlungskräftige Nachfrage besteht. Diese Form von Knappheit schwebt den Ökonomen vor, wenn sie ökonomische Entscheidungen als Wahl zwischen alternativen Verwendungsweisen von knappen Mitteln behandeln. Aber auch hier liegt Knappheit in Relation zu Verwendungsweisen vor, von denen sich die Unternehmer einen Profit versprechen. Hier wird also Bezug genommen auf die Nachfrage, die von der kapitalistischen Gesellschaft selbst – aufgrund ihrer Vorstellung vom Menschen als maßlosem Konsumenten – aufrechterhalten oder geschaffen wird. Ohne Zweifel werden auch in jeder vorhersehbaren sozialistischen Gesellschaft Entscheidungen über alternative Verwendungsweisen von materiellen Ressourcen – wie demokratisch oder bürokratisch auch immer – getroffen werden müssen, und solange das so ist, kann man sagen, daß Ressourcen im Sinne der Ökonomen knapp sind. Aber das heißt nicht, daß die Ressourcen nicht für die Entwicklung und den Gebrauch der Anlagen eines jeden ausreichen.

Es gibt in der Tat eine Ressource, die in jedem Land absolut beschränkt ist, nämlich die Ausdehnung der Land- (und Wasser-) oberfläche. Und bei der gegenwärtigen und zukünftig zu erwartenden Bevölkerungsdichte kann man annehmen, daß diese Form von Knappheit besteht und immer bestehen wird, so daß die Gesellschaft zwischen den verschiedenen Formen der Landverwendung – für Nahrungsmittelproduktion, für Bauten, für Erholung usw. – Entscheidungen treffen muß. Diese Knappheit ist nicht ausschließlich eine menschliche Konstruktion, sondern nur in dem Grad, wie sie das Resultat unkontrollierten Landgebrauchs zu Profitzwecken ist. Aber der Mangel an diesen natürlichen Ressourcen muß offenbar nicht immer auf einem Niveau bleiben, das niedriger ist als nötig, um jeden in die Lage zu versetzen, seine Anlagen zu gebrauchen und zu entwickeln.

Die Knappheit materieller Ressourcen, die in jeder Demokratietheorie eine zentrale Rolle spielt, wird besonders von denen gespürt, die keine Ressourcen besitzen oder keinen freien Zugang zu irgendwelchen anderen haben, um mit ihnen zu arbeiten. Die Verteilung materieller Ressourcen ist eine menschliche Konstruktion. Sie ist für jede Demokratietheorie zentral, denn sie vermindert die Machtpotentiale einiger Menschen. Tatsächlich ist es so, daß diejenigen, die keine Ressourcen besitzen, welche ihre notwendigen Arbeitsmittel sind, oder keinen freien Zugang zu ihnen haben, für den Zugang mit der Übertragung eines Teils ihrer Machtpotentiale zu zahlen haben. Und wie wir sehen werden, werden ihre Machtpotentiale um mehr als um die bloße Transfergröße vermindert.

Wir müssen uns darüber klar sein, was die Übertragung von Machtpotentialen umfaßt.[26] Ganz einfach gesagt: Was vom

Nicht-Eigentümer auf den Eigentümer der Arbeitsmittel (d. h. von Boden und Kapital) übertragen wird, ist die Fähigkeit des Nicht-Eigentümers zur Arbeit, d. h. seine Fähigkeit, seine eigenen Anlagen während der vertraglich vereinbarten Zeit produktiv zu nutzen. Der Eigentümer kauft diese Fähigkeit für eine bestimmte Zeit und setzt sie produktiv ein. Übertragen wird die Fähigkeit, die Arbeitskraft (*labor-power*). Die eigentliche Arbeit wird durch den Nicht-Eigentümer *ausgeführt*. Aber in einem sehr realen Sinne besitzt der Kapitaleigentümer die eigentliche Arbeit. Er, der die Fähigkeit der anderen zur Arbeit gekauft hat, hat das Recht auf das Eigentum an der ausgeführten Arbeit. Er natürlich kontrolliert die Ausführung; er bestimmt, wie die gekauften Energien verwendet werden. Ihm gehört auch das Produkt, einschließlich des Wertes, der den Arbeitsobjekten durch die Arbeit hinzugefügt wird. Und ihm gehört der durch die Arbeit hinzugefügte Wert, *weil* ihm die Arbeit gehört. Das soll heißen, daß sein moralisches und legales Eigentumsrecht an dem durch die Arbeit hinzugefügten Wert darin gegründet ist, daß er das Eigentum an der Arbeit erstanden hat. Locke formulierte das sehr anschaulich: „... der Torf, den mein Knecht gestochen hat, wird zu meinem *Eigentum* ... Die *Arbeit,* die mir gehörte und die die Dinge aus dem gemeinschaftlichen Zustand, in dem sie sich befanden, entfernte, *bestimmt* mein *Eigentum* an ihnen.“[27] Weil die Arbeit des Knechtes *meine* Arbeit ist, gehört das Produkt mir.

Was also übertragen wird, ist sowohl die Fähigkeit zu arbeiten, als auch das Eigentum an der Arbeit selbst und folglich der durch die Arbeit hinzugefügte Wert. Die einzige *Bemessungsgrundlage* für die Übertragung von Machtpotentialen, die der Markt abgibt, ist der durch die Arbeit hinzugefügte Wertüberschuß über den bezahlten Lohn. Diese materiellen Faktoren sind die einzigen Faktoren, die der Markt messen kann. Die Bedeutung dieser Einschränkung wird weiter unten klar werden.

Die Übertragung von Machtpotentialen ist ein ständiger Transfer zwischen Nicht-Eigentümern und Eigentümern von Arbeitsmitteln, der sobald beginnt und solange andauert, wie es getrennte Klassen von Eigentümern und Nicht-Eigentümern gibt. Es ist kein vorübergehender Transfer, der zur Zeit dieser Trennung stattfindet. Hat die Trennung erst einmal stattgefunden, müssen die Nicht-Eigentümer von Kapital immer wieder ihre Arbeitskraft veräußern (Woche für Woche, Monat für Monat, solange wie der Vertragszeitraum dauert), so daß ein ständiger Transfer vor sich geht. Mit anderen Worten: Die Übertragung von Machtpotentialen ist das Resultat eines besonderen, kumulativen legalen Transfers von Eigentumsrechten an Land und Kapital (wobei sie aber nicht mit diesen identisch ist), die zu einer angebbaren Zeit in der Vergangenheit – sei es aufgrund von Eroberung, Gewalt, Betrug oder fairem Markthandel – vor sich gegangen sind. Die Höhe der ständigen Übertragung des Machtpotentials eines Menschen – den Betrag, den er für den Zugang zu den Arbeitsmitteln zu zahlen hat – hatte ich vorher für den Betrag genommen, um den sein Machtpotential verringert wird. Das, so muß man jetzt sagen, ist eine Untertreibung. Um das genaue Ausmaß der Untertreibung zu zeigen, wird es zweckmäßig sein, zwischen *produktivem* und *außerproduktivem* Machtpotential zu unterscheiden. Das produktive Machtpotential eines Menschen (oder Arbeitskraft, wie ich den Ausdruck benutzt habe) ist seine Fähigkeit, seine Energien und Anlagen bei der Produktion materieller Güter zu verwenden. Das außerproduktive Machtpotential eines Menschen ist seine Fähigkeit, seine Energien und Anlagen für alle anderen Zwecke zu verwenden, das heißt, die Fähigkeit zu den Aktivitäten, die eine unmittelbare Genußquelle darstellen und nicht bloß Mittel materieller Produktion sind.

Man kann jetzt erkennen, daß die Größe des ständigen Transfer von Machtpotential die Verminderung des gesamten Machtpotentials eines Menschen in zweierlei Hinsicht nur unzulänglich wiedergibt: Sie berücksichtigt nicht einen Teil der Verminderung seines produktiven Machtpotentials und sie läßt die ganze damit in Beziehung stehende Verminderung seines außer-produktiven Machtpotentials außer acht. Beiden wollen wir uns hintereinander zuwenden.

Erstens berücksichtigt der Transfer nicht den Teil der Größe, um die das produktive Machtpotential eines Menschen aufgrund seines fehlenden Zugangs zu den Arbeitsmitteln vermindert wird. Denn die übertragene Größe kann nur die Größe sein, die der Verkäufer abtritt und die der Käufer *erhält*. Die Größe, die der Käufer erhält, kann nur in materiellen Ausdrücken gemessen werden. Sie ist die Tauschwertgröße (in Geld- oder realen Ausdrükken), die den Arbeitsstoffen durch die angewandte Arbeit hinzugefügt und im Wert des Produkts realisiert werden kann. Da das die einzige Größe ist, die abgegeben und entgegengenommen wird, ist sie die Gesamtgröße der Übertragung. Aber es läßt den Wert außer acht, der nicht *übertragen* werden kann, der aber dennoch demjenigen verloren geht, der wegen des fehlenden Zugangs seine Arbeitskraft verkaufen muß: den Befriedigungswert, den man aus ihrer eigenständigen Verwendung erhalten hätte, wäre man in der Lage, seine Arbeitskraft selbst zu verwenden. Die Möglichkeit dieser Befriedigung wird demjenigen verwehrt, der gezwungen ist, seine Arbeitskraft zu verkaufen (zumindest in dem Grad, wie die von ihm verlangte Form der Verwendung seiner Anlagen von der abweicht, die er möglicherweise für sich selbst gewählt hätte, was sich für die meisten Anbieter von Arbeitskraft als totaler Verlust an Befriedigung darstellt). Die Möglichkeit dieser Befriedigung ist ein integraler Bestandteil des Machtpotentials des Menschen, wie es eine Demokratietheorie definieren muß, d. h. Bestandteil seiner Fähigkeit, seine Anlagen zu gebrauchen und seine Energien seinen eigenen bewußten Vorstellungen entsprechend menschlich zu verausgaben. Der Anbieter verliert diesen Befriedigungswert, dennoch wird er nicht auf den Käufer übertragen.

Mit anderen Worten: Obwohl der Anbieter seine gesamte Arbeitskraft, die gesamte Kontrolle über seine produktiven Anlagen während der vertraglich vereinbarten Zeit abtritt, kann er nur einen Teil des Werts übertragen, den sie gehabt hätte, hätte er sie für sich selbst behalten können; die Restgröße des Wertes geht verloren, und zwar aufgrund der Tatsache, daß er zum Verkauf gezwungen ist. Wäre er in der Lage, seine Arbeitskraft zu behalten und für sich zu verwenden, würde ihr Wert den Befriedigungswert *und* den Wert umfassen, den ihre Anwendung auf die

Arbeitsstoffe diesen hinzufügte. Nur der letztere Wert kann übertragen werden; das ist genau der Wert, der vom Anbieter auf den Käufer übertragen wird, wenn Verkauf von Arbeitskraft stattfindet; und nur diese Größe mißt der Markt. Deshalb ist die übertragene Größe nur Teil der Größe, die der Verkäufer verliert: Der Transfer gibt nicht die ganze Verminderung seines produktiven Machtpotentials wieder.

Der andere Grund, warum es eine Untertreibung ist, die Zahlung für den Zugang zu den Arbeitsmitteln als identisch mit der Größe anzusehen, um die das Machtpotential eines Menschen aufgrund fehlenden Zugangs vermindert wird, liegt darin, daß die Zahlung für den Zugang zu den Arbeitsmitteln nur die sich daraus ergebende Verminderung des produktiven Machtpotentials eines Menschen (und davon auch nur eines Teils) mißt. Sie berücksichtigt nicht die möglichen Auswirkungen auf sein *außerproduktives* Machtpotential, d. h. die Befähigung zu all den Tätigkeiten, die über die Produktion von Gütern zu Konsumzwecken hinausgehen und die ihm als Handelndem, als Genießer und Ausüber seiner menschlichen Anlagen unmittelbar Befriedigung geben und die nicht nur Mittel zu anderen (Konsum)befriedigungen sind. Doch der demokratischen Auffassung vom Wesen des Menschen zufolge ist sein außer-produktives Machtpotential zumindest genauso wichtig wie sein produktives Machtpotential. Auch wenn wir den absoluten *Verlust* menschlichen Werts, der mit der Kontrolle der produktiven Anlagen eines Menschen, die ihm verlorengehen, einhergeht, zusammen mit der vom Markt gemessenen Größe der laufenden Übertragung des materiellen Werts seines produktiven Machtpotentials in Betracht ziehen und beides zusammen als Maßstab der Defizienz des produktiven Machtpotentials eines Menschen gelten lassen, so gibt das immer noch keinen Maßstab für die Defizienz des gesamten Machtpotentials eines Menschen, seiner gesamten Fähigkeit zur Entwicklung und Nutzung seiner Anlagen ab.

Denn vermutlich hat die Art, auf die die Anlagen im Produktionsprozeß verwendet werden, einigen Einfluß auf die Fähigkeit eines Menschen, seine Anlagen außerhalb des Produktionsprozesses zu gebrauchen und zu entwickeln. Ein Mensch, dessen Arbeit nicht unter seiner bewußten Kontrolle steht, dessen Arbeit ihn in diesem Sinne abgestumpft werden läßt, ist wahrscheinlich auch in seinen übrigen Aktivitäten abgestumpft. Man kann von ihm noch nicht einmal behaupten, daß er automatisch die Kontrolle über all die Energien behält, die ihm nach seiner Arbeitszeit verbleiben, wenn man davon ausgeht, daß sein Kontrollzentrum (wenn man so sagen darf) durch den Gebrauch, den man von ihm während der Arbeitszeit gemacht hat, entscheidend geschwächt wird. Jede solche Verminderung der Kontrolle, die ein Mensch über seine außerproduktiven Betätigungen hat, ist eindeutig eine Verminderung seines Machtpotentials, die über die Größe des Transfers hinausgeht.

Bevor wir unsere Erörterung der Hindernisse und ihrer Messung abschließen, sollten wir noch die Möglichkeit in Betracht ziehen, daß ein Wandel der produktiven Machtpotentiale der Menschen durch einen damit einhergehenden Wandel in ihren außerproduktiven Machtpotentialen ausgeglichen werden könnte. Man könnte nämlich behaupten (und diese Argumentationsweise findet sich in einigen liberalen Theorien[28], die versuchen, die Marktgesellschaft mit demokratischen Wertvorstellungen in Einklang zu bringen), daß sich trotz der Verminderung des produktiven Machtpotentials der Menschen ein Gewinn in ihrem gesamten Machtpotential ergeben kann, wenn ihre außer-produktiven Machtpotentiale Berücksichtigung finden.

Nehmen wir an – und das ist eine historisch realistische Annahme – daß die Trennung von Arbeitskraft und Kapital eine Steigerung des Produktivitätsniveaus bewirkt, so daß weniger menschliche Energie verausgabt werden muß, um einen befriedigenden Lebensstandard zu erreichen, und so mehr Energie für den außerproduktiven Gebrauch und die Entwicklung von Anlagen bleibt. Dann läßt sich sagen, daß die Menschen, deren produktive Machtpotentiale durch den Verlust des Zugangs zu Kapital vermindert worden waren, ihre außer-produktiven Machtpotentiale steigern konnten, und man könnte vermuten, daß die Steigerung dieses Machtpotentials größer sein würde als ihr Verlust an produktiven Machtpotentialen, so daß sich ein Nettozuwachs ihres Machtpotentials ergäbe.

Dieser typisch utilitaristischen Kalkulation entgeht völlig, wie unrealistisch es ist, die Aktivitäten eines einzelnen menschlichen Wesens in zwei getrennte Teile zu teilen, als hätten sie keine Wirkung aufeinander. Eine solche Kalkulation trennt nicht nur analytisch den produktiven und außer-produktiven Gebrauch von Anlagen, sondern behandelt beide als unabhängige Variablen. Sie macht zwei Gewinn- und Verlustrechnungen für jede der beiden Abteilungen auf, in denen die Tätigkeiten des maximierenden Individuums (jetzt Dividuum) getrennt werden, und rechnet dann beide zur Feststellung des Nettogewinns oder -verlusts auf. Diese Vorgehensweise tut dem menschlichen Individuum Gewalt an. Doch können wir mit diesen Gründen eine derartige Kalkulation nicht einfach von der Hand weisen. Denn die Marktgesellschaft tut in der Tat dem Individuum diese Gewalt an: Es ist gezwungen, sich selbst als aufgeteilt zu betrachten und Kalkulationen dieser Art vorzunehmen.

Wir wollen ruhig einräumen, daß die Veränderungen der Größen der produktiven Machtpotentiale und der außer-produktiven Machtpotentiale der Menschen ausgeglichen sind. Wir gestehen auch die historische Genauigkeit der Annahme zu, daß der Kapitalismus, der die Trennung von Kapital und Arbeit und damit einen ständigen Transfer von Machtpotentialen voraussetzt, im großen und ganzen durch den technischen Fortschritt Energien auch für andere als nur für produktive Zwecke freigesetzt hat (eine Behauptung, die Mill z. B. nicht einräumen würde).[29] Aber daraus folgt immer noch nicht, daß es trotz des Transfers von Machtpotentialen einen Nettozuwachs an menschlichen Machtpotentialen in dem Sinne geben könnte, wie es von der liberalen Theorie erfordert wird. Denn wie wir gesehen haben, setzt die demokratische Auffassung vom Wesen des Menschen voraus, daß menschliche Macht daran gemessen wird, wie weit sie hinter einem angenommenen gegenwärtigen Maximum zurückbleibt, und nicht daran, wie weit sie irgendeinen früheren Stand übertroffen hat. Historische Vergleiche sind hier völlig irrelevant.

Hier liegt keine Definitionswillkür vor. Es ist einfach ein anderer Ausdruck für die Forderung von Demokratietheorie, daß eine Gesellschaft Zuwächse an Produktivität und Freizeit, da sie von der ganzen Gesellschaft erarbeitet worden sind, auch allen ihren Mitgliedern zugute kommen lassen muß. Weiterhin soll damit gesagt werden, daß die Beurteilung menschlicher Fähigkeiten zum Gebrauch und zur Entwicklung von Anlagen sich jederzeit das zur Richtschnur machen muß, was eine Gesellschaft sich zu einer bestimmten Zeit als ganze im Hinblick auf die Möglichkeit leisten kann, daß alle ihre Mitglieder ihre Anlagen gebrauchen und entwickeln.

Um zu beweisen, daß das bestehende Machtpotential der Menschen gerade wegen der bestehenden Trennung von Kapital und Arbeit in der daraus folgenden ständigen Übertragung von produktiven Machtpotentialen zum Trotz größer ist, als es andernfalls sein könnte, hätte man zumindest zu zeigen, daß das auf dieser Trennung beruhende Produktionssystem produktiver ist (und zwar auch im Hinblick auf die Güter, die erforderlich sind, um Menschen die Ausübung und Entwicklung außer-produktiver Machtpotentiale zu erlauben) als jedes andere gegenwärtig denkbare System. Versuche dieser Art werden von Zeit zu Zeit unternommen, doch bei jeder nüchternen vergleichenden Betrachtung der jeweiligen Wachstumsraten von kapitalistischen und sozialistischen Systemen und der Güterarten, die von kapitalistischen Systemen produziert werden (unter Hinzunahme der künstlich erzeugten Konsumnachfrage) erscheinen solche Versuche wenig überzeugend.

Außerdem hätte man zu zeigen, daß das Zurückbleiben des Machtpotentials der meisten Menschen, das sich aus der fehlenden Kontrolle über die eigene produktive Arbeit ergibt (ein Mangel, der kapitalistischer Organisation inhärent ist), sich nicht in fehlender Selbstbestimmung des Bewußtseins oder des Willens in den außer-produktiven Bereichen auswirkt (die oben erwähnte Abgestumpftheit) und so zu einem noch stärkeren Zurückbleiben führt. Das gesamte Zurückbleiben oder seine Veränderungen kann nicht einfach an den Veränderungen der Länge (oder Länge und Intensität) des Arbeitstages (oder -woche) gemessen werden. Zwischen ihnen besteht keine lineare Beziehung, sondern höchstens eine diskontinuierliche. Eine Kürzung der Arbeitswoche von 60 auf 40 Stunden muß nicht irgendeine nennenswerte Reduktion des gesamten Zurückbleibens bewirken. Eine Kürzung von 40 auf 10 Arbeitsstunden pro Woche dagegen mag, obwohl die Arbeit weiterhin geistlos bliebe, soviel Zeit und Energie freisetzen, daß die schädlichen Auswirkungen der geistlosen Arbeit ausgeglichen werden können. Ob dies wirklich geschähe, würde dann von anderen Faktoren abhängen, besonders davon, ob die Menschen aufhörten, dem Image von sich selbst als Konsumenten zu folgen.

Man kann also nicht ohne weiteres behaupten, daß es als Resultat des Zuwachses an Produktivität und Freizeit, der mit der Trennung von Lohnarbeit und Kapital verbunden ist, einen Zuwachs an menschlichem Machtpotentialen im ganzen gibt. Die Vermutung bleibt bestehen, daß die menschlichen Machtpotentiale der Nicht-Eigentümer aufgrund fehlender bewußter Kontrolle über ihre produktiven und anderen Aktivitäten vermindert werden.

Schließlich können wir noch eine scheinbare Schwierigkeit bei der Meßbarkeit von Hindernissen und folglich auch des Machtpotentials eines Menschen erwähnen. Nach meiner Argumentationsweise muß liberal-demokratische Theorie das Machtpotential eines Menschen im entwicklungsbezogenen Sinne als eine Quantität behandeln und es an den äußeren Hindernissen für die Ausübung seiner Anlagen messen, d. h. an den Hindernissen, die dem im Prinzip erreichbaren Maximum bei gegebenem Stand gesellschaftlicher Produktivität und Wissens entgegensteht. Bei dem einen Hindernis, nämlich dem fehlenden Zugang zu den Arbeitsmitteln, stellte es sich heraus, daß es das menschliche Machtpotential in dreierlei Hinsicht vermindert. Erstens hat es eine ständige Nettoübertragung des materiellen Wertes des produktiven Machtpotentials des Nicht-Eigentümers auf den Eigentümer von Arbeitsmitteln zur Folge, deren Größe bei jeder wiederholten Transaktion von dem durch die Arbeit erzielten Werteüberschuß über den bezahlten Lohn abhängt. Außerdem vermindert es dadurch, daß es dem Nicht-Eigentümer die Befriedigung über die Kontrolle seiner produktiven Fähigkeiten verwehrt, sein produktives Machtpotential über die Größe hinaus, die der Markt erfassen kann: dieser Wert geht verloren und wird nicht übertragen. Drittens vermindert es seine Kontrolle über seine übrige Lebenspraxis. Von diesen drei Mängeln des menschlichen Machtpotentials ist nur der erste numerisch meßbar und wird auch tatsächlich vom Markt gemessen. Die beiden anderen scheinen nicht auf diese Weise meßbar zu sein.

Es mag den Anschein haben, als seien wir aufgrund der Analyse der letzten beiden Mängel zu dem Schluß gekommen, daß es unmöglich ist, die gesamte Defizienz zu messen. Aber das ist nicht der Fall. Denn die letzten beiden lassen sich in dem einzigen Sinn messen, der von einer Demokratietheorie erfordert wird. Es läßt sich feststellen, ob sie für verschiedene Individuen oder Gruppen von Individuen in verschiedenen Gesellschaftsmodellen größer oder kleiner sind. Da diese Mängel das Resultat des fehlenden Zugangs zu den Arbeitsmitteln sind, kann die Gesellschaft sie im Prinzip für jede Klasse von Individuen vermehren oder vermindern, indem sie die Bedingungen des Zugangs ändert. Denn die Möglichkeit zur Festellung von Zuwachs oder Abnahme ist der einzige Quantifizierungsgrad, den eine Demokratietheorie benötigt, die den Anspruch erhebt, die Fähigkeit zur Ausnutzung und Entwicklung menschlicher Anlagen zu steigern (bzw. deren Maximum zu ermöglichen).

Offen bleibt jedoch die Frage, ob man die Zuwächse und Abnahmen des Machtpotentials aller einzelnen Mitglieder einer Gesellschaft aufrechnen kann, um so die Gesamtsumme zu bilden, an der sich aufzeigen ließe, daß sie unter bestimmten Verhältnissen größer oder kleiner ist als unter anderen. Wenn uns dies nicht möglich ist, können wir nicht von der Maximierung des Machtpotentials einer ganzen Gesellschaft sprechen.

5. Die Maximierung aggregierter Machtpotentiale

Wir können mit der Feststellung beginnen, daß die wohlbekannte Schwierigkeit mit der Maximierung von *Gesamtnutzen*[30] bei der Maximierung von *Machtpotentialen* im entwicklungsbezogenen Sinne nicht besteht. Die Schwierigkeit mit der Nutzenmaximierung besteht darin, daß man zu schätzen hat, ob eine Änderung in der Verteilung von Gütern unter bestimmte Personen mehr Befriedigung bringen würde, als sie ihnen und anderen nehmen würde. Man müßte nämlich in der Lage sein, negative oder positive Veränderungen in der Nutzen- oder Befriedigungsgröße, der sich verschiedene Personen erfreuen, zu bestimmen. Deshalb müßte man einen einzigen Maßstab haben, an dem man den Nutzen für verschiedene Personen vergleichen könnte. Das ist aber prinzipiell nicht möglich, da die Beurteilung von Befriedigung inhärent subjektiv ist: Das Urteil einer jeden Person bezüglich ihrer Befriedigung ist einzigartig und nicht mit den Urteilen darüber von anderen vergleichbar.

Diese Schwierigkeit liegt bei der Maximierung von Machtpotentialen nicht vor. Denn die Macht eines Menschen, die als die Größe seiner Fähigkeit zum Gebrauch und zur Entwicklung seiner menschlichen Anlagen definiert ist, wird durch die Größe äußerer Hindernisse für diese Fähigkeiten gemessen, welche keine subjektive Größe ist. Es ist natürlich richtig, daß das Urteil jeder Person über die unmittelbare Befriedigung, die sie verschiedenen Nutzungsweisen ihrer Anlagen abgewinnt oder abgewinnen würde, ein subjektives Urteil ist und mit den Urteilen anderer genauso unvergleichbar ist, wie es die Urteile verschiedener Personen über irgendwelchen Nutzen sind. Hier soll aber nicht die Befriedigung, die sie von der Ausübung ihrer Anlagen erhalten, sondern ihre *Fähigkeit,* jene auszuüben, gemessen werden. Und diese hängt von der Größe äußerer Hindernisse ab, eine Größe, die objektiv, aber nicht immer numerisch meßbar ist. Die grundlegende logische Schwierigkeit des interpersonellen Vergleichs von Befriedigungsgrößen ist irrelevant für die Maximierung von Machtpotentialen.

Dennoch bleibt möglicherweise eine Schwierigkeit für die Idee der Maximierung von Machtpotentialen bestehen. Was geschieht, wenn der Zuwachs des Machtpotentials einiger Menschen (der Fähigkeit zum Gebrauch und zur Entwicklung wesentlicher menschlicher Anlagen) nur durch die Reduktion des Machtpotentials anderer möglich ist? Bei Macht im entwicklungsbezogenen Sinne muß das nicht immer der Fall sein, ganz im Gegensatz zu Macht im ausbeuterischen Sinne. Viele allgemeine Normen, die die entwicklungsbezogenen Machtpotentiale einiger Menschen vergrößern, vergrößern auch die von anderen, zumindest aber verringern sie die von anderen nicht. Das wird besonders bei unserer dritten Kategorie von Hindernissen deutlich, dem unmittelbaren Übergriff von anderen auf jemand. Eine bessere Fassung oder striktere Anwendung der Gesetze gegen direkte Übergriffe auf jemanden durch andere berührt jederman in gleicher Weise. Was meinen Schutz gegen dich erhöht, erhöht deinen Schutz gegen mich. Keiner erleidet irgendeine Einbuße seines Machtpotentials zum Gebrauch seiner menschlichen Anlagen, sondern das Machtpotential eines jeden wird durch Gesetze vergrößert, die direkte Übergriffe auf jemanden durch einen anderen verhindern.

Aber eine Änderung sowohl der Bestimmungen, die den Zugang zu den Arbeitsmitteln regeln, als auch derer, die die Verteilung der Mittel zum Leben regeln, d. h. eine allgemeine Veränderung in den beiden ersten Kategorien von Hindernissen, mag die Fähigkeit verschiedener Individuen zur Nutzung und Entwicklung ihrer menschlichen Anlagen in die entgegengesetzte Richtung verändern.

Der wichtigste Fall, der hier in Betracht kommt, ist eine Veränderung der Bedingungen des Zugangs zu Kapital in Richtung auf größere Gleichheit des Zugangs. Das würde die Nettoübertragung von Machtpotentialen abbauen und die Fähigkeit von denen vergrößern, die bisher nur geringe Zugangsmöglichkeiten hatten. Es würde die Kontroll- und Ausbeutungsmacht derer abgebaut, die bisher überlegene Zugangsmöglichkeiten hatten. Möglicherweise würde auch das entwicklungsbezogene Machtpotential der letzteren eingeschränkt, d. h. ihre Fähigkeit, ihre wesentlichen menschlichen Anlagen zu nutzen und zu entwickeln, *wenn* es sich herausstellen sollte, daß für die volle Ausübung dieser Anlagen das Verfügungsniveau von Ressourcen, Einkommen und Freizeit erforderlich ist, das sie aufgrund ihrer ausbeuterischen Macht gehabt hatten. Aber das läßt sich nicht generell nachweisen, denn Einkommen und Freizeit, die sich aus ausbeuterischer Macht ergeben, tragen nicht automatisch zur Entwicklung wesentlicher menschlicher Anlagen bei. Ich glaube, man könnte sogar eher das Gegenteil vermuten. Ich würde behaupten, daß sie nur in einem besonderen Fall oder unter bestimmten Bedingungen, die früher, aber nicht mehr heute, der allgemeine Fall waren, dazu beitragen. Vor ein oder zwei Jahrhunderten und für die Jahrhunderte davor konnte man ernstlich behaupten, daß der kultivierte Mensch der ausbeutende Mensch sei: daß es ohne eine Klasse, die von ihrer ausbeuterischen Macht lebte, keine menschliche Exellenz geben könnte. Aber auch diese Behauptung wurde manchmal in früheren Jahrhunderten bestritten, hauptsächlich von den Interessenvertretern der Freibauern und kleiner unabhängiger Gewerbetreibender im England des siebzehnten Jahrhunderts.[31] Im allgemeinen aber konnte man bis zum neunzehnten Jahrhundert mit Vernunftgründen behaupten, daß es bei der augenscheinlich unerbittlichen Knappheit keine signifikante Entwicklung menschlicher Anlagen geben könnte außer bei den Mitgliedern der ausbeuterischen Klasse. Sprecher dieser Klasse wie Adam Smith, Burke, Diderot und Bentham mögen sich der Tatsache bewußt gewesen sein, daß das entwicklungsbezogene Machtpotential, das sie so schätzten, auf ihrer ausbeuterischen Macht beruhte, aber unter den Umständen beschränkter ökonomischer Produktivität, die sie in ihrem Umkreis beobachteten, kamen sie zu dem Schluß, daß das der unvermeidliche Preis für jeden menschlichen Fortschritt sei.

Im zwanzigsten Jahrhundert jedoch, das sogar die Pessimisten jetzt für ein Zeitalter des potentiellen Überflusses halten, ist das nicht mehr der Fall. Die Rechtfertigung ausbeuterischer Macht mit entwicklungsbezogenem Machtpotential läßt sich nicht länger aufrecht erhalten. Der einzige Fall, wo man noch behaupten könnte, daß Einkommen und Freizeit, die auf ausbeuterischer Macht beruhen, zum entwicklungsbezogenen Machtpotential des Ausbeuters beitragen, ist der, wo jenem jedes Bewußtsein davon fehlt, daß sein Einkommen und seine Freizeit aus der Ausbeutung anderer stammen. In dieser Lage befanden sich die meisten Ausbeuter im neunzehnten Jahrhundert, und sie fanden dabei bei den Ökonomen dieser Zeit Unterstützung, die behaupten konnten, daß das kapitalistische System so produktiv sei, daß alle davon profitierten, und die den damit verbundenen Transfer von Machtpotentialen außer acht lassen konnten. Dieselbe Haltung wird noch immer von einigen Liberalen im zwanzigsten Jahrhundert vertreten, die zumindest für die Beibehaltung einer modifizierten ausbeuterischen Macht plädieren. Ihre Unfähigkeit, die Übertragung von Machtpotentialen und ausbeuterischer Macht zu erkennen, läßt sich darauf zurückführen, daß sie den Menschen immer noch eher für einen endlosen Konsumenten halten, dessen wesentliche menschliche Bedürfnisse am besten durch ein auf Konsumgütergenuß ausgerichtetes System befriedigt werden können, als für einen Ausüber und Entwickler seiner einzigartigen Anlagen. Ich habe argumentiert, daß diese Haltung im zwanzigsten Jahrhundert immer unhaltbarer wird. Die, die sie als unhaltbar empfinden, werden auch denken, daß das mangelnde Bewußtsein der Ausbeuter von der ausbeuterischen Grundlage ihres eigenen Einkommens und ihrer Freizeit heute kaum noch mit dem völlig menschlichen Gebrauch ihrer Anlagen vereinbar ist: Mit anderen Worten, ihr Machtpotential kann man kaum noch entwicklungsbezogen nennen. Zumindest unter der Annahme, die meines Erachtens in jeder Demokratietheorie erforderlich ist, daß nämlich wesentliche menschliche Anlagen nur die sind, deren Ausübung andere Menschen nicht an der Ausübung ihrer Anlagen hindert, können Aktivitäten, die nur durch die Ausübung ausbeuterischer Machtpotentiale ermöglicht worden sind, nicht eine Ausübung wesentlicher menschlicher Anlagen genannt werden.

Dennoch betrachten die Ausbeuter selbst oder zumindest ihre liberalen Parteigänger ihr Machtpotential immer noch als entwicklungsbezogen, als Fähigkeit, ihre menschlichen Anlagen zu gebrauchen und zu entwickeln. Wir wollen deshalb unser Problem unter dieser Annahme behandeln. Wir wollen von allen enthumanisierenden und entwürdigenden Wirkungen der ausbeuterischen Grundlage des Machtpotentials eines Menschen absehen und sein ganzes Machtpotential als entwicklungsbezogen veranschlagen. Dann sind wir wieder auf das Argument zurückgeworfen, daß eine Änderung der gesellschaftlichen Regelungen hinsichtlich des Zugangs zu den Arbeitsmitteln mit dem Ziel annähernd gleichen Zugangs die ausbeuterische Macht derer, die bisher privilegierten Zugang gehabt hatten, abbauen, ihr entwicklungsbezogenes Machtpotential reduzieren würde. Außerdem müßten wir, wenn wir alle entwürdigenden Folgen ausbeuterischer Macht beiseite gelassen haben, die Annahme machen, daß die, die bisher eine privilegierte Position hatten, ihre Anlagen im ganzen vergrößert haben. Und man könnte vermuten, daß die volle Nutzung dieser vergrößerten Anlagen die Beibehaltung des Einkommens- und Freizeitniveaus voraussetzte, das sie aufgrund ihrer ausbeuterischen Macht halten konnten. Ein Abbau ihrer ausbeuterischen Macht wäre also ein Abbau ihres überdurchschnittlichen entwicklungsbezogenen Machtpotentials. Ohne Zweifel würde ein Wandel in Richtung auf annähernd gleichen Zugang zu den Arbeitsmitteln, der das entwicklungsbezogene Machtpotential der Menschen mit geringerem Zugang erhöhen würde, das entwicklungsbezogene Machtpotential derer mit bisher überlegenem Zugang verringern, und diese Verringerung beträfe ihre vergrößerten Machtpotentiale. Das ist eine echte Schwierigkeit für eine Demokratietheorie, die sich die Maximierung der Machtpotentiale der Mitglieder einer Gesellschaft im ganzen zum Ziel gesetzt hat, zumindest in dem Fall, wo man den notwendigen Schritt in Richtung auf gleichen Zugang zu den Arbeitsmitteln ins Auge faßt, bevor es allgemeine Übereinstimmung darüber gibt, daß entwicklungsbezogenes Machtpotential mit ausbeuterischer Macht unvereinbar ist.

Die Schwierigkeit läuft auf folgendes hinaus. Wir müssen interpersonelle Vergleiche anstellen, um Veränderungen des Machtpotentials verschiedener Personen quantitativ zu bestimmen. Dies

ist eine wirkliche Schwierigkeit, doch ist sie nicht unüberwindbar. Wir haben ja schon gesehen, daß interpersonelle Vergleiche
von Machtpotentialen im Gegensatz zu interpersonellen Vergleichen von Nutzen nicht prinzipiell unmöglich sind. Wie groß ist
nun die Schwierigkeit, den Verlust an Machtpotentialen einiger
Menschen gegen den Gewinn anderer abzuwägen?

Zuerst sollten wir uns darüber bewußt werden, daß diese
Schwierigkeiten überhaupt nur beim *Übergang* von einer ungleichen Gesellschaft zu einer annähernd gleichen Gesellschaft auftritt
(oder beim Übergang von einer ungleichen Gesellschaft zu einer
noch ungleicheren Gesellschaft). In einer Gesellschaft, die bereits
gleichen Zugang zu den Arbeits- und Subsistenzmitteln ermöglicht, würde diese Schwierigkeit nicht auftreten. Denn die
Schwierigkeit besteht in der Notwendigkeit, die durch einen
Wandel der Institutionen hervorgerufenen Gewinne einiger Menschen gegen die Verluste anderer Menschen abzuwägen. Der einzige Wandel, der gleichzeitig Gewinn und Verluste mit sich
bringt, ist ein Wandel im Niveau ausbeuterischer Macht, d. h.
eine Korrektur des zugelassenen Ausmaßes, in dem einige zu ihrem Vorteil Macht über andere haben. Ausbeuterische Macht
aber ist eine Folge ungleichen Zugangs zu Arbeitsmitteln und
Mitteln zum Leben: Abgesehen von dauernder militärischer Unterdrückung, kann sie nur dadurch aufrechterhalten werden, daß
man den ungleichen Zugang aufrecht erhält. In einer Gesellschaft,
die gleichen Zugang erreicht hat, gibt es keine ausbeuterische
Macht mehr. Auch in einer derartigen Gesellschaft lassen sich die
Machtpotentiale der Menschen noch erweitern, aber dieser Zuwachs würde nur durch erweiterte Verfügungsgewalt über die
äußere Natur erreicht werden können und nicht durch erweiterte
Herrschaft über andere (gemäß der Hypothese über gleichen Zugang). Ein Zuwachs in der Fähigkeit irgendwelcher Personen
zum Gebrauch und zur Entwicklung ihrer Anlagen würde nicht
zu einer Abnahme für andere führen. Das Problem, Gewinne gegen Verluste abwägen zu müssen, bestünde dann gar nicht.

Wenn man das einsieht, wird verständlich, warum es keinen
Widerspruch zwischen (I) unserer Feststellung, daß unter be-

stimmten Umständen Veränderungen, die die Fähigkeit einiger Menschen zur Ausübung ihrer menschlichen Anlagen steigern, die Fähigkeit anderer einschränken, und (II) der oben aufgestellten Behauptung,[32] daß es ein notwendiges Postulat einer entwickelten Demokratietheorie ist, daß die Ausübung wesentlich menschlicher Anlagen durch irgendwelche Mitglieder einer Gesellschaft nicht andere an der Ausübung ihrer Anlagen hindert. Beide Positionen sind insofern konsistent, als mögliche Gegensätze bei der Ausübung menschlicher Anlagen, die in (I) anerkannt sind, nur beim Übergang zu einer wirklich demokratischen Gesellschaft entstehen, nicht aber in dieser selbst. (II) dagegen könnte trotz der im allgemeinen gültigen Formulierung nur in einer vollkommenen demokratischen Gesellschaft verwirklicht werden. (Dort ist nämlich ausbeuterische Macht, die der demokratischen Auffassung zufolge für die Nutzung wesentlicher menschlicher Anlagen nicht erforderlich ist, auf Null reduziert.)

Das Postulat, daß der Gebrauch wesentlich menschlicher Anlagen nicht zu Konflikten führt, erscheint im Lichte dieser Analyse weniger vermessen und weniger unhaltbar, als es auf den ersten Blick aussah. Denn sie läuft auf das Postulat hinaus, das eine vollkommen demokratische Gesellschaft keine Form von ausbeuterischer Macht zulassen darf und daß eine Gesellschaft ohne ausbeuterische Macht möglich ist. Die entscheidende Frage ist nicht, wie eine demokratische Gesellschaft funktioniert, sondern wie man sie erreichen kann.

Offen bleibt jedoch die Frage, wie man Gewinn und Verlust an entwicklungsbezogenem Machtpotential bei jedem Schritt von einer Gesellschaft mit ungleichem Zugang zu Arbeitsmitteln und den Mitteln zum Leben in Richtung auf eine Gesellschaft mit gleichem Zugang gegeneinander abwägt. Wie wir sagten, bestand die Schwierigkeit darin, daß in einer Gesellschaft ohne Gleichheit die Nutznießer ausbeuterischer Macht möglicherweise ihre menschlichen Anlagen weiter entwickelt haben als die Unterprivilegierten, so daß jede Reduktion ihrer ausbeuterischen Macht und damit der Verfügung über ihre Ressourcen und Freizeit ihr entwicklungsbezogenes Machtpotential beschneiden würde, d. h. ihre Fähigkeit, ihre schon erweiterten Anlagen zu nutzen und zu entwickeln. Die Frage ist nur, ob dieser Verlust so groß ist wie der Gewinn der anderen.

Aus zwei Gründen kann die Frage mit nein beantwortet werden. Erstens verlieren in einer Gesellschaft mit ungleichem Zugang diejenigen, die keinen Zugang haben, mehr von ihren Machtpotentialen, als in der Größe der Nettoübertragung ausgedrückt ist, d. h. mehr als nur die entzogene Größe. Ständig verlieren sie mehr an Macht, als die anderen, die Zugang haben, gewinnen können. Es liegt ein absoluter Verlust menschlicher Machtpotentiale vor. Mit der postulierten Verwirklichung einer Gesellschaft mit gleichem Zugang würde dieser Verlust nicht mehr stattfinden. Die bisher keinen Zugang hatten, würden nicht nur den Teil ihres Machtpotentials zurückgewinnen, der ihnen mit der Übertragung entzogen wurde (was alles ist, das die, die bisher privilegierten Zugang hatten, jetzt verlieren würden), sondern sie würden zusätzlich das menschliche Machtpotential gewinnen, das ihnen bisher völlig verloren ging. Also würde der Gesamtgewinn größer als der Gesamtverlust sein. Zweitens dürfen wir nicht vergessen, daß dies Verluste und Gewinne an Fähigkeiten sind, menschliche Anlagen voll zu nutzen *und zu entwickeln*. Der Hypothese zufolge hatten die Nutznießer ausbeuterischer Macht in einer Gesellschaft mit ungleichem Zugang ihre Anlagen weiter entwickelt als die Unterprivilegierten. Und auch wenn wir annehmen, daß die maximalen Fähigkeiten verschiedener Menschen durchaus unterschiedlich sind (eine Voraussetzung, die einige Liberale nicht machen),[33] können wir zu gegebener Zeit nicht wissen, wie weit diese Unterschiede gehen. Aber man wird doch sicher annehmen müssen, daß die Anlagen derer, die bisher nur eingeschränkten Zugang zu den Mitteln zum Arbeiten und zum Leben hatten, weniger entwickelt sind, und daß bei ihnen ein größerer Nachholbedarf besteht als bei denen, die bisher privilegierten Zugang hatten. Jeder Schritt in Richtung auf annähernd gleichen Zugang, der ein Schritt in Richtung auf annähernd gleiche Fähigkeit zum Gebrauch und zur Entwicklung menschlicher Anlagen ist, dürfte wohl größeren Gewinn als Verlust an der aggregierten Fähigkeit zur Entwicklung menschlicher Anlagen mit sich bringen. Kurz, die Schaffung gleichen Zugangs, die die entwicklungsbezogenen Machtpotentialen angleichen soll, bedeutet die Maximierung von entwicklungsbezogenen Machtpotential.

Auf eine letzte Schwierigkeit mit dem Begriff der Maximierung von Machtpotentialen muß noch hingewiesen werden. Alle diese Gewinn- und Verlustrechnungen, so mag ein Einwand lauten, sind zu mechanisch. Sie geben vor, sich mit der Fähigkeit zum Gebrauch und zur Entwicklung wesentlicher menschlicher Anlagen zu befassen, beschränken sich aber nur auf die Analyse der *äußeren* Hindernisse für diese Fähigkeit. Was geschieht mit den internalisierten Hindernissen, so mag man fragen? Was geschieht mit dem Phänomen der Menschen, die sich an ihre Ketten klammern? Und was mit denen, die zu Sklaven ihres eigenen Besitzes geworden sind? Es ist richtig, daß keine derartigen internalisierten Hindernisse in das hier aufgestellte Maximierungsmodell direkt miteinbezogen worden sind. Natürlich sind sie bei jeder praktischen Betrachtungsweise von großer Wichtigkeit, worauf Denker von Rousseau bis Marcuse hingewiesen haben.

Die erste Antwort auf diesen Einwand muß lauten, daß die Hindernisse in der äußeren Wirklichkeit vorhanden waren, bevor sie verinnerlicht werden konnten, weil sie schon als äußere Hindernisse existierten. Die äußeren Hindernisse, die in der Realität der Klassengesellschaft handgreiflich vor Augen geführt werden, sind die grundlegenderen und verdienen deshalb zuerst unsere Aufmerksamkeit. Natürlich reicht das nicht als Antwort auf den Einwand aus. Denn daraus folgt nicht, daß die internalisierten Hindernisse sich in dem Maße auflösen werden, wie sich die äußeren als entbehrlich oder mit einer zivilisierten Gesellschaft unvereinbar erweisen werden. Sie müssen sich nicht nur als entbehrlich erweisen, sondern die Menschen, die sie internalisiert haben, müssen *erkennen,* daß sie entbehrlich geworden sind. Erst dann kann man mit irgendeiner Aktion rechnen, die für die Beseitigung oder Reduzierung der äußeren Hindernisse hinreichend ist.

Wir scheinen uns in einem Teufelskreis zu bewegen: Keines der beiden Hindernisse kann ohne eine vorherige Verminderung des anderen abgebaut werden. Das mag richtig sein. Es mag sein, daß die Hindernisse – mit Unterstützung derer, die ein Interesse an der Reduzierung der Menschen auf absolute Konsumenten haben – so tief verwurzelt sind, daß es keinen Ausweg gibt, jedenfalls keinen ohne eine Zerstörung einiger, für eine wirklich menschliche Gesellschaft wesentlicher Freiheiten. Aber das muß nicht notwendig so sein.

Es ist auch möglich, daß der Prozeß gegenseitiger Perpetuierung äußerer und innerer Hindernisse, der seit dem Entstehen der Marktgesellschaft vor sich geht, sich umkehrt. Ein partieller Zusammenbruch der politischen Ordnung der Marktgesellschaft (im nationalen und internationalen Rahmen) oder ein partieller Bewußtseinswandel könnten den Prozeß in Gang bringen, wobei das eine Phänomen das andere hervorbringt, vorausgesetzt der eine Trend reagiert auf den anderen. Partielle Zusammenbrüche der politischen Ordnung sind häufiger geworden, ein Trend, der sich fortzusetzen scheint. Die Vorstellung vom Menschen als Konsumenten und der Kult ökonomischen Wachstums ohne Rücksicht auf die natürliche Umwelt und die Lebensqualität werden auch immer mehr unter Druck geraten, so daß ein grundlegender Bewußtseinswandel nicht mehr ausgeschlossen werden kann. Unter diesen Umständen scheint eine rationale Analyse der äußeren Hindernisse angebracht, da diese analytisch leichter zu behandeln sind als die internalisierten. Dies geschähe dann in der Hoffnung, etwas zu dem Bewußtseinswandel beizutragen, um auf diese Weise zu einem wachsenden reziproken Abbau der beiden Arten von Hindernissen und zu einer wachsenden Verwirklichung von Demokratie zu kommen.

IV. Revisionistischer Liberalismus

Ich hoffe, die vorangehenden Essays haben hinreichend deutlich gemacht, (1.) daß sich die liberal-demokratische Theorie in ihrem Verfallsstadium befindet; (2.) daß das hauptsächlich an ihrem Versuch liegt, eine Verbindung von marktwirtschaftlichen und egalitär-humanistischen Prinzipien in das Zeitalter des Spätkapitalismus hinüberzuretten, die zusammengenommen nicht einmal strikt haltbar waren, als sie vor einem Jahrhundert oder früher erstmals zusammengebracht wurden, und deren Unvereinbarkeit heute noch offensichtlicher ist; und (3.) daß eine nicht-marktbezogene Demokratietheorie, die die ethisch wertvollen liberalen Prinzipien in sich aufnimmt, denkbar ist.

Die in Kapitel 3 angestellten Überlegungen machen deutlich, daß die Schwierigkeiten einer nicht-marktbezogenen Theorie von Demokratie, die man noch sinnvoll liberal nennen kann, groß, aber nicht unüberwindbar sind: Dieses Problem wird im Zusammenhang mit der politischen Theorie des Eigentums in Essay 6 erörtert. Jetzt aber ist es zweckmäßig, sich einigen zeitgenössischen Versuchen zur Neuformulierung einer Demokratietheorie zuzuwenden, die die Marktprinzipien beibehalten. Meiner Ansicht nach *sind* die Schwierigkeiten dieser Versuche unüberwindbar.

Es gibt ein breites Spektrum von Neuformulierungen liberal-demokratischer Theorie, das man unter der Bezeichnung revisionistischer Liberalismus erörtern kann: Es könnte eigentlich die gegenwärtigen empirischen Demokratietheorien umfassen, denn obwohl sie oberflächlich von verschiedener Art sind als die liberalen Rechtfertigungstheorien, die sie mit dem Anspruch (den sie erheben) auf ihren ausschließlichen Erklärungscharakter zu ersetzen suchen, haben sie im Grunde genommen ebenso Rechtfertigungscharakter.

Als Realismus schlagen sie eine schroffe Revision, ja fast Tilgung des demokratischen Gehalts der traditionellen liberal-demokratischen Theorie vor, mit dem Ziel, ihren liberalen marktbezogenen Inhalt neu zu formulieren: Es ist revisionistischer Liberalismus in seiner extremsten Form,[1] wenn auch nur noch eine Karikatur der traditionellen Demokratievorstellungen.

Ich werde hier jedoch weder die empirische Theorie noch den gegenwärtigen Gegenangriff auf sie zu behandeln versuchen, der von einigen scharfsinnigen Kritikern gekonnt geführt wird.[2] Mein Hauptinteresse gilt einigen Theoremen der führenden heutigen normativen Theoretiker, deren Neuformulierungen der traditionellen liberal-demokratischen Theorie sehr stark ähneln. Zuerst will ich aber auf ein Verdienst der vorherrschenden empirischen Theorie aufmerksam machen, das im allgemeinen übersehen wird. Denn trotz ihrer Oberflächlichkeit könnte die empirische Theorie den Möchtegern-Wiedertäufern der traditionellen liberalen Theorie eine wertvolle Lektion erteilen, eine Lektion, die bei der dringenden Sorge über den Angriff der Empiriker auf moralische Werte gewöhnlich verloren geht.

1. Die Lektion des Empirismus

Die empirische Demokratietheorie, die zur herrschenden Ansicht geworden ist, wurde zuerst klar von Schumpeter[3] formuliert und findet heute in Dahl[4] ihren typischen Vertreter. Die Empiriker fuhren schwere Geschütze gegen das auf, was sie ,traditionelle' oder ,klassische' Demokratietheorie nannten. Hiermit meinten sie die liberal-demokratische Theorie, die verschieden hergeleitet wird, im allgemeinen aber durch John Stuart Mill repräsentiert wird.

Es kann keinen Zweifel daran geben, daß der traditionellen Theorie durch die sogenannte Schumpeter-Dahl-Achse Gewalt angetan wurde. Die traditionelle Theorie Mills, die durch Autoren wie A. D. Lindsay und Ernest Barker ins zwanzigste Jahrhundert getragen wurde, gab der Demokratie eine moralische Dimension: Sie sah in der Demokratie ein Mittel zur Entwicklung und Verbesserung der Menschheit. Die Schumpeter-Dahl-Achse dagegen sah in ihr einen Mechanismus, dessen wesentliche Funktion es ist, ein gesellschaftliches Gleichgewicht aufrecht zu erhalten. An anderer Stelle habe ich dargelegt, daß die Schumpeter-Dahl-Theorie als allgemeine Theorie der Demokratie im zwanzigsten Jahrhundert und sogar als allgemeine Theorie der westlichen Demokratie völlig inadäquat ist.[5] Hier jedoch geht es mir um den Nachweis, daß die Gewalt, die sie der traditionellen Theorie angetan hat, heilsam ist oder sein wird, vorausgesetzt, sie bringt die Verfechter und Neubegründer der traditionellen Theorie zu einer Überprüfung ihrer Annahmen.

Doch zuerst müssen wir klären, worin diese Gewalt besteht. Das Demokratiemodell, das in der amerikanischen Politikwissenschaft zur Orthodoxie erhoben wurde, ist tatsächlich vernichtend für die ursprünglich liberal-demokratische Idee. Es ist am älteren Demokratiebegriff gemessen antidemokratisch, da es das egalitäre und entwicklungsbezogene moralische Ideal der ursprünglichen liberal-demokratischen Theorie als normativ, unrealistisch und utopisch verwirft und als ein adäquates Demokratiemodell die Auseinandersetzung zweier oder mehrerer Eliten um die Macht zur Kontrolle der gesamten Gesellschaft akzeptiert (und auch als das einzig genaue Modell proklamiert). Von Demokratie wird angenommen, daß sie mit einem geringen Grad an Bürgerbeteiligung vereinbar sei, ja ihn geradezu erfordere: nur so, wird gesagt, kann das politische System sein Gleichgewicht erhalten. Demokratie wird vom humanistischen Streben auf ein Gleichgewicht reduziert. Und obgleich die neue Orthodoxie wissenschaftliche Neutralität beansprucht, ist ihr Werturteil klar genug: Gut ist, was funktioniert, d. h. alles, was die bestehende Klassengesellschaft ohne unerträgliche Reibung funktionieren läßt.

Das ist in der Tat eine bemerkenswerte Umkehrung der ursprünglichen liberal-demokratischen Theorie des neunzehnten Jahrhunderts. Noch bemerkenswerter ist die Abkehr vom eigentlichen klassischen Demokratiebegriff wie er von Plato bis ins frühe neunzehnte Jahrhundert verstanden wurde, als es sowohl den Verfechtern wie den Gegnern der Demokratie klar wurde, daß Demokratie der Aufschrei der Unterdrückten, deren Forderung nach Anerkennung als gleichberechtigte menschliche Wesen ist. Sowohl im klassischen wie im sogenannten ‚traditionellen' Demokratiebegriff, dem liberal-demokratischen des neunzehnten Jahrhunderts, wurde Demokratie als ein Mittel oder eine Gesellschaft verstanden, mit deren Hilfe alle Menschen ihre menschlichen Anlagen genießen und entwickeln könnten. Von den Vertretern der neuen amerikanischen Orthodoxie wird all das als irrelevant abgetan. Für sie ist Demokratie nur ein Mittel, mit dessen Hilfe die Menschen, wie sie heute sind, ihre Bedürfnisse als politische Konsumenten auf dem politischen Markt anmelden können.

Wir sollten diese Ansicht jedoch nicht voreilig verdammen. Sicherlich ist sie sehr oberflächlich. Sie stützt sich nämlich auf eine der zwei sich widersprechenden Annahmen, die zum Kern der traditionellen liberalen Theorie gehören, und legt sie so offen. Vielleicht sollte man die Vertreter der neuen Orthodoxie nicht kritisieren, sondern sie dafür loben, daß sie die logischen Konsequenzen aus einer der Prämissen der traditionellen liberal-demokratischen Theorie gezogen haben und so, wenn auch unbewußt, die große Schwäche dieser Theorie bloßgelegt haben. Die Schwäche kann man auf verschiedene Weisen darstellen. In den vorangegangenen Kapiteln habe ich sie als das Unvermögen bezeichnet, zwischen zwei Machtbegriffen bzw. zwei Auffassungen vom Wesen des Menschen zu unterscheiden. Im neunzehnten Jahrhundert, als die heute traditionelle Theorie noch neu war, versuchte sie, so sagte ich, einen neuen Begriff von der Macht eines Menschen zu etablieren (bzw. einen alten, noch hinter Hobbes zurückgehenden wiedereinzuführen), definiert als seine Fähigkeit, seine einzigartigen menschlichen Anlagen zu gebrauchen und zu entwickeln, doch war das utilitaristische Vorurteil noch so stark, daß sie den Begriff der Macht eines Menschen als seine Fähigkeit, über die Dienste anderer zu verfügen, nicht aufgeben konnte. Oder mit anderen Worten, sie versuchte, eine Auffassung vom Menschen als Täter, Ausüber und Genießer seiner menschlichen Eigenschaften einzuführen oder wiedereinzuführen, und war doch unfähig, mit der utilitaristischen liberalen Auffassung vom Menschen als Konsumenten von Gütern zu brechen, der jede Teilhabe an Macht (bestehe sie nun in Reichtum oder in der Macht, über die Dienste anderer zu verfügen) primär als Mittel für einen zukünftigen Güterstrom für sich selbst von außerhalb wertet.

Die letzte ist genau die Auffassung vom Menschen, die die neue Orthodoxie des zwanzigsten Jahrhunderts als gegeben hinnimmt. Die Schumpeter-Dahl-Achse beruht auf dem impliziten Postulat, daß der Mensch wesentlich ein Konsument von Gütern sei, und nimmt weiterhin an, daß jede realistische und aufrichtige liberal-demokratische Theorie die Menschen so behandeln wird. Der springende Punkt ist natürlich, daß Demokratie, wo und wenn und insofern sich Menschen *tatsächlich* eher als Konsumenten denn als Ausübende verhalten, auf ein Mittel reduziert *wird,* um Menschen indirekt Einfluß darauf zu geben, wer was wann und wie bekommt: In diesem Fall ist das Schumpeter-Dahl-Modell sehr sinnvoll. Das Problem der liberalen Theorie liegt darin, daß sie zwar immer eine vornehmere demokratische Auffassung vom Menschen geltend gemacht hat, daß sie aber gleichzeitig ein Gesellschaftsmodell vom Menschen akzeptiert, das impliziert, die Menschen verhalten sich als Konsumenten.

Wenn die modernen Verfechter und Erneuerer der traditionellen liberal-demokratischen Theorie Demokratietheorie wirklich vor der behavioristischen Achse retten sollen, dann müssen sie das ambivalente, der traditionellen Theorie zugrunde liegende Modell vom Menschen und der Gesellschaft einer Überprüfung unterziehen. Die empirischen Theoretiker werden der Neubegründung von Demokratietheorie einen gewissen Dienst leisten, wenn man erkennt, daß ihre reductio ad absurdum von Demokratie einfach nur die logische Folge ihres Festhaltens an dem Postulat vom Menschen als Konsumenten ist. Das hat man noch nicht allgemein erkannt. Das ist auch von der Mehrzahl derer übersehen worden, die heute versuchen, etwas Ähnliches wie traditionelle liberal-demokratische Theorie zu revidieren und wiederentstehen zu lassen. Zwei von ihnen, die man in dem vollen normativen Sinne des Wortes als revisionistische Liberale bezeichnen kann und deren Arbeiten in letzter Zeit erhebliches Aufsehen erregt haben, sind John W. Chapman und John Rawls. Ihre diesbezüglichen Neuformulierungen von Demokratietheorie verdienen jetzt unsere Aufmerksamkeit.

2. Chapmans revisionistischer Liberalismus

In einer Reihe von Aufsätzen[6] hat Professor Chapman die verschiedenen Implikationen einer modernen Theorie liberaler Demokratie untersucht und erläutert. Eine erschöpfende Behandlung dieser Aufsätze würde den Rahmen dieses Kapitels sprengen. Aber einer von ihnen –‚Natural Rights and Justice in Liberalism‘ – verdient unser Interesse, weil dort – in direkter Auseinandersetzung mit meinen Auffassungen – der Versuch unternommen wird, die theoretische und moralische Einheit des Liberalismus aufzuzeigen, und weil uns auf knappem Raum ein Modell einer liberalen Gesellschaft vorgeführt wird, das sich ziemlich genau analysieren läßt.

Er behauptet, daß ein praktikables Modell einer liberalen demokratischen Gesellschaft konstruiert werden kann, in dem „die Prinzipien der Gerechtigkeit, die Kriterien ökonomischer Rationalität und die Ansprüche moralischer Freiheit konsistent konzipiert werden können" (S. 35); oder daß eine liberale Theorie, die auf dem Grundsatz gleicher natürlicher Rechte des einzelnen beruht, in der Lage ist, „die Kriterien ökonomischer Rationalität, die Forderungen moralischer Freiheit sowie die Prinzipien der Gerechtigkeit miteinander in Einklang zu bringen" (S. 42). Obwohl sich keine genaue Definition dieser Ausdrücke findet, ist ihre Bedeutung ziemlich klar.

Als Kriterium ökonomischer Rationalität gilt ihm die „optimale Allokation von Ressourcen, einschließlich von Personen". Optimale Allokation heißt hier offensichtlich Maximierung der Produktion von Gütern (und Dienstleistungen) entsprechend der effektiven Konsumnachfrage in Übereinstimmung mit dem Prinzip der Verbrauchersouveränität (S. 35).

„Die Ansprüche moralischer Freiheit" setzt er gleich mit „dem (gleichen) Recht der Menschen, aus sich das Beste zu machen" (S. 35), d. h. mit dem Anspruch auf die gleichberechtigte Verwirklichung ihrer menschlichen Anlagen. Damit behauptet Chapman eigentlich, daß es innerhalb einer liberalen Theorie keinen notwendigen Widerspruch zwischen Nutzenmaximierung und der Maximierung gleicher Fähigkeiten der Menschen geben müsse.

„Die Prinzipien der Gerechtigkeit" sind nicht vollständig wiedergegeben, sondern nur implizit formuliert. Das Grundprinzip, das er zu billigen scheint, ist das negative Prinzip, das er von Rawls zitiert: „Ungleichheiten sind willkürlich (d. h. ungerecht), es sei denn man kann vernünftigerweise erwarten, daß sie sich für jedermann vorteilhaft auswirken werden" (S. 33). Das wird auch so formuliert: „Jedes Maß an Ungleichheit muß, soll es als gerecht gelten, optimierenden Charakter haben" (S. 39). Optimierender Charakter heißt, für die „optimale Allokation von Ressourcen zu sorgen" (S. 35), d. h. die Allokation, die die Güterproduktion entsprechend der effektiv bestehenden Konsumnachfrage (oder in Übereinstimmung mit dem Prinzip der Verbrauchersouveränität) maximiert. Gerechtigkeit gestattet eine derartige Ungleichheit nicht nur, sondern macht sie geradezu *erforderlich*. Ein Abbau von Ungleichheiten, der die optimale Allokation von Ressourcen behindern würde, „würde Ungerechtigkeit hervorbringen" (S. 35). Das erste Prinzip der Gerechtigkeit scheint deshalb die Verteilung von Entschädigungen zu sein, die Entschädigungen in Übereinstimmung mit dem Prinzip der Verbrauchersouveränität maximiert.

Es ist nicht völlig klar, wie weit Chapman hier Rawls Prinzip akzeptiert. In einem früheren Aufsatz[7] hatte er Rawls Begriff der Gerechtigkeit als inadäquat kritisiert, da mit ihm Gerechtigkeit auf gegenseitige Übereinkunft reduziert würde und man damit bestritte, daß es „Rechte gibt, die so fundamental sind, daß sie nicht zur Diskussion stehen können", wie z. B. das „Recht auf moralische Freiheit". Er bemängelte, daß „Rawls Begriff der Gerechtigkeit den Begriff fundamentaler Rechte geschluckt habe". Im vorliegenden Aufsatz beugt Chapman solcher Beschränkung eher dadurch vor, daß er „gleiche moralische Freiheit" neben Gerechtigkeit stellt, als daß er Rawls Begriff der Gerechtigkeit erweitert: letzteren findet er akzeptabel, vorausgesetzt, er wird durch das separate Prinzip moralischer Freiheit ergänzt. Umgekehrt kann man Chapman vorwerfen – wie ich es tue –, daß sein Begriff ökonomischer Rationalität sowohl seinen Begriff von Gerechtigkeit als auch seinen Begriff moralischer Freiheit schlucke (oder zumindest verfälscht).

Ein zweites Prinzip der Gerechtigkeit wird ebenfalls negativ definiert: Eine Gesellschaftsordnung ist ungerecht, wenn „das materielle Wohlergehen der wenigen auf Kosten der vielen erkauft wird" (S. 30) oder wenn sie Gewaltcharakter hat (S. 34), d. h. es einem gestattet, Gewinne auf Kosten anderer zu machen. Das zweite Prinzip besagt also, daß niemand auf Kosten anderer Gewinne machen soll.

Chapman ist allerdings bereit einzuräumen, daß, historisch gesehen, liberale Gesellschaften möglicherweise Gewaltcharakter hatten. Mit seinen Worten stimmen wir darin überein, daß „eine auf Privateigentum beruhende Klassengesellschaft, in der Reichtum, Macht und Herrschaftsgewalt sich zum Vorteil der Klassen auswirken, in deren Händen sie konzentriert sind, Gewaltcharakter hat, daß sie oligopolistisch und ungerecht ist, da das Wohlergehen weniger auf Kosten der vielen erkauft ist, und weil sogar, wie Rousseau sagen würde, darunter die Wohlfahrt und die moralische Freiheit von allen zu leiden hätte" (S. 30). Aber Chapman ist der Meinung, „daß eine liberale Gesellschaft, ungeachtet der historischen Fakten, nicht prinzipiell moralisch unzulänglich oder widersprüchlich ist" (S. 35). Er glaubt, eine liberale Gesellschaft läßt sich auf Privatbesitz von Kapital und auf Marktanreizen gründen (denn seine ideale liberale Gesellschaft ist – ähnlich wie bei mir – auf diesen gegründet), ohne daß Gewaltverhältnisse oder Ungerechtigkeiten die Folge wären. Demnach hält er mein Modell der „besitzorientierten Marktgesellschaft" mit ihrem inhärenten Konkurrenz-und Gewaltcharakter für eine wenig überzeugende Beschreibung der notwendigen Beziehungen in einer liberal-demokratischen kapitalistischen Gesellschaft. Im Gegensatz zu mir ist er deshalb nicht davon überzeugt, daß jede liberal-demokratische Theorie, die kapitalistische Marktbeziehungen beibehält und rechtfertigt, innere Widersprüche enthalten muß.

Um die Möglichkeit einer nicht durch Gewaltbeziehungen charakterisierten liberalen Marktgesellschaft aufzuzeigen, schlägt er anstelle meines inhärent von Gewalt charakterisierten Modells ein anderes Modell (in 2 Varianten) einer theoretisch vorstellbaren liberalen Gesellschaft vor, in dem die Ansprüche ökonomischer Rationalität mit den Ansprüchen moralischer Freiheit und den Prinzipien der Gerechtigkeit vereinbar sein sollen und in dem er keine Übertragung von Fähigkeiten oder irgendwelchen Gewaltcharakter sieht.

Man stelle sich eine Volkswirtschaft vor, in der die Kapitalerträge besteuert, zum Teil investiert werden und der Rest in Form von unentgeltlichen öffentlichen Dienstleistungen allen zur Verfügung steht. Man nehme weiterhin an, daß es volle Chancengleichheit gäbe, unbehinderten Wettbewerb um die Position des „Eigentümers", der heute eher Manager ist, und daß sowohl Arbeiter wie Eigentümer ihrer Grenzwertproduktivität entsprechend entlohnt und für auftretende Benachteiligungen (disutility) entschädigt werden. Ihre Einkommen wären dann nicht gleich und das Einkommensgefälle würde nicht nur die Produktivitätsunterschiede wiedergeben, sondern auch den durch die unentgeltlichen Dienstleistungen bewirkten, ausgleichenden Zuwachs des Realeinkommens. Diese Ungleichheit diktieren die Gesetze ökonomischer Rationalität. Es scheint mir hier völlig fehl am Platze, davon zu reden, daß sie eine „Übertragung von Fähigkeiten mißt". Im Gegenteil, die „Fähigkeiten" sowohl der Arbeiter wie der Eigentümer vermehren sich gegenseitig; die Einkommensungleichheit erfüllt eine Allokationsfunktion; sie ist das Resultat von Prozessen, die sowohl Konkurrenz- wie Optimierungscharakter haben. (S. 29)

In diesem Modell wird offensichtlich Privatbesitz von Kapital und die ökonomische Rationalität des Kapitalismus vorausgesetzt, d. h. die Trennung von Kapital und Arbeit auf kompetitiven Märkten, die die Verteilung von Belohnungen an beide entsprechend der Grenzproduktivität der Einheiten von Kapital und Arbeit regeln, die bei der profitablen Befriedigung der Konsumnachfrage eingesetzt sind. In diesem Modell wären die Einkommen ungleich, aber sie sollen weder Resultat einer Übertragung von Fähigkeiten noch Resultat von Gewaltverhältnissen sein.

Soll dieses Modell ökonomische Rationalität mit den Ansprüchen moralischer Freiheit und den Prinzipien der Gerechtigkeit in Einklang bringen, dann muß es mindestens drei Dinge leisten: (a) muß es zeigen, daß seine ökonomische Rationalität nicht notwendig eine Nettoübertragung von Fähigkeiten[8] von Nicht-Eigentümern auf die Eigentümer hervorbringt, denn diese Übertragung würde gegen das Prinzip moralischer Freiheit und gegen das zweite Prinzip der Gerechtigkeit verstoßen; (b) muß es zeigen, daß aus seiner ökonomischen Rationalität nicht irgendwelche anderen ökonomischen Beziehungen zwischen Eigentümern und Nicht-Eigentümern folgen, die gegen das Prinzip gleicher moralischer Freiheit verstoßen und (c) muß es zeigen, daß seine Verteilungsgerechtigkeit mit dem Prinzip gleicher moralischer Freiheit vereinbar ist. Chapmans Modell scheitert in allen drei Fällen wie jedes Modell, so meine ich, das Privatbesitz von Kapital voraussetzt und Gerechtigkeit primär als ein Problem von Einkommensverteilung behandelt. Wir können jetzt alle drei Fälle im einzelnen betrachten.

(a) Um seinem Modell den Gewaltcharakter der Übertragung von Fähigkeiten zu nehmen, setzt Chapman fest, daß die Kapitalerträge der Eigentümer besteuert werden, und unter Abzug der gesellschaftlich notwendigen Reinvestition als unentgeltliche Dienstleistungen verteilt werden. Es bleibt hier unklar, ob das bedeutet, daß der gesamte Kapitalertrag oder nur ein Teil der Steuer zufließt. Aber in keinem Fall könnten sowohl die Ansprüche ökonomischer Rationalität als auch die der Gerechtigkeit erfüllt werden.

Meint er aber damit (was angesichts seiner Bemerkung, „daß die Erhaltung und Umverteilung intramarginaler Erträge, soweit möglich, wünschenswert ist", wahrscheinlicher ist), daß nur ein Teil der Kapitalerträge der Steuer zufließt, dann könnte ökonomische Rationalität zwar noch funktionieren, aber die Prinzipien der Gerechtigkeit würden nicht erfüllt, weil der nach Steuerabzug verbliebene Teil immer noch das Resultat der Übertragung von

Fähigkeiten von Nicht-Eigentümern auf Eigentümer wäre, was insofern ungerecht ist, als eine Person auf Kosten anderer Gewinne machte.

Wenn er aber andererseits damit meint, daß der gesamte Kapitalertrag der Steuer zufließt (wodurch die aus der Nettoübertragung von Fähigkeiten resultierende Einkommensverschiebung aufgehoben würde), wie könnte dann die ökonomische Rationalität seiner Gesellschaft funktionieren? Ein System, das die Eigentümer entsprechend der Grenzproduktivität ihres Kapitals belohnt, die Belohnung aber nachher der Steuer zukommen läßt, belohnt sie *nicht* wirksam entsprechend der Grenzproduktivität ihres Kapitals. Demzufolge scheint es nicht das Kriterium ökonomischer Rationalität zu erfüllen. An einer Stelle scheint Chapman allerdings einzuräumen, daß die Erfordernisse ökonomischer Rationalität und der Gerechtigkeit unvereinbar sind: In einer Variante seines Modells (S. 34) nimmt er an, daß es in einer idealen liberalen Gesellschaft nötig sei, „die von der ökonomischen Rationalität implizierte Einkommensverteilung aus Gründen der Gerechtigkeit zu korrigieren", obwohl er anscheinend der Meinung ist, daß die „Kriterien ökonomischer Effizienz nicht streng", sondern nur „in Grenzfällen" mit Gerechtigkeit unvereinbar sind (loc. cit.). Und er ist eindeutig der Meinung, daß diese nur „in Grenzfällen" auftretende Unvereinbarkeit durch die Transferzahlungen des Wohlfahrtsstaates aufgehoben werden kann.

Es wird nicht ganz einsichtig, wie das erreicht werden kann. Wie kann der Markt seine Funktion der optimalen Allokation von Ressourcen bei verschiedenen Verwendungsmöglichkeiten erfüllen (was der Markt der ökonomischen Rationalität zufolge muß, indem sie die Eigentümer proportional zu ihren Erfolgen in der optimalen Verwendung ihrer Ressourcen belohnt), wenn die Belohnung gleich welcher Größe auf Null reduziert wird?

(b) Aber nehmen wir an, daß diese Hürde genommen wird; daß die Kapitalisten, was nicht völlig unvorstellbar ist, trotz ausbleibender Kapitalverzinsung weiterhin investierten und versuchten, so optimal wie möglich zu investieren, nur um das Steuer weiterhin in der Hand zu behalten. Sie hätten also weiterhin die

Kontrolle über den Wirtschaftsprozeß. Die Gesellschaft wäre immer noch im Sinne Chapmans, auf den es hier ankommt, oligopolistisch. Seine Festsetzungen, daß es volle Chancengleichheit und ungehinderte Konkurrenz um die Position des Eigentümers geben müsse, helfen hier nicht weiter. Denn abgesehen davon, daß sie nur schwer mit dem ungleichen Besitz von Ressourcen vereinbar sind, sind sie sowieso irrelevant für die Existenz von Oligopolen. Sie ändern nicht die Tatsache, daß es eine Klasse von Eigentümern gäbe und daß diese aufgrund ihres Eigentums die Allokation vom menschlichen wie materiellen Ressourcen kontrollierten. In einem auf Privatbesitz beruhenden System würde „echte Chancengleichheit" die Klassen nicht abschaffen: Sie „erzwingt nicht die Beseitigung dieser nicht konkurrierenden Gruppen, die man Klassen nennt", wie Chapman es annimmt; sie ermöglicht nur größere Mobilität zwischen den Klassen.

In einem System mit privatem Kapitalbesitz macht es ökonomische Rationalität erforderlich, daß die Eigentümer dafür belohnt werden, daß sie ihre Ressourcen für die Produktion der Güter benutzen oder benutzen lassen, die von den als Konsumenten angesehenen Mitgliedern der Gesellschaft gewünscht werden. Je rationeller die Eigentümer belohnt werden, desto größer wird ihre Kontrolle. Um das zu erkennen, müssen wir einen Blick auf die beiden möglichen Bedeutungen von Chapmans Festsetzung werfen, daß die Kapitalerträge der Steuer zufließen.

I) Wenn nicht der gesamte Kapitalertrag der Steuer zufließt, setzt sich der normale Prozeß der Kapitalakkumulation qua Investition von Profiten fort, und das Kapital wird in immer weniger und immer größeren Konzernen konzentriert. Trotz oder vielmehr wegen der wohlbekannten Streuung des Aktienbesitzes in einer wohlhabenden Gesellschaft bleibt die Kontrolle des Kapitals konzentriert. Je größer die Streuung des Aktienkapitals unter viele kleine Anteilseigner, desto leichter ist es für die wenigen substanziellen Anteilseigner, die nur einen kleinen Bruchteil des ganzen besitzen, alles zu kontrollieren.

II) Wenn der *gesamte* Kapitalertrag der Steuer zufließt, sind immer noch zwei Resultate möglich, abhängig davon, was man unter Kapitalertrag versteht. Es ist nämlich ein großer Unterschied, ob dieser alle Profite umfaßt oder ob ein Teil der Profite als Belohnung für das Unternehmerrisiko und nicht als Kapitalertrag verstanden wird. Auch ist es ein erheblicher Unterschied, ob die Kapitalerträge berechnet werden, nachdem man *nur* die Größe zur Reinvestition aus den Profiten zugelassen hat, die das bei der Produktion von Profit verschlissene oder abgeschriebene Realkapital ersetzen soll, oder ob jede Investition aus den Profiten zum Zwecke *erweiterter* Produktion zugelassen ist, bevor der Kapitalertrag berechnet wird. Wenn nämlich ein Teil der Profite – da er auf die eine oder die andere Weise nicht zum Kapitalertrag gezählt wird – zurückgehalten werden würde, wäre das Resultat dasselbe wie in dem Fall, wo nicht der gesamte Kapitalertrag der Steuer zufließt: zunehmende Kapitalkonzentration.

Obwohl Chapman nicht genau angibt, welche der drei Bedeutungen von „Kapitalertrag" er meint, scheint es höchst wahrscheinlich, daß er die Belohnung für die Unternehmerinitiative nicht dazurechnet? Und man würde sich durchaus in Übereinstimmung mit seinem allgemeinen Marktmodell befinden, wenn man von den „Kapitalerträgen" auch die Profite ausnimmt, die zur Erweiterung der Produktion wieder investiert werden, da der Vorzug seines Modells ja gerade in Produktivitätsmaximierung liegen soll.

Aber auch wenn seine Festsetzung, daß der gesamte Kapitalertrag der Steuer zufließt, bedeutet, daß alle Profite der Steuer zufließen, bestünde die Tendenz zur Konzentration weiter. Zwar ist es richtig, daß die erfolgreichen Firmen ihre Profite nicht wieder investieren könnten, wenn keiner Firma irgendwelche Profite verblieben: Auf diese Weise könnte die Kapitalkonzentration nicht fortschreiten. Aber in diesem Modell würden einige Firmen im normalen Verlaufe der Konkurrenz in der Effizienz der Erfüllung (oder Erfüllung und Schaffung) der Konsumnachfrage scheitern. Sie müßten entweder Konkurs anmelden oder würden von ihren erfolgreicheren Konkurrenten übernommen. In jedem Fall nähme die Kapitalkonzentration zu. Auch könnte der Platz der gescheiterten Kapitalisten nicht von irgendwelchen Draufgängern, die ins Spiel einsteigen, eingenommen werden. Auch wenn sie sich genug Kapital leihen könnten, um in das Spiel einzusteigen, könnten sie nicht vorankommen, denn unserer Hypothese zufolge fließen alle Profite der Steuer zu. So wäre das Resultat in einem Modell, in dem alle Profite der Steuer zuflössen, eine wachsende Kapitalkonzentration.

Kurz, unabhängig davon, ob nur ein Teil oder der gesamte Kapitalertrag der Steuer zufließt, bleibt die Tendenz zur wachsenden Konzentration der Verfügungsgewalt der Kapitaleigner bestehen. Infolgedessen perpetuiert ökonomische Rationalität in einem System privaten Kapitalbesitzes gesellschaftliches Oligopol.[9] Dieses Oligopol verstößt gegen die Ansprüche moralischer Freiheit, auch wenn man annimmt, daß dem aus der Übertragung von Fähigkeiten resultierenden Einkommenstransfer, den die Trennung von Besitz und Arbeit schafft, durch wohlfahrtsstaatliche Transferzahlungen in entgegengesetzter Richtung vollkommen entgegengewirkt wird. Denn Chapmans Formulierung der Ansprüche moralischer Freiheit zufolge ist es nicht nur erforderlich, daß keine Übertragung von Fähigkeiten stattfindet, sondern auch, daß es keine oligopolistische Konzentration von Macht bei der Festsetzung der Anforderungen und Bedingungen der Arbeit gibt, die die Nicht-Eigentümer tun müssen. Eine derartige Machtkonzentration ist jedoch jedem auf Privatbesitz von Kapital beruhenden Modell inhärent.

c) Chapmans Prinzip der Verteilungsgerechtigkeit läßt sich, wenn ich es richtig verstanden habe, nicht mit seinem Prinzip gleicher moralischer Freiheit vereinbaren. Denn sein erstes Prinzip der Gerechtigkeit erfordert eine Verteilung von Belohnungen nicht nur entsprechend ökonomischer Rationalität, sondern kapitalistischer ökonomischer Rationalität. Und kapitalistische ökonomische Rationalität hat, wie ich vorher gezeigt habe, ungleiche Fähigkeit, „das Beste aus sich zu machen", (im Vergleich von Eigentümern zu Nicht-Eigentümern), d. h. ungleiche moralische Freiheit zur Folge. Es ist unschwer zu erkennen, daß sein Gerechtigkeitsprinzip innerhalb der Schranken kapitalistischer Rationalität seine Grenzen findet.

Obwohl sich sein Gerechtigkeitsprinzip nur in ganz allgemeinen Formulierungen findet – „Ungleichheiten sind willkürlich (d. h. ungerecht), es sei denn, man kann vernünftigerweise erwarten, daß sie sich zum Vorteile aller auswirken" –, stellt sich heraus, daß das Wort „Vorteil" bei der Anwendung des Prinzips nicht Vorteil im Vergleich mit *jeder* anderen (Gesellschafts-)Ordnung bedeutet, sondern nur Vorteil im Vergleich mit jeder anderen Ordnung innerhalb der Grenzen kapitalistischer Rationalität. Das kann man erkennen, wenn man sein zentrales Argument prüft, daß ein Abbau von Ungleichheit Ungerechtigkeit schüfe. Das Argument lautet wie folgt. In dem Modell einer idealen liberalen Gesellschaft, in der die Einkommensverteilung der Gerechtigkeit wegen durch wohlfahrtsstaatliche Umverteilung korrigiert worden ist (aber nicht soweit, daß sie substantiell in die ökonomische Rationalität eingreift oder überhaupt in die Struktur des Eigentums von Ressourcen) wären Einkommen immer noch ungleich. Aber jeder Versuch einer weiteren Angleichung würde Ungerechtigkeit schaffen. Warum? Weil „die ökonomische Theorie es nahe legt, daß mehr Angleichung die optimale Allokation von Ressourcen einschließlich von Personen verhindern und so das Prinzip der Verbrauchersouveränität verletzen würde" (S. 35). Die ökonomische Theorie, die das behauptet, ist die Theorie, die kompetitive Märkte von Arbeit und privatem Kapital voraussetzt. Der ganze Nachweis hängt von dem Vergleich möglicher Einkommensverteilungen innerhalb der Grenzen kapitalistischer Rationalität ab. Dies trägt natürlich nichts zur Beantwortung der Frage bei, ob irgendein anderes Produktions- und Verteilungssystem größere Verteilungsgerechtigkeit gewähren könnte, d. h. für alle von größerem Vorteil wäre.

Chapmans Modell mißlingt es nicht nur, seine Prinzipien von ökonomischer Rationalität, gleicher moralischer Freiheit und Gerechtigkeit miteinander in Einklang zu bringen: es scheitert auch als Rechtfertigungstheorie marktabhängiger, liberaler Demokratie. Letzteres mag daran liegen, daß er in der besten liberal-demokratischen Tradition zwei Auffassungen vom Menschen verwechselt. Er erkennt ganz richtig, daß eine liberal-demokratische Gesellschaft beanspruchen muß, ihren Mitgliedern die gleichen Fähigkeiten zu geben, aus sich das Beste zu machen – das ist seine gleiche moralische Freiheit. Dies impliziert eine Auffassung vom Menschen als Ausübenden und Entwickler seiner menschlichen Anlagen. Aber sein Prinzip der Gerechtigkeit verkörpert die Auffassung vom Menschen als Konsumenten: Es ist primär mit der Verteilung von *Einkommen* beschäftigt, d. h. mit der Verteilung von Gütern unter Menschen als Konsumenten. Dies ist nicht identisch mit der Verteilung von Fähigkeiten für Menschen, ihre menschlichen Anlagen zu gebrauchen und zu entwickeln, was die Substanz moralischer Freiheit der Menschen ist. Doch Chapman scheint beide gleichzusetzen. Er bezieht sich auf eine Verletzung des Prinzips der Verbrauchersouveränität als auf eine damit implizierte Verletzung „des menschlichen Rechts, das Beste aus sich zu machen, der moralischen Freiheit, insofern sie sich in ökonomischer Aktivität ausdrückt" (S. 35). Das heißt aber, die ökonomische Aktivität des Menschen als Produzenten mit der als Konsumenten zu verwechseln. Sein Prinzip gleicher moralischer Freiheit ist das gleiche Recht der Individuen, das Beste aus sich zu machen. Sie erfordert deshalb nicht nur gleiche Rechte als Konsumenten oder einen Ansatz zur Gleichheit, der mit ökonomischer Rationalität vereinbar ist (was alles ist, was Chapman zugestehen kann), sondern auch so etwas wie *Kontrolle* über die Ausübung ihrer Anlagen. Keine liberal-demokratische Theorie kann heute hoffen, zeitgemäß zu sein, es sei denn, sie betrachtet die Menschen primär als Ausübende und Genießer ihrer menschlichen Anlagen und nicht so sehr als Konsumenten von Gütern.

3. Rawls Verteilungsgerechtigkeit

Professor John Rawls hat im Laufe einer ausführlichen und eingehenden Untersuchung des Gerechtigkeitsbegriffes[10] ein Modell einer liberal-demokratischen Gesellschaft entworfen, von dem er annimmt, daß es den von ihm vertretenen Begriff der Gerechtigkeit erfüllt. Es geht ihm hauptsächlich darum zu zeigen, daß ein auf dem „Naturrecht" oder einem „Vertragsmodell" beruhender Begriff von Gerechtigkeit einem utilitaristischen vorzuziehen ist. Es ist nur als Teil seines Plädoyers für den ersteren, daß er versucht zu zeigen, daß diese in einer Reihe von Institutionen, die die common-sense Vorstellung von Gerechtigkeit am besten erfüllen, verwirklicht werden kann, und so entwirft er ein Modell einer gerechten Gesellschaft. Wie man sehen wird, ist das Modell in seinen Grundzügen ein liberal-demokratischer, kapitalistischer Wohlfahrtsstaat.

Ich will hier nicht den allgemeinen kritischen Behandlungen, die sein Werk bisher provoziert hat und die hauptsächlich sein zentrales Argument für einen vertraglichen Begriff betreffen, etwas hinzufügen. Mein Interesse gilt besonders der Adäquatheit des von ihm vorgeschlagenen Modells hinsichtlich der Erfüllung seiner Prinzipien von Gerechtigkeit sowie einer seiner Annahmen, die sein Modell bestimmen und die seine spezifischen Gerechtigkeitsprinzipien einschränken. Denn aufgrund dieses Modells und dieser Annahme muß man ihn – unabhängig davon, ob dies seiner Absicht entspricht oder nicht – den revisionistischen Liberalen zurechnen (und zwar ihrer Vorhut). Rawls Argumentation ist so elegant, daß die Beschränktheit einiger seiner Postulate leicht übersehen werden kann. Doch wenn man sie genauer untersucht, erscheinen sie in fast der gleichen Weise für eine Rechtfertigungstheorie liberaler Demokratie ungeeignet wie Professor Chapmans Annahmen.

Als grundlegende moralische Prinzipien, die eine „verfassungsstaatliche Demokratie" erfüllen sollte (und wie er glaubt, auch erfüllen kann) schlägt er zwei Gerechtigkeitsprinzipien vor. „Erstens, jede Person, die an einer Institution mitwirkt oder von ihr betroffen ist, hat ein gleiches Recht auf die größtmögliche Freiheit, die mit derselben Freiheit aller vereinbar ist; und zweitens, Ungleichheiten, die sich aus der institutionellen Struktur ergeben oder von ihr begünstigt werden, sind willkürlich, es sei denn, man kann vernünftigerweise annehmen, daß sie für alle vorteilhaft sind, und vorausgesetzt, daß die Positionen und Stellungen, die mit ihnen verbunden sind oder von denen man sie erlangen kann, allen zugänglich sind."[12] Diese werden als die Prinzipien offeriert, mit denen die Grundstruktur jeder Gesellschaft, einschließlich „der politischen Verfassung und der grundlegenden ökonomischen und sozialen Institutionen, die zusammen die Freiheiten und Rechte einer Person festlegen sowie ihre Lebenschancen bestimmen"[13], beurteilt werden sollen. Die zwei Gerechtigkeitsprinzipien sollen nicht die *einzigen* Prinzipien sein, mit denen eine Gesellschaft beurteilt werden soll. „Gerechtigkeit soll nicht mit einer alles umfassenden Vision einer guten Gesellschaft verwechselt werden; sie ist nur Teil einer derartigen Konzeption."[14] Aber offensichtlich ist Gerechtigkeit ein sehr wichtiger Bestandteil. Denn obwohl er anmerkt, daß es keinen Grund gibt, seine beiden Prinzipien „für *die* Prinzipien der Gerechtigkeit"[15] zu halten, geht es ihm bei der Entwicklung seiner Argumentation unter anderem darum, „wie man diese Prinzipien interpretieren muß, damit sie eine konsistente und vollständige Konzeption von Gerechtigkeit ergeben".[16] Und so kann er den ziemlich umfassenden Anspruch für seine Vertragstheorie von „Gerechtigkeit als Fairness" erheben: „Analog (zu Aristoteles Meinung, daß die Teilnahme an der allgemeinen Auffassung der Gerechtigkeit eine *Polis* ausmacht) kann man zeigen, daß Übereinstimmung mit der Auffassung von Gerechtigkeit als Fairness eine verfassungsstaatliche Demokratie ausmacht."[17]

Wie schon gesagt, gilt mein Interesse nicht Rawls zentralem Anliegen, d. h. daß eine Vertragstheorie von Gerechtigkeit einer utilitaristischen vorzuziehen ist. Mich interessiert hier hauptsächlich die Adäquatheit eines Modells einer liberal-demokratischen Gesellschaft, die er mit seinen Gerechtigkeitsprinzipien konstruiert und rechtfertigt. Zuerst sollten wir aber auf eine seiner Annahmen hinweisen, die den Geltungsbereich seiner ganzen Untersuchung drastisch einschränkt.

Seine Gerechtigkeitsprinzipien offeriert und verteidigt er als Kriterien zur Beurteilung des moralischen Werts verschiedener Verteilungsformen von Reichtum und Einkommen *allein innerhalb einer Klassengesellschaft*. Seine ausdrückliche Annahme lautet, daß institutionalisierte Ungleichheiten, die die gesamten Lebenschancen der Menschen betreffen, „in jeder Gesellschaft unvermeidlich sind"; und er bezieht sich auf Ungleichheiten zwischen *Klassen* in Hinsicht auf Einkommen und Reichtum.[18] „Die Prinzipien der Gerechtigkeit sind primär so konstruiert", damit sie mit den angeblich unvermeidlichen grundlegenden Ungleichheiten „fertig werden". Oder wie es noch einmal formuliert ist: „Aus den Grundstrukturen der Gesellschaft stammende Diskrepanzen der Lebenschancen sind unvermeidlich, und es ist genau die Aufgabe des zweiten Prinzips anzugeben, wann diese Ungleichheiten gerecht sind."[20]

Die Annahme, daß eine derartige Klassenteilung unvermeidlich ist, schränkt seine Prinzipien erheblich ein. Obwohl sein erstes Prinzip gleiche Freiheit und Chancengleichheit fordert, ist sein zweites Prinzip – was neu an seiner Theorie ist und ihr ihre Prägung gibt – dazu bestimmt anzugeben, wann klassenbedingte Ungleichheit von Lebenschancen gerechtfertigt sind. Gerechtigkeitsprinzipien, die dazu bestimmt sind, anzugeben, wann klassenbedingte Ungleichheiten gerecht sind, reichen nicht sehr weit. Natürlich reichen diese soweit, wie sie aufgrund der Annahme der Unvermeidlichkeit reichen können. Die Gültigkeit der Annahme ist aber nicht evident. Eine in seinem Sinne klassenlose Gesellschaft, d. h. eine Gesellschaft ohne Klassen, die die Lebenschancen der einzelnen Gesellschaftsmitglieder bestimmen, ist nicht undenkbar und nicht prinzipiell unmöglich.

Es ist möglich, daß zwischen uns nur darüber kein Konsens besteht, was die Existenz von Klassen, ungleich in Besitz und Einkommen, mit sich bringt. Wenn ich Rawls richtig verstehe, so glaubt er, daß sie mit substanzieller Gleichheit an Freiheit und persönlichen Rechten in jeder Gesellschaft, einschließlich einer kapitalistischen Marktgesellschaft, vereinbar sind: Ich dagegen habe argumentiert, daß diese in einer kapitalistischen Marktgesellschaft unvereinbar sind, in der klassenbedingte Einkommens- und Besitzunterschiede das Resultat von und Instrument zur Aufrechterhaltung einer Machtungleichheit sind, die die Freiheiten, Rechte und wesentliche Menschlichkeit der Individuen in diesen Klassen berühren.

Natürlich sind nicht-kapitalistische Modelle vorstellbar, in denen Einkommens- und Besitzunterschiede verwendet oder zugelassen werden, und sich so Klassen aufgrund von Einkommen und Besitz bilden. Aber diese müssen nicht notwendig ungleiche Freiheiten und Rechte schaffen, da sie nicht notwendig entweder das Resultat von oder das Mittel zur Beherrschung, zum Gewinn auf Kosten anderer sind. Für diese Gesellschaften wäre die Anwendung von Rawls Gerechtigkeitsprinzipien wahrscheinlich sinnvoll. Doch wie wir sehen werden, wendet er sie auf kapitalistische Gesellschaften an, wo sie zum Manifest des revisionistischen Liberalismus werden. Auf diesen Punkt werde ich zurückkommen, nachdem ich einen Blick auf Rawls Modell einer heute erreichbaren Gesellschaft geworfen habe.

Das Modell, das Rawls – da es seine beiden Prinzipien erfüllt – vorschlägt, ist eine verfassungsstaatliche Demokratie, in der „der Staat auf bestimmte Weise die freie Wirtschaft reguliert; oder präziser: Wenn die gesetzlichen Bestimmungen und Staatseingriffe den marktwirtschaftlichen Wettbewerb erhalten, die Beschäftigung der Ressourcen sichern, die weite Streuung von Eigentum und Besitz über die Zeit fördern, ein gesellschaftlich angemessenes Existenzminimum garantieren und wenn es Chancengleichheit für alle, besonders im Bildungssektor, gibt, dann wird die daraus resultierende Verteilung gerecht sein."[21]

Es werden kurz die Formen von staatlicher Regulierung, Besteuerung und Einkommenstransfer skizziert, die für die Aufrechterhaltung des marktwirtschaftlichen Wettbewerbs, für die Modifikation der Resultate einer rein kompetitiven Marktverteilung unter Berücksichtigung von Bedürfnis und eines Mindestlebensstandards und für die Verhinderung „einer Freiheit und Chancengleichheit abträglichen Machtkonzentration" erforderlich sind.[22] Der Angelpunkt des Systems ist die kapitalistische Privatinitiative, die aufgrund freier Kapital- und Arbeitsmärkte funktioniert: es wird festgesetzt, daß kompetitive Märkte, die durch staatliche Transaktionen lediglich „ergänzt" werden, „das Problem der effizienten Allokation von Arbeit und Ressourcen regeln".[23]

In dieser Gesellschaft gäbe es nicht nur Ungleichheiten hinsichtlich der Lebenschancen der Mitglieder verschiedener Klassen. Die klassenbedingte Ungleichheit wird für gerecht gehalten, wenn sie mit Rawls zweitem Prinzip im Einklang steht. Daher fragt er, „was kann die Ungleichheit der Lebenschancen, die zwischen dem Sohn eines Mitglieds der Unternehmerklasse (in einer kapitalistischen Gesellschaft) und dem Sohn eines ungelernten Arbeiters" bestehen, rechtfertigen. Er nimmt an, daß diese Ungleichheit auch in seinem modifizierten Modell des Kapitalismus bestehen wird: Sie wird es geben, „auch wenn die gegenwärtig existierenden Ungerechtigkeiten beseitigt sind und beide Individuen gleiches Talent und gleiche Fähigkeiten haben. Solange so etwas wie die Familie erhalten wird, kann die Ungleichheit nicht beseitigt werden".[24]

Die Ungleichheit wird mit Rawls zweitem Prinzip gerechtfertigt, d. h. wenn ein Abbau der Ungleichheit „den Arbeiter schlechter als vorher stellt". Die Mutmaßung ist, daß „die Ungleichheit in den Erwartungen einen Anreiz für die größere Effizienz ökonomischen Handelns und den schnelleren Vollzug technischen Fortschritts gibt, so daß für die gesamte Gesellschaft größere materielle und andere Vorteile entstehen. Daraus folgt, daß ein Abbau der Ungleichheit die „Lebenschancen der Arbeiterklasse" sinken lassen würde, zumindest aber ihre Hebung verhindern würde.[25]

Für Rawls folgt daraus, daß die wohlfahrtsstaatlichen Transferzahlungen, die erforderlich sind, um die Vernachlässigung von Fragen des Bedürfnisses und eines Mindestlebensstandards seitens der Marktwirtschaft zu lindern (und alle anderen staatlichen Eingriffe in das freie Spiel des Marktes), an einem Punkt begrenzt werden müssen, von dem an sie Effizienz und Wachstum des Produktionsprozesses stören. Eine derartige Grenze ist erreicht, wenn die für die Finanzierung der Transferzahlungen erforderlichen Steuern „die Effizienz der Wirtschaft so sehr stören, daß die Aussichten der untersten Klassen für diese Periode nicht mehr steigen, sondern zu fallen beginnen",[26] was vermutlich durch den mangelnden Anreiz für die Unternehmer bewirkt würde.

Es scheint, daß Rawls wie Chapman die ökonomische Rationalität des Kapitalismus voraussetzt und sich nur innerhalb der von ihr gesetzten Grenzen mit dem Gerechtigkeitsbegriff beschäftigt. Seine Postulate über die Erfordernisse kapitalistischer Rationalität sind in zweierlei Hinsicht realistischer als Chapmans. Er nimmt an, daß jede kapitalistische Gesellschaft eine Klassengesellschaft ist; und er nimmt an, daß Einkommensungleichheit als Anreiz zu effektiver Produktion in einer derartigen Gesellschaft immer notwendig sein wird und daß deshalb die wohlfahrtsstaatlichen Transferzahlungen auf ein Maß beschränkt sein müssen, das eine Klasse noch immer besser wegkommen läßt als eine andere.

Doch Rawls Realismus hat seine klare Grenze. Er erkennt nicht, daß die klassenbedingte Ungleichheit seines Marktsystems unweigerlich zu einer Ungleichheit von Macht sowie von Einkommen führt, daß sie es einer Klasse erlaubt, eine andere zu beherrschen. In seinen früheren Entwürfen sollten wir uns noch eine Gesellschaft vorstellen, deren Mitglieder „ausreichend gleiche Macht und Fähigkeit haben, um sicherzustellen, daß unter normalen Umständen keiner in der Lage sein würde, den anderen zu beherrschen", und er könnte sich darauf als Teil der „typischen Umstände" beziehen, „unter denen Fragen der Gerechtigkeit entstehen."[27] In seinem späteren Modell einer kompetitiven Marktgesellschaft nimmt er allerdings eine Tendenz zur Besitzkonzentration an, und er erkennt, daß diese eine gleicher Freiheit und Chancengleichheit abträgliche Machtkonzentration sein kann, doch er meint, das sei nur so, wenn Ungleichheiten und Besitzkonzentration eine bestimmte Grenze überschritten: eine der Funktionen, die er dem Staat zuweist, ist es, zu verhindern, „daß diese Grenze überschritten wird", aber diese Grenze würde spezifisch immer noch klassenbedingte Unterschiede der Lebenschancen zulassen.[28] Wo diese Grenze liegt, ist eine Frage, zu der – so sagt er uns – „die Theorie der Gerechtigkeit nichts zu sagen hat."[29] Das ist in der Tat der Fall bei einer Theorie der Gerechtigkeit, die übersieht, daß in einem kompetitiven Marktsystem, in dem Trennung von Kapital und Arbeit besteht, jedes Kapital, unabhängig von dem Grade seiner Konzentration, Macht darstellt, die das Leben von anderen kontrolliert und einschränkt. In einer solchen Gesellschaft ist Kapital ausbeuterische Macht, und die ausbeuterische Macht der Kapitaleigner vermindert die entwicklungsbezogenen Machtpotentiale der Nicht-Eigentümer.[30]

Die Schwäche dieser Theorie der Gerechtigkeit liegt nicht in ihrer Unfähigkeit anzugeben, wo die Grenze für die Besitzkonzentration gezogen werden muß, um zu verhindern, daß sie zu einer unerwünschten und ungerechten Machtkonzentration führt; sie liegt in ihrer Annahme, daß Reichtum (die Akkumulation von Kapital) erst von einem bestimmten Niveau der Konzentration an zu einer (für gleiche Freiheit und Chancengleichheit) schädlichen Macht wird.

Es hat den Anschein, als seien Rawls Gerechtigkeitsprinzipien, wie sie innerhalb seines Modells einer Marktgesellschaft funktionieren würden, in sich widersprüchlich. Sein erstes Prinzip erfordert ständige Einkommenstransfers von den oberen an die unteren Klassen und außerdem verschiedene ständige Staatseingriffe in die normale Markttendenzen zu Kapitalkonzentration. Die Transferzahlungen und die Staatseingriffe dürfen seinem zweiten Prinzip zufolge eine Grenze nicht überschreiten, bei der ihr Anwachsen Effizienz und Produktivität des Wirtschaftsprozesses vermindern würde; die Grenze muß also tief genug liegen, um das System von Anreizen für klassen-verschiedene Lebenschancen zu erhalten. Wenn die Grenze von Transferzahlungen und Staatseingriffen, die niedrig genug ist, um dem zweiten Prinzip zu genügen, hoch genug sein könnte, um zu verhindern, daß die Kapitalkonzentration ihre Grenze überschreitet, nämlich den Punkt, an dem die Akkumulation privaten Kapitals zu einer „Machtkonzentration zum Schaden von Freiheit und Chancengleichheit" wird (eine Grenze, die das erste Prinzip erfordert), dann wären seine beiden Prinzipien miteinander vereinbar. Aber es ist unmöglich, eine Grenze für Transferzahlungen und Staatseingriffe zu finden, die niedrig genug ist, um die eine, und hoch genug, um die andere Funktion zu erfüllen. Es muß irgendeine Grenze von Transferzahlungen und Staatseingriffen geben, um dem zweiten Prinzip zu genügen; doch auch wenn es eine beliebige Grenze für

Transferzahlungen und Staatseingriffe gibt, wird sie eine gleicher Freiheit und Chancengleichheit abträgliche private Kapitalkonzentration nicht verhindern, da jede Akkumulation privaten Kapitals gleicher Freiheit und Chancengleichheit abträglich ist. Anders gesagt, die Grenze für Staatseingriffe und Transferzahlungen kann nicht mit der Grenze für Kapitalakkumulation zusammenfallen, da der Punkt, von dem an Kapitalakkumulation gleicher Freiheit und Chancengleichheit abträglich ist, gleich Null ist, während die Beschränkungen von Transferzahlungen und Eingriffen dem zweiten Prinzip zufolge nicht gleich Null sein können.

Rawls bemerkt eine gewisse Widersprüchlichkeit seiner Prinzipien, wenn er schreibt: „Das Prinzip der Chancengleichheit kann immer nur unzulänglich verwirklicht werden, zumindest solange wir die Institution der Familie anerkennen. In der Praxis ist es unmöglich, für ähnlich Begabte Chancengleichheit bezüglich Leistung und Kultur sicherzustellen."[31] Aber da er dennoch diese Schwierigkeit eher der Institution der Familie als der Institution kapitalistischer Marktanreize zuschreibt, kann man nicht behaupten, daß er den Widerspruch völlig erkannt hat.

Wir dürfen auch nicht übersehen, daß Rawls Modell, abgesehen von dieser Schwierigkeit, selbst sein zweites Prinzip nicht erfüllt, daß Ungleichheiten gerecht sind, wenn man erwarten kann, daß sie sich zum Vorteil aller auswirken. Man muß nämlich fragen: Vorteil im Vergleich wozu? Jeden Vergleich mit einem hypothetischen Naturzustand oder mit „jedem vergangenen gesellschaftlichen Zustand, außer dem gerade gewesenen" lehnt Rawls als unbefriedigend ab und zieht den „Vergleich mit gegenwärtig machbaren Veränderungen vor."[32] Aber seine gegenwärtig machbaren Veränderungen sind auf die beschränkt, die innerhalb der Grenzen seines kapitalistischen Marktmodells möglich sind. Man kann nicht sagen, daß er bewiesen hat, daß sein Modell das gerechteste ist, da alle anderen möglichen Modelle, die nicht kapitalistischer Rationalität gehorchen, ausgeschlossen sind.

Abschließend müssen wir noch darauf hinweisen, daß Rawls Begriff des Vorteils noch in einer anderen Hinsicht beschränkt ist. Der Vorteil, von dem er spricht, ist der Vorteil für Menschen als

Konsumenten. Er läßt den relativen Vorteil für Menschen bezüglich aller anderen Aspekte außer acht, z. B. als Ausübende und Entwickler all ihrer menschlichen Anlagen. Es ist zwar richtig, daß er „die verschiedenen Freiheiten gleichen Bürgerrechts"[33] voraussetzt: Bürgerliche Freiheiten, gleiche politische Rechte und Chancengleichheit (Gleichheit der Bildungschancen und freie Berufswahl). Aber abgesehen davon, daß alle Vorkehrungen für Chancengleichheit in einer Gesellschaft inadäquat sind, in der es seinen Postulaten zufolge Ungleichheiten der Lebenschancen für die Mitglieder der verschiedenen Klassen gibt, stellt sich die Frage, ob alle diese Vorkehrungen zusammen mit den Vorteilen für Menschen als Konsumenten den Nachteil für Menschen als Ausüber all ihrer Anlagen ausgleichen können, der der Arbeitssituation der Lohnabhängigen in einem System kapitalistischer Rationalität inhärent ist.

Ich glaube, die Schlußfolgerung liegt nahe, daß Theorien wie die von Chapman und Rawls, deren Reichweite größtenteils durch die angeblichen Bedürfnisse[34] des Menschen als Konsumenten beschränkt sind oder die die Befriedigung dieser Bedürfnisse zum Hauptinhalt moralischer Freiheit oder der Maximierung menschlicher Fähigkeiten machen, als liberal-demokratische Theorie nicht mehr adäquat sind, mögen sie auch einmal als liberale Theorie adäquat gewesen sein.

V. Berlins Teilung der Freiheit

Sir Isaiah Berlins gefeierter und einflußreicher Essay *Two Concepts of Liberty*[1] unterscheidet sich bedeutend von dem im letzten Kapitel erörterten Arbeiten der revisionistischen Liberalen. Berlin liebäugelt nicht mit ökonomischer Rationalität. Da sie auf seiner Skala liberaler Werte keinen hohen Stellenwert einnimmt, verstrickt er sich nicht in Widersprüche zwischen ihr und Freiheit und Gerechtigkeit. Philosophisch jedoch steht er weit in der liberal-individualistischen Tradition, der er wirklich neue Anstöße gegeben hat. Er hat die Konturen dieser Tradition geschärft durch sein Beharren darauf, daß Freiheit auf den erlaubten Spielraum individueller Wahlmöglichkeiten herausläuft, durch die Trennung dieser „negativen" Freiheit von allen Spielarten „positiver" Freiheit und durch seine Warnung, daß positive Freiheit zu anfällig dafür sei, zu einem Instrument der Unterdrückung zu werden, und daß sie falsche Prämissen über die menschliche Existenz enthalte.

Seine Behandlung positiver Freiheit und seine Trennung zwischen positiver und negativer Freiheit kann bei keinem Versuch übergangen werden, eine Demokratietheorie nach den Grundsätzen der Maximierung menschlicher Fähigkeiten zu konstruieren. Denn es ist evident, daß sein Begriff positiver Freiheit in dem Sinn, wie ich ihn grundsätzlich verstehe, meinem Begriff der Maximierung von Fähigkeiten sehr nahe kommt. Sollte sich sein Plädoyer gegen positive Freiheit also als begründet erweisen, dann könnte eine auf Maximierung von Fähigkeiten gegründete Demokratietheorie kaum den Anspruch erheben, wahre liberale Wertvorstellungen zu verkörpern.

Ich behaupte, daß die von Berlin gemachte Trennung zwischen positiver und negativer Freiheit nicht das Gewicht hat, das er ihr beimißt, letztlich weil jeder der zwei Begriffe so definiert ist, daß die Rolle jener Hindernisse übersehen oder heruntergespielt wird, auf deren Wichtigkeit ich in Kapitel III hingewiesen habe: Fehlen des Zugangs zu den Mitteln zum Leben und Arbeiten. In Abschnitt 1 werde ich aufzeigen, daß seine negative Freiheit aus diesem Grunde zu eng gefaßt ist und daß es letztlich ein mechanischer und wirkungsloser Freiheitsbegriff ist, der nur einer vollständigen Marktgesellschaft voll angemessen ist.

Bei der Behandlung des Begriffes positiver Freiheit im zweiten Abschnitt will ich deutlich machen, daß Berlin in seinem Begriff positiver Freiheit drei verschiedene Dinge zusammengefaßt hat, und ich zeige, daß die Unterscheidung zwischen negativer und positiver Freiheit nur bei zwei der drei Bedeutungen negativer Freiheit gültig ist, so daß die volle Unterscheidung, die er vornimmt, nicht gut begründet ist. Insbesondere will ich deutlich machen, daß es zwar tatsächlich einen klaren und wichtigen Unterschied zwischen negativer Freiheit und einer der Bedeutungen von positiver Freiheit (das Recht auf die Teilnahme an der souveränen Herrschaftsgewalt) gibt und einen selbstverständlichen Unterschied zwischen negativer Freiheit und einer der anderen seiner Bedeutung von positiver Freiheit (nämlich ihre verfälschte Form, die denen, die angeblich nicht voll vernünftig sind, „vernünftige" Freiheit auferlegt), daß es aber keinen derartigen klaren Unterschied zwischen negativer Freiheit und der anscheinend grundlegenden Bedeutung seines Begriffes positiver Freiheit (bewußte Selbstbestimmung) gibt. Damit kommen wir zur entscheidenden Frage, ob nämlich positive Freiheit in ihrer grundlegenden Bedeutung so leicht in ihre verfälschte Form transformiert werden kann, daß man den Begriff positiver Freiheit lieber überhaupt hätte aufgeben sollen. Es ist natürlich Berlins Hauptthese, daß man ihn aufgeben soll. Er ist tief besorgt über die erschreckenden Ansprüche, die in unserem Jahrhundert im Namen positiver Freiheit gestellt werden, zunehmend von politischen Bewegungen und Staaten, die im Namen irgendeiner letzten Freiheit die heute mögliche Freiheit verweigern. Und da er der Meinung ist, daß die Verweigerung der Freiheit nicht nur historisch, sondern abstrakt-logisch – aufgrund einer simplen, aber manchmal falschen Logik – aus dem Begriff positiver Freiheit folgt, empfiehlt er praktisch, daß wir diesem Begriff abschwören und an dem Begriff negativer Freiheit festhalten sollten, oder, wie er es in der überarbeiteten Fassung seiner *Two Concepts*[2] formuliert hat, „am Pluralismus mit dem dazugehörigen Maß an negativer Freiheit" als „einem wahreren und humaneren Ideal".

Dieser Standpunkt wird mit eindrucksvollen Argumenten vorgetragen. Ich bin jedoch der Ansicht, daß positive Freiheit vor dem Vorwurf, den er an sie richtet, in Schutz genommen werden kann und muß. Ich werde deutlich machen, daß die verfälschte Form positiver Freiheit (die Aufzwingung „vernünftiger" Freiheit) weder logisch noch historisch das notwendige oder gar mutmaßliche Resultat der grundlegenden Idee positiver Freiheit ist, sondern daß sie (wenn sie entsteht) durch das Zusammentreffen zweier anderer Faktoren entsteht: einerseits aus dem Versäumnis der Theoretiker, positive Freiheit als das Nichtvorhandensein von Hindernissen für die entwicklungsbezogenen Machtpotentiale der Menschen[3] zu verstehen, andererseits aus dem Versäumnis der politischen Machthaber, mit diesen praktischen Hindernissen fertig zu werden. Dieser Eindruck ergibt sich zumindest, wenn man von der Position ausgeht, die in meiner Analyse des Machtbegriffes impliziert ist, daß Freiheit nämlich das Nichtvorhandensein von den Menschen auferlegten Hindernissen bedeutet und daß zu diesen Hindernissen nicht nur Zwang eines Individuums gegen ein anderes zu zählen ist und direkte Eingriffe in individuelle Aktivitäten durch den Staat oder die Gesellschaft (die über das hinausgehen, was für den Schutz eines jeden vor Übergriffen anderer nötig ist), sondern auch Fehlen des gleichen Zugangs zu den Mitteln zum Leben und Arbeiten. Berlin geht von einer enger gefaßten Position aus: er läßt die dritte Kategorie von Hindernissen praktisch unberücksichtigt. Meines Erachtens ist er dazu im Hinblick auf seine negative Freiheit eher berechtigt als im Hinblick auf positive Freiheit, aber auch im Hinblick auf negative Freiheit scheint die praktische Nichtbeachtung jener Hindernisse nicht gerechtfertigt.

Nachdem ich deutlich gemacht habe, daß sein Begriff negativer

Freiheit für eine Anwendung zu eng gefaßt ist (in Abschnitt 1), daß sein Begriff positiver Freiheit verwirrend weit und gefährlich abstrakt ist, erörtere ich abschließend in Abschnitt 3 die Frage, ob sich nicht eine geeignetere Teilung der Freiheit finden läßt. Ich werde deutlich machen, daß dem Zweck, dem Berlins Unterscheidung dienen sollte, nämlich dem Schutz der Freiheit vor Verfälschern, besser gedient wäre, wenn die Trennung nicht zwischen „negativer" und „positiver" Freiheit gemacht würde, sondern zwischen dem, was ich „gegenausbeuterische" (counter-extractive) und entwicklungsbezogene Freiheit nenne.

1. Negative Freiheit

Berlins Erörterung negativer Freiheit schließt sich unmittelbar an seine Beschreibung von Freiheit als Fehlen von Zwang schlechthin an: „Einen Menschen zu zwingen, heißt, ihn seiner Freiheit zu berauben." (S. 21)

Im Zusammenhang negativer Freiheit „impliziert Zwang bewußten Eingriff anderer Menschen in den Bereich, in dem ich sonst handeln könnte" (S. 122): Man kann nicht sagen, daß ein Mensch durch seine natürlichen Unfähigkeiten gezwungen wird, sondern nur durch die Unfähigkeit, die ihm durch die Handlungen anderer Menschen oder aufgrund von ihnen getroffener Vorkehrungen auferlegt werden. Berlins Standpunkt ist einleuchtend formuliert: In der Umgangssprache spricht man nur dann von der Verweigerung der Freiheit eines Menschen, wenn er von anderen menschlichen Instanzen – d. h. durch die Handlungen anderer Menschen oder den Gesetzen und Institutionen, die von diesen anderen Menschen geschaffen sind – daran gehindert wird, das zu tun, was er möglicherweise tun will. In der Umgangssprache, insbesondere in der Umgangssprache der englischen liberalen Tradition, die die Sprache negativer Freiheit ist, ist Freiheit nicht so etwas Subtiles wie, sagen wir, Einsicht in die Notwendigkeit: Sie wird einfach als das Nichtvorhandensein von Zwangseingriffen seitens des Staates, der Gesellschaft oder anderer Individuen verstanden. Doch Berlins Darlegung dieses Gesichtspunkts enthält eine Bestimmung und eine Annahme, die in Frage gestellt werden können. Es ist nicht evident, daß die Bestimmung zu einer Definition selbst von negativer Freiheit gehört, und auch nicht, daß die Annahme historisch oder logisch gerechtfertigt ist.

a) Die Bestimmung lautet, daß nur *bewußte* Eingriffe Zwang oder eine Beraubung von Freiheit darstellen. Zu bewußten Eingriffen zählen eindeutig jede direkte Drohung oder Übergriffe eines Individuums auf ein anderes und jene Gesetze und Institutionen, die bestimmte Handlungen untersagen. Man könnte eigentlich auch den gesellschaftlichen Konformitätsdruck dazuzählen, der Mill so beschäftigte. Er ist weit genug, um die Herrschaft- und Unterordnungsbeziehungen zwischen Eigentümern und Nicht-Eigentümern in einer Klassengesellschaft zu erfassen, *vorausgesetzt,* daß man die Armut und Abhängigkeit der letzteren Einrichtungen zuschreiben kann, die zu diesem Zweck von den ersteren bewußt geschaffen und durchgesetzt worden sind. Aber die Bestimmung bewußter Eingriffe läßt allerdings nach meinem Verständnis keinen Raum für die Miteinbeziehung einer Herrschafts- und Unterordnungsbeziehung in den Begriff des Zwanges, die möglicherweise nicht beabsichtigt war, aber sich dennoch als notwendiges Resultat der von der Eigentümerklasse erreichten und durchgesetzten Einrichtungen ergab. Doch wenn Institutionen wie die Eigentumsordnung und die Vertragsfreiheit auf die Nicht-Eigentümer nur zufällig und unbeabsichtigt Zwang ausüben, so üben sie immer noch Zwang auf sie aus, und er ist immer noch das Resultat von Einrichtungen, die andere Menschen geschaffen haben. Kann man diese Art der Unfreiheit einfach abschreiben?[4]

Man könnte vielleicht als Rechtfertigung für diese Auslassung anführen, daß Berlins negative Freiheit ausdrücklich dem bei Mill und den klassischen englischen politischen Philosophen vorherrschenden Freiheitsbegriff nachgebildet ist und sie diese Art von Unfreiheit größtenteils außer acht ließen. Dieser Tradition zufolge umfaßt negative Freiheit hauptsächlich das Nichtvorhandensein von zwei Eingriffsmöglichkeiten und entsprechenden Garan-

tien gegen sie: I) Staatliche oder gesellschaftliche Anpassung er-
zwingende Eingriffe in das, was jedes Individuum zu tun
wünscht, zumindest innerhalb des größtmöglichen Handlungsbe-
reichs, der mit derselben Freiheit für alle anderen vereinbar ist.
II) Übergriffe eines jeden Individuums auf andere. Wenn jeder
Freiheit haben soll (II), dann kann niemand von Staatseingriffen
völlig ausgenommen werden. Deshalb muß man Freiheit (I) als
Nichtvorhandensein von Eingriffen nur innerhalb bestimmter
Handlungsbereiche von individuellen Aktivitäten definieren. Negative Freiheit „ist einfach der Bereich, innerhalb dessen ein
Mensch ungehindert durch andere handeln kann" (S. 122). Die
Befürworter negativer Freiheit versuchen den Bereich, in dem jedes Individuum vor Eingriffen anderer, besonders denen des Staates oder der Gesellschaft, sicher ist, zu umreißen und so weit wie
möglich auszudehnen: „Gewisse Bereiche menschlicher Existenz
müssen von der Sphäre gesellschaftlicher Kontrolle unabhängig
bleiben; es müssen gewisse Grenzen gezogen werden, um die Au-
torität in Schach zu halten." (S. 126)

Dies ist eine genaue Wiedergabe der klassischen englischen liberalen Freiheitsauffassungen. Ohne Zweifel vernachlässigte bzw.
bestritt Mill die Tatsache, daß die kapitalistischen Eigentumsinstitutionen eine wichtige Quelle von Unfreiheit sind, deren notwendiges, aber nicht notwendigerweise beabsichtigtes Resultat der
Zwang gegenüber der besitzlosen Klasse war. In seinem Essay
On Liberty vernachlässigte er sie. Ihm ging es fast ausschließlich
um die direkten Eingriffe des Staates und des gesellschaftlichen
Konformitätsdrucks in die Freiheit eines jeden. An anderer Stelle,
wo er die Institutionen einer Klassengesellschaft als Quelle von
Unfreiheit abhandelt, wie er es ausdrücklich in seiner *Political Economy* tat, verstand er die Unfreiheit der Arbeiterklasse dennoch
nicht als das notwendige, wenn auch nicht notwendigerweise beabsichtigte Resultat kapitalistischer Eigentumsinstitutionen. Er
sah diese Unfreiheit überhaupt nicht als das notwendige Resultat
der kapitalistischen Insitutionen an. Er ließ zwar keinen Zweifel
an der Unfreiheit der Arbeiterklasse im England des neunzehnten
Jahrhunderts[5], und er schrieb sie unmittelbar dem Eigentumsmo-

nopol der herrschenden Klasse zu. Aber in diesem Monopol sah er die anhaltende Wirkung der ursprünglich vorkapitalistischen, gewaltsamen Aneignung von Land, die durch das Versäumnis der herrschenden Klasse aufrecht erhalten wurde, die Gesetze von Landbesitz und Vererbung so zu ändern, daß „Gewerbefleiß" die Besitzverteilung hätte modifizieren können.[6] Für Mill lag die bestehende Unfreiheit der Arbeiterklasse an einer vergangenen bewußten Handlung von anderen sowie an einer sich daran anschließenden Nachlässigkeit: Sie lag, wie man sagen könnte, eher an den Unterlassungssünden der heute besitzenden Klasse als an ihren Vergehen. Ob Mill ihre Passivität für beabsichtigt hielt, ist nicht völlig klar, aber sehr wahrscheinlich.

Auf jeden Fall können wir sagen, daß Mill die Unfreiheit der Arbeiterklasse sicherlich als das Resultat von Einrichtungen, die andere geschaffen haben, sowie als Resultat der laufenden beabsichtigten Passivität anderer verstand. Er hielt sie aber sicherlich nicht für das notwendige, wenn auch unbeabsichtigte Resultat der für den Kapitalismus wesentlichen Eigentumsinstitutionen. Darin war er nicht so scharfsichtig wie Bentham, der dies offensichtlich erkannte.[7] Man kann aber ruhig sagen, daß Mill und die klassische englische liberale Tradition im allgemeinen die möglicherweise unbeabsichtigten, aber notwendigen Auswirkungen kapitalistischer Eigentumsinstitutionen als Quelle von Unfreiheit entweder vernachlässigten oder aber daß sie annahmen, der Effekt der Nutzenmaximierung kapitalistischer Unternehmung schaffe mehr als einen Ausgleich für sie.

In Mill und in der klassischen englischen Tradition findet Berlin also eine gewisse Rechtfertigung für die Vernachlässigung der unbeabsichtigten, aber notwendigen Resultate der von anderen gesetzten Eigentumsverhältnisse als eine Quelle von Unfreiheit. Insofern als Berlins Freiheitsbegriff einfach die klassische englische Auffassung repräsentiert, kann man seine Nichtberücksichtigung der notwendigen, aber nicht notwendig beabsichtigten (und in diesem Sinne nicht bewußten) Auswirkungen kapitalistischer Eigentumsinstitutionen für gerechtfertigt halten. Wir dürfen dennoch fragen, ob ein dem zwanzigsten Jahrhundert adäquater Freiheitsbegriff sich es leisten kann, all das zu vernachlässigen, was Mill und die klassische Tradition in England vernachlässigten.

b) Die andere Frage, die durch Berlins Präsentation negativer Freiheit als einfach das Nichtbestehen von Eingriffen anderer menschlicher Wesen aufgeworfen wird, unterscheidet sich von der Frage, ob die Armut oder Abhängigkeit einer unteren Klasse das beabsichtigte Resultat der Klassenverhältnisse ist. Es ist die logisch vorgeordnete Frage, ob derartige Armut oder Abhängigkeit *überhaupt* das Resultat von Handlungen und Einrichtungen anderer Menschen sind. Berlin nimmt an, daß das nicht so sein muß. Er impliziert, daß diese Kausalbeziehung nicht vorausgesetzt werden kann: Sie wird nur von denen unterstellt, die bestimmte gesellschaftliche und ökonomische Theorien akzeptieren. „Nur weil ich glaube, daß meine Unfähigkeit, eine bestimmte Sache zu erlangen, an der Tatsache liegt, daß andere Menschen Einrichtungen geschaffen haben, die es mir im Gegensatz zu anderen unmöglich macht, genug Geld zu haben, um für sie zu zahlen, halte ich mich für ein Opfer von Zwang und Sklaverei. Mit anderen Worten, der Gebrauch dieses Ausdruckes ist von einer bestimmten sozialen und ökonomischen Theorie über die Ursachen meiner Armut oder Schwäche abhängig." (S. 123) In einer Anmerkung fügt er hinzu, daß sich diese Argumentationsweise „in einigen christlichen, utilitaristischen und in allen sozialistischen Doktrinen findet."

Wenn man aber sagt, daß Armut richtig nur aufgrund einer bestimmten sozialen und ökonomischen Theorie, welche Armut auf menschliche Einrichtungen zurückführt, als Hindernis für Freiheit beschrieben wird, dann impliziert man, daß es andere ebenso glaubwürdige soziale und ökonomische Theorien gibt, die dies nicht tun. Aber gibt es denn überhaupt seit dem Entstehen der kapitalistischen Marktgesellschaft irgendwelche Theorien von Rang, die nicht zumindest partiell die Armut der Armen den von anderen Menschen geschaffenen Einrichtungen zuschreiben? Natürlich bestreiten einige vulgärwissenschaftliche Verfechter freier Privatinitiative diesen Zusammenhang und vertreten die Ansicht oder implizieren, daß die Armut der Armen ausschließlich ihre eigene Schuld ist, die man auf ihre Bequemlichkeit oder die Zufälligkeit geistiger oder physischer Handikaps zurückführen muß. Aber alle Theorien freier Privatinitiative von Rang von Adam Smith und Bentham bis zu Mill und Green (mit der möglichen Ausnahme von Malthus) haben die Tatsache anerkannt, daß es die von anderen Menschen geschaffenen Einrich,ungen (sowie Unterschiede in angeborenen Fähigkeiten und Fleiß) sind, die die Verteilung von Besitz und Armut bestimmen. Einige von ihnen haben die Verteilung auf das Zusammenwirken verschiedener Faktoren zurückgeführt, haben unterschiedliche Veränderungsmöglichkeiten sowie unterschiedliche Rechtfertigungen – Naturrecht, Nutzenanalyse – für das gesehen, was sie nicht ändern wollten. Aber keiner von ihnen hatte irgendwelche Zweifel daran, daß die Einrichtungen von einer Gruppe von menschlichen Wesen geschaffen wurden.

Wir müssen uns allerdings nicht auf die Ansichten der klassischen Ökonomen stützen. Wir können einfach als evidente allgemeine Aussage darauf hinweisen, daß die Verteilung des Zugangs zu den Mitteln zum Leben und Arbeiten eine Sache von gesellschaftlichen Institutionen ist. Boden und Kapital kann sich, abhängig von der Entscheidung der Gesellschaft oder der Gruppen, die sie beherrschen, in Gemein- oder Individualbesitz befinden oder in einer Mischform von beiden. Und Land- und Kapitalbesitz mag gewissen Größenbeschränkungen und Erwerbsweisen unterworfen sein. Sicherlich ist es ebenfalls klar, daß der Unterschied im Zugang von Individuen zu den Mitteln zum Leben und Arbeiten eine wichtige Determinante ihres Einkommens darstellt. Niemand bezweifelt, daß in einer kapitalistischen Marktgesellschaft Unterschiede von angeborener Fähigkeit und Fleiß (und Glück) auch zu Einkommensunterschieden führen: das je mehr, desto freier (d. h. weniger monopolistisch) das System ist. Aber angeborene Fähigkeit, Fleiß und Glück können nicht allein diese Einkommensunterschiede erklären, solange wie Unterschiede im Zugang verbreitet sind. Natürlich sind es nicht Einkommensunterschiede allein, die zur Debatte stehen. Es geht hier nicht nur darum, ob ich bekommen kann, was ich will, sondern ob ich tun kann, was ich will. Und Unterschiede im Zugang sind, wie ich oben deutlich gemacht habe,[8] genauso wichtig für die Bestimmung, was ich tun kann, wie was ich erhalten kann. Daraus können wir die Schlußfolgerung ziehen, daß ungleicher Zugang zu den Mitteln zum Leben und Arbeiten, der dem Kapitalismus inhärent ist, unabhängig von der Berufung auf eine bestimmte sozio-ökonomische Theorie, ein Hindernis für die Freiheit derjenigen ist, die wenig oder überhaupt keinen Zugang haben. Es vermindert ihre negative Freiheit, da die Abhängigkeit von anderen für die Bestreitung des Lebensunterhalts, die das Fehlen von Zugang schafft, den Bereich vermindert, in dem sie nicht herumgestoßen werden.

Wir dürfen daraus den Schluß ziehen, daß eine Definition negativer Freiheit nicht völlig adäquat ist, die klassenbedingte Hindernisse, seien sie nun beabsichtigt oder nicht, wenig oder gar nicht berücksichtigt.

Mit der Verteidigung und Präzisierung seines Begriffes negativer Freiheit in der Einleitung zu *Four Essays* scheint Berlin derartige Kritik entkräften zu wollen, doch mißlingt ihm das. Dort macht er deutlich, daß – was ursprünglich unerwähnt bleibt – die Unterdrückung und Entbehrung der Arbeiterklasse unter dem *laissez-faire* Kapitalismus des neunzehnten Jahrhunderts ihren legalen Freiheitsrechten „abscheulichen Hohn" sprach (S. XLVI). Er betont, wie sehr er sich der Tatsache bewußt ist, daß die Perpetuierung von Armut und Unwissenheit einer Klasse (oder eines ganzen Volkes) sowie ihr Ausschluß von den Privilegien, die eine herrschende Klasse angesammelt hat, ihre Freiheit gegenstandslos werden lassen[9]. Doch besteht er darauf, daß sie dadurch nicht ihrer Freiheit beraubt werden, sondern nur einiger Bedingungen von Freiheit.[10]

Damit soll der Bedeutung von Klassenherrschaft Rechnung getragen werden (die hier zweifellos das Resultat der Handlungsweisen anderer Menschen ist und die unter die Kategorie der Vorenthaltung des Zugangs zu den Mitteln zum Leben und Arbeiten fällt), nur um sie dann als eine Beeinträchtigung der Bedingungen für Freiheit, nicht aber der Freiheit selbst, abzutun. Doch ist diese Unterscheidung nur sinnvoll, wenn man den Freiheitsbegriff von vornherein so eng gefaßt hat. Nur wenn die Hindernisse, deren Nichtvorhandensein negative Freiheit umfaßt, so definiert sind, daß Fehlen des Zugangs zu den Mitteln zum Leben und Arbeiten ausgelassen werden, gilt die Unterscheidung: Nur dann wird Zugang – statt ein Bestandteil von ihr zu sein – zu einer Bedingung von Freiheit. Berlin beabsichtigt anscheinend,[11] derartiges Fehlen von Zugang auf einer Liste von Hindernissen auszulassen. In dem Ausmaß, wie er das tut, werden wir auf die gleiche Schwierigkeit zurückgeworfen wie vorher. Seine negative Freiheit schließt nicht Zugang zu den Mitteln zum Leben und Arbeiten mit ein, der Tatsache zum Trotz, daß Fehlen von Zugang negative Freiheit vermindert, d. h. den eingriffsfreien Spielraum eines Menschen beschneidet.

Die Auslassung des Fehlens von Zugang in der Kategorie Zwang ausübender Hindernisse für Freiheit und die Delegierung derartiger klassenbedingter Verweigerungen aus dem Problembereich der Freiheit in den von Gerechtigkeit oder Gleichheit scheint mir ein bedauerlicher Rückfall in den extremen Liberalismus Herbert Spencers zu sein. Hinsichtlich der engen Fassung des Freiheitsbegriffes haben sie viel gemeinsam. Man werfe einen Blick auf Berlins Verteidigung seiner Unterscheidung zwischen Freiheit und den Bedingungen von Freiheit: „Das ist keine bloß pedantische Unterscheidung, denn wenn man sie ignoriert, wird man wahrscheinlich den Sinn und den Wert der Wahlfreiheit abwerten. In ihrem Eifer, gesellschaftliche und ökonomische Bedingungen zu schaffen, unter denen alleine Freiheit von echtem Wert ist, neigen die Menschen dazu, die Freiheit selbst zu vergessen; und wenn man sich schon an sie erinnert, dann wird sie leicht beiseite geschoben, um den anderen Werten Platz zu machen, die den Reformern und Revolutionären so wichtig sind." (S. LIV) Dies ist genau Spencers und Milton Friedmans Klage.[12]

Jedoch läßt sich Berlin nicht darauf ein, was Spencer und Friedman als die Umkehrung dieser Klage behandelt haben, daß nämlich vollkommene Marktfreiheit über allen anderen Werten stehen soll. In seiner Kritik von laissez-faire ist er schonungslos, da es für die „Bedingungen sowohl positiver Freiheit wie auch zumindest eines Mindestmaßes negativer Freiheit abträglich" gewesen ist, und er teilt die Ansicht, daß die Gründe für Staatseingriffe zur Herstellung dieser Bedingungen „überwältigend stark sind". Er fügt hinzu: „Die Gründe für Sozialgesetzgebung oder gesellschaftliche Planung, für den Wohlfahrtsstaat oder Sozialismus können mit derselben Geltung aus den Ansprüchen negativer Freiheit wie auch aus denen ihres positiven Pendants abgeleitet werden" (S. XLVI). Das hat sehr wenig mit Spencer zu tun. Aber ist es in sich konsistent?

Natürlich lassen sich Argumente für wohlfahrtsstaatliche Maßnahmen aus den Ansprüchen negativer Freiheit ableiten, aber freilich nur unter der Voraussetzung, daß man die Unterscheidung zwischen Freiheit und den Bedingungen von Freiheit fallen läßt. Denn der Sinn wohlfahrtsstaatlicher Intervention besteht ja gerade in der Eröffnung neuer Möglichkeiten (bzw. in der Kompensation für deren Verwehrung). Sie soll nicht nur gewisse Bedingungen für Wahlfreiheit schaffen, sondern den Bereich vom Wahlmöglichkeiten für die erweitern, denen bisher sehr wenige offenstanden.

Das Gleiche gilt für den Sozialismus. Es mag auf den ersten Blick verwunderlich erscheinen, daß sich ein Plädoyer für den Sozialismus auf den Begriff negativer Freiheit berufen könnte. Aber das ist durchaus möglich, vorausgesetzt, man weist nicht wie Berlin die Möglichkeit als „logisch absurd" zurück, daß sich die aus einer Veränderung der Einrichtungen einer Gesellschaft resultierenden Nettogewinne bzw. -verluste an Freiheit für eine ganze Gesellschaft bestimmen lassen. Denn Sozialismus beseitigt (da er gesellschaftlichen und nicht individuellen Besitz von Kapital erfordert) aus der Arena negativer Freiheit die hauptsächlichen individuellen Handlungsweisen, die „als freie Privatinitiative" gefeiert werden. Aber er vermehrt die Gesamtmenge negativer Freiheit, wenn der Freiheitsgewinn derjenigen, denen bisher die meisten Möglichkeiten verwehrt waren, den Freiheitsverlust der (relativ wenigen), die in einer Position waren, aus der Marktfreiheit vollen Vorteil zu ziehen, mehr als ausgleicht. Diese Kalkulation kann Berlin jedoch nicht zulassen, da sie von der Möglichkeit abhängt, die Veränderungen der Gesamtmenge von Hindernissen, einschließlich des Fehlens von Zugang zu den Mitteln zum Leben und Arbeiten (den er als Hindernis schon ausgeschlossen hat), zu messen. Es scheint also äußerst schwierig, Berlins engen Begriff von Freiheit mit seinen Ansprüchen auf dessen Brauchbarkeit in Einklang zu bringen. Und so begegnet uns die schon erwähnte Schwierigkeit in verschärfter Form wieder. Berlins Begriff negativer Freiheit ist zu eng gefaßt, um dem minimalen Zweck zu dienen, dem er dienen soll.

Warum ist er so eng? Warum ist Berlin die Unterscheidung zwischen Freiheit und ihren Bedingungen so wichtig? Warum gerät er in dieser Hinsicht in eine so unangenehme Nähe zu Herbert Spencer? Ich glaube, es liegt daran, daß er, ähnlich wie Spencer, mit einem mechanischen und trägen Freiheitsbegriff arbeitet. Dieser geht über Bentham bis auf Hobbes und letztlich bis auf Galilei zurück, von dem Hobbes sich die Begriffe von Trägheit und Bewegung entlieh: Körper, einschließlich Menschen, hören nicht auf sich zu bewegen, bis sie durch den Anstoß eines anderen Körpers gestoppt werden. Diese Vorstellung kann man ohne Mühe von der Mechanik auf die Politik übertragen, wenn man nur wie Hobbes postuliert, daß die Bewegung jedes Menschen für die Bewegung jedes anderen Menschen eine Gegenkraft und ein Hindernis darstellt. Dieses Postulat gibt wiederum nur dann einen Sinn, wenn und nur wenn man eine atomisierte Marktgesellschaft voraussetzt, in der jeder auf sich selbst gestellt ist, um mit allen um alles zu konkurrieren.

Genau hierin scheint mir eine fundamentale Beschränkung von Berlins Begriff negativer Freiheit zu liegen: Er erfordert das Postulat universell entgegengesetzter Bewegungskräfte, und diese wiederum eine atomisierte Marktgesellschaft. Natürlich will Berlin die Menschen nicht als auf Konfrontationskurs befindliche Körpermasse behandeln,[13] doch übernimmt er einen Freiheitsbegriff, der von der marktbezogenen Auffassung vom Menschen abstammt. Freiheit – und ebenso negative Freiheit, wenn wir diesen Ausdruck beibehalten wollen, – erfordert sicherlich eine weniger mechanische und mehr menschliche Dimension. Wenn ich damit Recht habe, dann scheint mir an Berlins Teilung der Freiheit gerade der negative Part fehlerhaft zu sein.

Sogar Berlin selbst hält ihn für unmöglich eng, um mit ihm zu arbeiten. Bei der Überlegung, wie man die Größe negativer Freiheit schätzen kann, zählt er fünf Faktoren auf, von denen ihr Ausmaß abhängt: a) „wieviele Möglichkeiten stehen mir offen", und b) „wie leicht oder schwer ist es, jede dieser Möglichkeiten zu verwirklichen" (S. 130, Anm. 1). In (b) scheinen wieder die Faktoren durch die Hintertür zugelassen zu werden, die er als bloße „Bedingungen" von Freiheit schon ausgeschlossen hatte. Die Notwendigkeit so vieler Epizyklen läßt Zweifel an der Hauptthese aufkommen, obwohl er sie in der Einleitung noch einmal besonders hervorhebt: „Die fundamentale Bedeutung von Freiheit ist die Freiheit von Ketten, von Einsperrung und Versklavung durch andere. Alles andere ist nur eine Erweiterung dieser Bedeutung oder Metapher ... Zumindest in ihrem politischen Sinn ist Freiheit gleichbedeutend mit dem Nichtvorhandensein von Einschüchterung und Zwang." (S. LVI) Von dem Nichtvorhandensein von Einschüchterung und Zwang bzw. der Ketten der Versklavung ist es ein weiter Weg bis zu den offenstehenden Möglichkeiten und der Leichtigkeit, sie zu verwirklichen. Auf diesem Weg nähert sich negative Freiheit unaufhaltsam ihrem positiven Gegenpart an.

2. Positive Freiheit

Während Berlins Begriff negativer Freiheit bloß das Nichtvorhandensein direkter politischer oder gesellschaftlicher Anpassung erzwingender Eingriffe in die Handlungen irgendeines Individuums (und direkte Übergriffe auf andere) meint, ist sein Begriff positiver Freiheit nicht so eng gefaßt. Dieser erfordert auch das Nichtvorhandensein von anderen Hindernissen. Denn was anderes als das Nichtvorhandensein aller von Menschen auferlegten Hindernisse für die Fähigkeiten von Menschen ist denn die positive Freiheit, die Berlin so eindrucksvoll beschreibt?

„Der ‚positive‘ Sinn des Wortes ‚Freiheit‘ hat seinen Ursprung in dem Wunsch des Individuums, sein eigener Herr zu sein. Ich wünsche, daß mein Leben und meine Entscheidungen mir selbst überlassen bleiben und nicht irgendwelchen äußeren Gewalten, welcher Art auch immer. Ich wünsche, Instrument meiner eigenen Willensakte, und nicht das anderer Menschen zu sein; von Gründen und bewußten Zwecken bestimmt zu sein, die meine eigenen sind, und nicht von irgendwelchen Ursachen, die von außen auf mich einwirken. Ich will jemand sein, nicht niemand; ein Handelnder, der für sich selbst entscheidet, für den nicht entschieden wird, der selbstbestimmt ist und sich nicht nach der äußeren Natur oder anderen Menschen richten muß, als wäre er ein Ding, ein Tier oder ein Sklave, unfähig, eine menschliche Rolle zu spielen, d. h. mir meine eigenen Ziele und Zwecke zu setzen und sie zu verwirklichen. Das ist zumindest teilweise damit gemeint, wenn ich sage, daß ich vernunftbegabt bin, daß es die Vernunft ist, die mich als menschliches Wesen von der übrigen Welt unterscheidet. Vor allem wünsche ich, ein Bewußtsein von mir als denkendem, wollendem, handelndem Wesen zu haben, das für seine Entscheidungen Verantwortungen trägt und fähig ist, sie durch Hinweis auf seine eigenen Ideen und Vorstellungen zu erklären. Ich fühle mich in dem Maße frei, wie das wahr ist, und in dem Maße versklavt, wie ich merke, daß das nicht der Fall ist." (S. 131)

Man könnte sich kaum ein beredteres Zeugnis vorstellen. Positive Freiheit ist die Freiheit, als vollkommen *menschliches* Wesen zu handeln. Die positive Freiheit eines Menschen ist faktisch dasselbe, was ich das Machtpotential eines Menschen im entwicklungsbezogenen Sinne nenne. Sie hängt von dem Nichtvorhandensein von Hindernissen ab, die über einfachen Zwang hinausgehen (verstanden als direkter politischer oder gesellschaftlicher Eingriff in das, was ein Individuum möglicherweise zu tun wünscht, sowie als direkter Übergriff eines Individuums auf andere), während Berlin negative Freiheit einfach als das Nichtvorhandensein derartigen Zwanges definiert.

Stattdessen fährt er fort zu zeigen, nachdem er sich auf die zwei Begriffe bezogen hat, als seien sie anscheinend auf der Oberfläche logisch nicht weit von einander entfernt – nichts weiter als der negative und positive Ausdruck für die gleiche Sache –, daß sie sich in Wirklichkeit „in nicht immer logisch einwandfreien

Schritten auseinander entwickelten, bis sie schließlich in direkten Konflikt miteinander gerieten." (S. 131 f.)

Er legt überzeugend dar, wie der Begriff positiver Freiheit in den Händen von Idealisten oder irgendwelchen extremen Rationalisten in scheinbar logischen Argumentationsschritten zu ungeheuren Verweigerungen von Freiheit führen kann und schon geführt hat. Freiheit als Selbstherrschaft wird zur Herrschaft eines „höheren" oder „wirklichen" Selbst über ein niederes, begieriges und animalisches Selbst. Darauf wird dieses „wirkliche" Selbst mit einem gesellschaftlichen Ganzen identifiziert, zu dem das Individuum als ein Teil gehört, und dieses organische Ganze wird als Verkörperung jedes wirklichen oder höheren Selbst oder als der Wille aller Individuen angenommen. Durch die Aufzwingung ihres organischen Willens auf die Individuen soll die Gesellschaft oder die, die in ihrem Namen handeln, angeblich eine höhere Freiheit für alle ihre Mitglieder erreichen. Das ist der idealistische Weg (oder schlüpfrige Abhang), der in Zwang endet: Das Individuum wird zur Freiheit gezwungen.

Wie Berlin aufzeigt, führt der aufgeklärte Rationalismus, der von der säkularen Maxime ausgeht, „Wahrheit soll dich frei machen", zu demselben Ergebnis – sei er nun idealistisch oder materialistisch. Freiheit ist dann die vernünftige Anerkennung der Notwendigkeit. Sie macht einen Staat mit Gesetzen erforderlich, die alle Menschen, wären sie vollkommen vernünftig, vernunftgemäß akzeptieren würden. Doch gegenwärtig sind die meisten dies noch nicht, sei es, daß sie durch die vorherrschenden gesellschaftlichen Institutionen (wie die optimistischen Aufklärer, Marx miteingeschlossen, behaupten würden) oder aus anderen Gründen verkümmert sind. Folglich liegt es im (vernünftigen) Interesse der meisten Menschen, daß andere – diejenigen, die volle Vernunft erreicht haben oder die die wahren Kräfte der Geschichte erkannt haben – ihnen Institutionen aufzwingen sollten, was sie zu voller Vernunft (soweit das möglich ist) und damit zu voller Freiheit bringt. In beiden Versionen ist Zwang das einzige Mittel zur größtmöglichen Freiheit: Wenigstens Sarastro, Procrustes wenn nötig.

Diese Analyse ist brillant. Es gibt keinen Zweifel, daß man mit dem Begriff positiver Freiheit zu falschen Schlußfolgerungen gelangt ist und daß er in dieser pervertierten Form dazu mißbraucht worden ist, genau die Freiheit für menschliche Selbstentfaltung zu verweigern, der er beschwörend den Anstoß gab. Auch kann kein Zweifel bestehen, daß diese Transformation sich im allgemeinen mittels des Postulats vollzog, die meisten Menschen seien von den sozialen Institutionen, unter denen sie leben mußten, so verkümmert und entwürdigt, daß sie selbst nicht in der Lage sind, diese zu ändern, und daß solche Veränderung primär die Aufgabe einer exklusiven Gruppe sein muß, sei es nun eine Gruppe von Intellektuellen als Berater von wohlwollenden Monarchen (wie es die *Philosophes* im 18. Jahrhundert sahen) oder eine politisch bewußte Avantgardepartei (im Sinne Lenins). Das Furchtbare ist nur, daß dieses Postulat oft korrekt ist. In vielen Gesellschaften sind Individuen durch die sozialen Institutionen verkümmert, unter denen sie leben müssen; sie können nicht völlig menschlich oder frei sein, bis diese Institutionen verändert worden sind; und unter besonderen Umständen können diese Institutionen unveränderbar sein außer durch revolutionären Zwang, Zwang, der nicht nur von denen ausgeht, die die alte Ordnung aufrecht erhalten, sondern auch – in einem bestimmten Maß und für gewisse Zeit – von denen, deren Unterstützung und Anstrengung nötig sind, um die neue Ordnung zu errichten.

Ich glaube, niemand, der die Machtwechsel beobachtet hat, die in so vielen Ländern Afrikas und Asiens in unserer Zeit und in denen Osteuropas einige Jahrzehnte unseres Jahrhunderts früher ein Instrument revolutionären gesellschaftlichen Wandels gewesen sind, und in diesem Zusammenhang die revolutionären Veränderungen in England und Frankreich, die den liberalen Staat selbst hervorgebracht haben, würde bestreiten, daß oft ein bestimmtes Maß an Zwang, das das von jeder liberalen Theorie Erlaubte überschreitet, eine notwendige (wenn auch sicherlich nicht hinreichende) Bedingung für die Erreichung sowohl positiver als auch negativer Freiheit gewesen ist. Der Grad von nötigem Zwang ist offensichtlich abhängig von verschiedenen Umständen: der Bereitschaft und Fähigkeit des alten Regimes, Widerstand zu leisten und (unabhängig davon, ob der Machtwechsel gewaltsam war) von all den Umständen, unter denen die nachrevolutionäre ‚Avantgarde‘ operieren muß. Damit ist nicht gesagt, daß das Ausmaß des wirklich ausgeübten Zwanges nie das erforderliche Ausmaß überschritt oder daß es nicht manchmal das Ziel pervertierte. Auch ist damit nicht gesagt, daß die Rechtfertigung, die für Zwang gegeben wurde, immer der Begriff positiver Freiheit gewesen ist. In unserem Jahrhundert war es jedoch oft der Fall. Und die Versuchung für eine Avantgarde ist offensichtlich sehr groß, sich bedenkenlos der pervertierten Doktrin zu verschreiben, der Doktrin, daß nur sie wissen können und daß es für sie ausreicht zu wissen: der klassische Fall ist Stalins Rußland.

Ich würde jedoch meinen, daß die pervertierte Doktrin nicht nur eine notwendige Ausflucht für solche Avantgarde ist, sondern daß sie zunehmend eindeutig in unserer Zeit eine Zuflucht ist, die zu ihrem eigenen Scheitern führt. Ich denke hier an die Lektion, die man aus dem Schicksal vieler junger afrikanischer Staaten lernen kann, die als Ergebnis nationaler Unabhängigkeitsbewegungen unter der Führung von Avantgarden entstanden. Die einzigen, in denen die ursprünglichen Avantgarden überlebt haben, sind die, in denen die Avantgarde nicht die pervertierte Doktrin übernahm, sondern es sich zur Aufgabe machte, eine demokratische Beteiligung von der Basis her zu entwickeln. Aufgrund solchen Beweismaterials können wir es allerdings nicht als allgemeine Regel behaupten, daß das Vertrauen auf die pervertierte Doktrin immer zu ihrem Scheitern führen muß. Aber wir können zumindest behaupten, daß Vertrauen auf solche Doktrin kein notwendiges Merkmal selbst eines revolutionären Regimes ist, das notwendigerweise für gewisse Zeit illiberal ist.

Es ist jedoch wahr, daß Rückgriffe auf die pervertierte Doktrin in unserem Jahrhundert häufig vorkamen, so häufig, daß Berlin mit Recht die Wahrscheinlichkeit einer Theorie positiver Freiheit, zu einer pauschalen Versagung von Freiheit zu entarten, als das größte Dilemma der Freiheit in unserer Zeit bezeichnen kann. Dennoch sprechen viele Gründe dafür, daß für das Dilemma weder die Logik positiver Freiheit noch die Annahmen der Idealisten und der rationalistischen Theoretiker verantwortlich sind, die theoretisch den Begriff positiver Freiheit auf Positionen festgelegt haben, die die abscheulichsten Auswüchse rechtfertigten. Ich möchte meinen, daß für das Dilemma eher eine spezifische Schwäche der liberalen Theorie und jener, die in den Gesellschaften, die sich durch die liberale Theorie rechtfertigen, an der Macht sind, verantwortlich ist: Das Versäumnis, die konkreten Umstände zu berücksichtigen, auf die die wachsende Forderung nach vollerer menschlicher Selbstverwirklichung getroffen ist und treffen wird.

Da ohne Zweifel der Weg in dieses Dilemma teilweise die Arbeit der politischen Theoretiker war, wird man kaum einen Ausweg ohne verstärkte und andersartige theoretische Arbeit finden. Der Anspruch, den Berlin für die Wichtigkeit politischer Philosophie erhebt (S. 118–120), sollte in diesem Ausmaße ruhig zugestanden werden. Aber wenn der Ausweg von den politischen Philosophen abhängen soll, dann von Philosophen mit einer weniger abstrakten und weniger realitätsfernen Art als die, deren Logik Berlin so eindrucksvoll bloßstellt. Ich plädiere hier nicht für die Aufgabe von Logik und Philosophie, die niemals nötiger waren als heute. Vielmehr können wir uns nicht länger auf eine Art von Logik verlassen, die zwar, wie Berlin es tut, von einer soliden historischen Beobachtung der Ausmaße, die bestimmte philosophische Positionen in der politischen Praxis tatsächlich angenommen haben, die sich aber dann damit zufrieden gibt, diese philosophischen Positionen an ihren eigenen Maßstäben zu analysieren, d. h. sie auf ihrer eigenen abstrakten Ebene zu analysieren. Sie müssen ein bißchen weiter auf den Boden der Tatsachen zurückgeholt werden. Sie müssen aufgrund der wirklichen Hindernisse für Freiheit in konkreten historischen Situationen beurteilt werden. Und diese sind, vorausgesetzt meine Analyse der Implikationen der Maximierung von Fähigkeiten hat einen gewissen Verdienst, spezifischer als die, die Berlin berücksichtigt.

Um nachzuweisen, daß nicht die Logik positiver Freiheit für das Dilemma verantwortlich ist, muß man zuerst sehen, wie Berlin drei verschiedene Dinge unter seinen Begriff positiver Freiheit verschmolzen hat. Zuerst begegnet uns positive Freiheit als das Recht auf die Teilhabe an souveräner Herrschaftsgewalt. Positive Freiheit hängt mit der Antwort auf die Frage zusammen, „was oder wer die Quelle der Kontrolle oder des Eingriffs ist, der jemand dazu bringen kann, eher das eine als das andere zu tun oder zu sein" (S. 122); oder mit der Antwort auf die Frage, „Von wem werde ich regiert?" oder „Wer soll sagen, was ich sein und nicht sein oder tun soll?" (S. 130) Es ist das Recht „auf Teilnahme an dem Prozeß, durch den mein Leben kontrolliert werden soll" (S. 131).

Doch bei der genaueren Erläuterung der Idee positiver Freiheit geht Berlin von etwas ganz anderem aus: dem Wunsch des Individuums, sein eigener Herr zu sein, selbstbestimmt zu sein, durch eigene bewußte Zwecke motiviert zu werden und eher selbständig zu handeln und zu entscheiden, als sich nach anderen richten zu müssen oder von ihnen bevormundet zu werden. Diese Idee positiver Freiheit, wie sie in der oben zitierten, eloquenten Passage entwickelt wird,[14] ist offensichtlich die grundlegende. Sie ist sicherlich von der Teilhabe an der Herrschaftsgewalt verschieden. An einer Stelle gibt Berlin zu erkennen, daß sie nicht identisch sind, im allgemeinen aber behandelt er sie als ununterscheidbar oder äquivalent; sie verschmelzen zu einem einzigen Begriff positiver Freiheit, in scharfem Kontrast zu negativer Freiheit: „Der Wunsch, von mir selbst regiert zu werden, oder jedenfalls an *dem Prozeß teilzuhaben,* vermittels dessen Herrschaft über mein Leben ausgeübt wird, mag so stark sein wie der Wunsch nach einem freien Handlungsspielraum und ist möglicherweise auch historisch älter. Aber es ist nicht das Verlangen nach derselben Sache." (S. 131, Hervorhebungen von mir, C. B. M.)

Außerdem findet man noch einen dritten Begriff positiver Freiheit, den wir schon erwähnt haben: Den Freiheitsbegriff der Idealisten und metaphysischen Rationalisten, die von Freiheit als Herrschaft über das Selbst oder Freiheit des „vernünftigeren" Selbst ausgehen und zu Freiheit als Zwangsherrschaft der vollkommen Vernünftigen über alle anderen kommen.

Wir finden also drei verschiedene Begriffe in einem Begriff positiver Freiheit verschmolzen. Zur besseren Orientierung werde ich sie mit PF_1, PF_2 und PF_3 bezeichnen.

PF_1, die die grundlegende ist, ist individuelle Selbstbestimmung oder – der Ausdruck ist etwas unglücklich, da er schon den Kern der idealistischen Transformation zu PF_2 enthält – Herrschaft über das Selbst. Sie ist die Fähigkeit, in Übereinstimmung mit den eigenen bewußten Zwecksetzungen zu leben, eher im eigenen Namen zu handeln und zu entscheiden, als sich nach anderen richten zu müssen und sich von ihnen bevormunden zu lassen.

PF_2 ist die idealistische oder metaphysisch rationalistische Transformation von PF_1: Freiheit ist die Zwangsherrschaft der vollkommen Vernünftigen bzw. derjenigen, die Herrschaft über ihr Selbst erlangt haben, über den Rest. Zwangsherrschaft derjenigen, die sich im Besitz der Wahrheit wähnen, über all die, die (noch) nicht wissen.

PF_3 ist der demokratische Freiheitsbegriff, verstanden als Teilhabe an der Herrschaftsgewalt.

Das entscheidende Problem positiver Freiheit ist die Beziehung zwischen PF_1 und PF_2. Wie und warum geht erstere in letztere über? Bevor wir uns aber damit beschäftigen, sollten wir erwähnen, daß Berlins grundsätzliche Teilung der Freiheit in „negative" und „positive" größtenteils auf der Verwendung *einer* der Bedeutungen positiver Freiheit beruht, nämlich von PF_3, wenn er den Unterschied zwischen negativer Freiheit (NF) und positiver Freiheit im ganzen macht.

Die Unterscheidung zwischen NF und PF_3 ist in der Tat eindeutig und klar. Berlin hat sicherlich Recht, wenn er meint, daß positive Freiheit im Sinn von Teilhabe an der höchsten Regierungsgewalt etwas ist, das logisch und historisch von negativer Freiheit verschieden ist. Die negative Freiheit eines Individuums, der Bereich, in dem es vor Eingriffen eines anderen einschließlich des Staates, sicher ist, kann genauso (oder mehr) durch die Träger einer Volksherrschaft (oder eines populistischen Regimes) wie durch einen Autokraten oder eine Oligarchie beschnitten werden. Demokratie als Volkssouveränität oder Souveränität der Mehrheit garantiert nicht die negative Freiheit des Individuums. Das heißt nicht, daß Demokratie (PF_3) notwendig eine Gefahr für NF darstellt; sie mag ihr sogar förderlich sein. Denn wie Berlin weiterhin feststellt, stellt Demokratie oder Selbstregierung „möglicherweise eine bessere Garantie für den Schutz bürgerlicher Freiheiten dar als andere Herrschaftsformen und ist aus diesen Gründen von den *libertarians* verteidigt worden" (S. 130). PF_3, obwohl sie mit NF vereinbar ist und sogar für eine Voraussetzung für sie gehalten werden kann, ist eindeutig nicht dasselbe wie NF.

Diese eindeutige Unterscheidung zwischen negativer Freiheit und einer der Bedeutungen von positiver Freiheit (PF_3) läßt sich, wie ich glaube, nicht einfach übertragen und zu einer allgemeinen Unterscheidung zwischen negativer und positiver Freiheit machen.

Denn PF_3 ist nicht dasselbe wie PF_1.[15] Von vornherein muß allerdings darauf hingewiesen werden, daß Berlin sein ganzes Argument für die Trennung positiver und negativer Freiheit nicht ausschließlich auf der Unterscheidung zwischen NF und PF_3 gründet.[16] Ein Großteil seiner Argumentation beruht vielmehr auf der klaren Unvereinbarkeit von NF und PF_2. Aber damit kann man die grundsätzliche Teilung der Freiheit in NF und PF nur rechtfertigen, wenn man PF_1 und PF_2 assimiliert. Ich kann aber keine Argumente für eine klare Unterscheidung von NF und PF_1 finden: Argumentiert wird allerdings, daß PF_1 dazu tendiert, zu PF_2 (die mit NF nicht vereinbar ist) zu werden.

Also ist das grundlegende theoretische Problem die Beziehung zwischen PF_1 und PF_2. PF_2 ist offensichtlich das Ärgernis der Reihe. Sie ist unvereinbar mit allen und schädlich für alle anderen. Sie ist einfach unvereinbar mit negativer Freiheit, mit jeder echten Demokratie (echte PF_3) und mit PF_1, deren Verfälschung sie darstellt. Die Falschheit oder Logik, mit der man von PF_1 zu PF_2 gelangt, ist, wie Berlin anmerkt, schon oft aufgedeckt worden, doch taucht diese Doktrin in verschiedenen Gewändern immer wieder auf, was fatale Folgen für negative Freiheit, für den grundlegenden Begriff positiver Freiheit und für jede echte Demokratie hat. Möglicherweise findet die Aufdeckung auf einer zu abstrakten logischen Ebene statt.

Das Grundproblem bleibt jedoch, warum und unter welchen Umständen PF_1 in PF_2 übergeht. Wir müssen beachten, daß PF_2 nur dann von Bedeutung ist, wenn sie aus dem Studierzimmer des Philosophen auf das Forum oder den Marktplatz gerät, wenn sie zu einer Ideologie oder einem Glauben wird, der diese, wie Berlin sie nennt, „großen, disziplinierten, autoritären Strukturen", die eine so große Gefahr für negative Freiheit darstellen, stützt und legitimiert. Wir sollten also nicht erwarten, daß der Übergang zu PF_2 ausschließlich aufgrund der inhärenten Logik der ursprünglichen Theorie zu erklären ist. Dennoch muß der Übergang zu PF_2 in den Köpfen der Theoretiker beginnen.

Liegt er dort wegen einiger PF_1 inhärenter Dinge? Genau das möchte Berlin unterstellen. Von den beiden Arten, auf die seiner Meinung nach PF_1 zu PF_2 umgewandelt werden kann, behandelt er die eine als PF_1 logisch immanent und die andere als wahrscheinlich von PF_1 induziert. Zuerst zur zweiten: Mit seinem Hinweis (S. 133) auf die fälschliche Ableitung von PF_2 aus PF_1 vermittels des Begriffes der Herrschaft des Selbst will er natürlich nicht implizieren, daß PF_2 PF_1 logisch immanent ist, sondern er will mit Nachdruck deutlich machen (S. 134), daß die „positive" Konzeption von Freiheit als Herrschaft des Selbst mit ihrer Implikation eines in sich gespaltenen Menschen sich sehr viel leichter für irreführende Deduktionen hergibt als der negative Begriff von Freiheit.

Die andere Art, auf die seiner Meinung nach PF_1 zu PF_2 umgewandelt werden kann, ist das Resultat von PF_1 immanenten Dingen. Die rationalistische Transformation einer Kantschen PF_1 zu einer modernen totalitären PF_2 wird der rationalistischen Annahme, daß es „eine einzige wahre Lösung" (S. 152) gibt, oder besser vier rationalistischen Prämissen zugeschrieben. „Erstens, daß alle Menschen ein und nur ein wahres Ziel verfolgen, nämlich das vernünftiger Selbstbestimmung; zweitens, daß die Zwecke aller vernünftigen Wesen sich notwendig in eine einzige, universelle, harmonische Ordnung fügen müssen, die einige Menschen möglicherweise klarer erkennen können als andere; drittens, daß alle Konflikte und folglich alle Tragik allein aus dem Zusammenstoß der Vernunft mit den unvernünftigen oder unzureichend vernünftigen – den unreifen oder unterentwickelten Elementen im Leben, seien sie privater oder gesellschaftlicher Natur, stammen und daß solche Auseinandersetzungen, im Prinzip vermeidbar, für vollkommen vernünftige Wesen unmöglich sind; und schließlich, daß, wenn alle Menschen zur Vernunft gebracht worden sind, sie den vernünftigen Gesetzen ihrer eigenen Natur gehorchen werden, die für sie alle ein und dasselbe sind, und daß sie so zugleich gesetzestreu und frei sein werden."

Man wird nicht bestreiten, daß jede Theorie, die diese Prämissen enthält, notwendigerweise zu einer Doktrin wie PF_2 führen muß. Dagegen muß aber bestritten werden, daß alle diese Annahmen jedem Begriff positiver Freiheit inhärent sind. Die erste Annahme, so mag man zugestehen, ist wesentlich für PF_1, vorausgesetzt, daß das „vernünftige" Element in „vernünftiger Selbstbestimmung" den Sinn bekommt, den Berlin ihm in seiner definitiven Bestimmung positiver Freiheit gibt, d. h. das Vermögen (das den Menschen als Menschen auszeichnet), „von Vernunft und bewußten Zwecksetzungen motiviert zu sein" (S. 131). In dieser Interpretation schließt „vernünftige Selbstbestimmung" die Verfolgung jedes Zweckes mit ein; sie umfaßt all das, was ich das entwicklungsbezogene Machtpotential eines Menschen nenne. Es gibt vielleicht keine logischen Einwände dagegen, der Doktrin positiver Freiheit die Annahme zuzuschreiben, daß etwas so weit Gefaßtes wie dies „das einzig wahre Ziel der Menschen" ist, aber das kann gefährlich irreführend sein, denn dadurch wird ein Monismus heraufbeschworen, der tatsächlich nicht vorhanden ist. Der eigentliche Monismus ist in den drei letzten Annahmen enthalten. Sie gehören wahrhaftig zum Kern von PF_2. Doch folgen sie nicht aus der ersten Annahme. Denn in ihnen bedeutet ‚vernünftig' nicht mehr einfach die Verfolgung (vielfältiger) bewußter Zwecksetzungen, sondern die Fügung in eine vorherbestimmte kosmische Ordnung.

Mein Standpunkt ist, daß die drei letzten Annahmen für keinen Begriff positiver Freiheit erforderlich sind und daß sie in der Tat mit PF$_1$ unvereinbar sind. Ein Verfechter positiver Freiheit braucht *nicht* die Behauptung oder Annahme zu machen, daß es eine einzige universelle harmonische Ordnung gibt, in die sich die Zwecke aller vernünftigen Wesen einfügen müssen. Denn es besteht ein großer Unterschied zwischen (I) dem Glauben, daß es solch ein Schema gibt (das vollkommen vernünftige Menschen erkennen können und das sie anderen auferlegen sollten), und dem Glauben (II) daß, wenn die Haupthindernisse für die entwicklungsbezogenen Fähigkeiten beseitigt wären – d. h. wenn ihnen gleiche Freiheit zugestanden würde – nicht ein Schema, sondern eine Vielfalt von Lebensweisen und -stilen entstehen würde, die nicht in Vorschriften bestünden und nicht miteinander in Konflikt gerieten.

Nur die zweite dieser Annahmen ist für den Begriff positiver Freiheit wesentlich. Selbstverständlich ist die Bedingung, daß die Lebensweisen nicht notwendig miteinander in Konflikt geraten, eine notwendige Bedingung, wenn es sich lohnen soll, eine Gesellschaft positiver Freiheit anzustreben. Doch ist sie nicht dieselbe wie das Postulat von einer vorherbestimmten, harmonischen Ordnung. Weiter oben hatte ich angedeutet, wie eine solche Gesellschaft konfliktfreier, aber nicht vorgeschriebener Zielsetzungen möglich ist. Die Anforderungen für ihre Verwirklichung sind groß, aber nicht unerfüllbar: Die Beendigung von Knappheit und Klassenauseinandersetzung. Wenn ich Berlin richtig verstehe, verwirft er die Idee einer konfliktfreien, aber nicht vorgeschriebenen Gesellschaft deshalb, weil er glaubt, daß diese Anforderungen unerfüllbar *sind*. Jedenfalls betont er seine Ansicht, daß es in jeder Gesellschaft unversöhnliche Konflikte über Zielsetzungen und Werte geben wird. „Die Situation des Menschen ist so, daß die Menschen es nicht immer vermeiden können, Entscheidungen zu treffen ... aus einem fundamentalen Grund können sie es nicht vermeiden, Entscheidungen zu treffen: nämlich, daß Zielsetzungen miteinander in Konflikt geraten; daß man nicht alles haben kann. Die Notwendigkeit, sich zu entscheiden, bestimmte Zielsetzungen anderen zu opfern, stellt sich als ein permanentes Charakteristikum des menschlichen Dilemmas heraus" (S. LI). „Daß wir nicht alles bekommen können, ist eine notwendige, keine kontingente Wahrheit." (S. 170)

Es ist nicht leicht einzusehen, wie man so kategorisch behaupten kann, daß einige Grundwerte immer anderen geopfert werden müssen. Worin bestehen diese Werte oder Zielvorstellungen, die manchmal, unter Umständen sogar immer, miteinander in Widerspruch geraten? Uns werden viele Beispiele gegeben: Negative Freiheit gegen Sicherheit, Status, Wohlstand, Macht, Vorbildlichkeit, Belohnung in der nächsten Welt, oder gegen Gerechtigkeit, Gleichheit, Brüderlichkeit (S. 161); negative Freiheit gegen Gleichheit, Gerechtigkeit oder Glück, gegen Sicherheit oder Aufrechterhaltung der öffentlichen Ordnung (S. 170); negative Freiheit gegen positive Freiheit, in solchen Formen wie individuelle Freiheit gegen Demokratie, künstlerische Exzellenz gegen Gleichheit, Spontaneität gegen Effizienz etc. (SS. XLIX-L). Was an dieser Aufzählung von Konflikten auffällt, ist, daß jedesmal ein Konflikt zwischen negativer Freiheit und einer anderen Wertvorstellung angenommen wird. Vielleicht erklärt das, warum der Konflikt zwischen Wertvorstellungen für stets unvermeidbar gehalten wird. Denn wenn man negative Freiheit so eng faßt, wie wir es gerade gesehen haben, d. h. wenn das Nichtvorhandensein entscheidender Hindernisse (Fehlen des Zugangs zu den Mitteln zum Leben und Arbeiten) nicht zum Bestandteil von Freiheit gezählt wird, sondern zu den „Bedingungen von Freiheit" relegiert wird, dann muß man wohl mit einem ewigen Konflikt zwischen negativer Freiheit und irgendwelchen anderen Wertvorstellungen rechnen.

Definierte man den Begriff negativer Freiheit weiter, wie man es meines Erachtens sollte, dann geriete sie nicht in notwendigen Konflikt mit jenen anderen Werten; und in dem Grade, wie sie wirklich erreicht würde, würde sich der Bereich unvermeidlicher Konflikte verringern. Es ist richtig, daß die Konflikte, die Berlin anführt, keine materiellen Interessenkonflikte sind. Sie sind weder Klassenkonflikte noch Kollisionen in den Zwecksetzungen engstirnig eigensüchtiger habgieriger Individuen. Sie sind Konflikte zwischen entgegengesetzten Wertvorstellungen, die Menschen (und Gruppen) gleich guten Willens verfechten können und schon häufig verfochten haben. Diese Tatsache läßt ihr ständiges Vorkommen so einleuchtend erscheinen. Aber wie viele dieser Konflikte wären einer Gesellschaft ohne Klassenkonflikte und materielle Knappheit immanent. Sie sind einer Klassengesellschaft immanent, insbesonders einer auf Klassenteilung beruhenden Marktgesellschaft, die von dem Postulat unbegrenzter Bedürftigkeit geleitet wird. In einer derartigen Gesellschaft ist es tatsächlich eine notwendige, keine kontingente Wahrheit, „daß wir nicht alles bekommen können". Doch müssen wir nicht das entgegengesetzte Extrem eines manipulierten Utopias annehmen, um uns eine Gesellschaft vorstellen zu können, in der verschiedenartige und wirklich menschliche (nicht künstlich ausgedachte) Bedürfnisse befriedigt werden können.

Wenn eine solche Gesellschaft überhaupt möglich ist, dann braucht der Konflikt zwischen Wertvorstellungen nicht dauerhaft zu sein. Wenn der Konflikt nicht notwendig von Dauer ist, dann ist der repressive Monismus, den Berlin mit Recht beklagt, für die Begründung einer Gesellschaft mit echter positiver Freiheit unnötig. Kurz, der Monismus, der die Essenz von PF_2 ausmacht, ergibt sich nicht zwangsläufig aus PF_1.

Wenn die Transformation von PF_1 zu PF_2 nicht aus der Logik von PF_1 folgt, woraus folgt sie dann? Ich schlage vor, den Übergang zu PF_2, wo immer er vorkommt, eher als das Resultat des theoretischen und praktischen Umgangs mit bestimmten Implikationen von PF_1, insbesondere der Rolle der Hindernisse, aufzufassen. Wie wir gesehen haben, ist PF_1 eigentlich dasselbe, was ich die entwicklungsbezogenen Fähigkeiten der Menschen genannt habe. Der Versuch, PF_1 zu erreichen bzw. zu maximieren, muß deshalb in dem Versuch bestehen, die Hindernisse für das entwicklungsbezogene Machtpotential eines Menschen zu beseitigen oder zu minimieren. Unter diesen Hindernissen ist auch das Fehlen des Zugangs einiger Menschen zu den Mitteln zum Leben und Arbeiten zu verstehen. Das Versäumnis, das zu sehen und ihm nachzugehen, scheint mir direkt für das Entstehen von PF_2 verantwortlich zu sein.

Bei der Beschäftigung mit dieser möglichen Kausalbeziehung können wir zuerst zwischen konservativen und radikalen Formen von PF_2 unterscheiden. Mit „konservativ" sollen hier in einem ganz weiten Sinne alle die Doktrinen bezeichnet werden, die so etwas wie die bestehende Klassenstruktur von Macht und Besitz zu erhalten bestrebt sind: Dazu gehören die Theorien von Hegel bis zum konservativen Besitzliberalismus T. H. Greens, einschließlich verschiedener Elitetheorien; mit „radikal" dagegen diejenigen, die die bestehende Klassenstruktur ablehnen und die gern ihre Zerstörung miteinschließen. Konservative PF_2 erscheint dann als die direkte, und radikale PF_2 als die indirekte Folge des Versäumnisses von Theorie und Praxis des traditionellen Liberalismus, das Problem der Hindernisse zu erkennen und mit ihm fertig zu werden. Wir wollen nun sehen, wie diese beiden Formen von PF_2 aus diesem einzigen Versäumnis resultieren können.

Von konservativer PF_2 im ganzen, in idealistischem *oder* anderem Gewande, läßt sich sagen, daß sie das Fehlen des Zugangs zu den Mitteln zum Arbeiten und Leben als Hindernisse für die Fähigkeiten der Menschen vernachlässigt. Da sie versäumen, sie zu berücksichtigen, bleibt ihre Argumentation folglich auf einer etwas abstrakten Ebene. Ihre Befürworter sehen keine Zukunft für PF_1, außer in der Herrschaft einer vollkommen vernünftigen Elite (sie selbst oder ihre Schüler), deren Herrschaft in eine autoritäre Form von PF_2 mündet, da sie keinen Versuch machen, diese Hindernisse zu beseitigen.

Von den idealistischen Theoretikern kam T. H. Green der Idee am nächsten, das Ideal positiver Freiheit oder der Verwirklichung von Fähigkeiten als Abbau von Hindernissen zu formulieren und so die Wichtigkeit dieser besonderen Hindernisse anzuerkennen.[18] Doch auch der, wie Berlin ihn nennt, „milde Liberalismus" von Greens Version „objektiver Vernunft" reiht seine Theorie in die Kategorie von PF_2 ein. Warum? Weil Green, obwohl er betonte, daß die Armut und das Fehlen des Zugangs zu Land oder Kapital, die das „Proletariat" (Greens Ausdruck) seiner eigenen Zeit kennzeichnete", drastische Hindernisse für die Entfaltung der Fähigkeiten von Menschen waren,[19] nicht erkannte (in der Tat bestritt er es mit Güte, aber völliger Unkenntnis politischer Ökonomie), daß diese Hindernisse ein unverzichtbarer Bestandteil des Eigentumssystems war, das er als liberales voll unterstützte, d. h. der kapitalistischen Marktwirtschaft, die auf dem Recht unbegrenzter individueller Aneignung beruht. Er wollte nicht einräumen, daß eine Übertragung von Fähigkeiten oder deren Defizienz, die aus dem Fehlen der Kontrolle über die eigene Arbeit und das eigene Leben herrührt, dem Kapitalismus inhärent ist. Er erkannte nicht, daß sein Ziel positiver Freiheit zusammen mit der negativen Freiheit, die er forderte, – die negative Freiheit der klassischen Liberalen, in der Freiheit von Eingriffen in die Transaktionen der kapitalistischen Marktwirtschaft und in die Rechte unbegrenzter Aneignung zentral waren –, unerreichbar war. Auch sah er nicht, daß diese negative Freiheit, da sie nur den wenigen möglich war, die Möglichkeit der Erreichung positiver Freiheit für die vielen verhinderte. In Greens Fall war das Resultat nicht mehr als ein gemäßigter konservativer Idealismus: Seine Verstrickung in PF_2 ging nicht sehr weit.

Den vollständigen Übergang zur *konservativen* PF_2 findet man wahrscheinlich bei denen, die den Hindernissen, die durch die bestehende Eigentumsstruktur geschaffen worden sind, weniger Beachtung schenken, als Green es tat. Insofern sie nicht erkennen, daß die Beseitigung dieser Hindernisse eine sine qua non Bedingung für die Erreichung positiver Freiheit (PF_1) ist, und insofern sie daran glauben, daß es innerhalb des Universums möglich sein muß, PF_2 zu erreichen, werden sie zu der Ansicht gedrängt, daß nur eine autoritäre Elite das tun kann und sollte, die alle notwendigen Zwangsmittel einsetzt.

Der Übergang zu PF_2 durch *radikale* Anhänger von PF_1 ist nicht auf ihr Versäumnis zurückzuführen, die Wichtigkeit der Hindernisse für PF_1 zu erkennen, die jeder existierenden Klassenstruktur inhärent ist, sondern im Gegenteil auf ihr Bewußtsein dieser Tatsache sowie auf ihre Annahme, daß alle nicht-autoritären Methoden der Beseitigung dieser Hindernisse erfolglos sind, sei es in der Theorie oder in der Praxis, da ihre Gegner diese Hindernisse nicht sehen oder nicht anerkennen können. Das soll nicht heißen, daß radikale Theoretiker und Führer, die von der PF_1 Position ausgehen und eine Analyse dieser Art unternehmen, immer zu PF_2 gedrängt werden. Für Marx z. B. trifft das nicht zu: Das Ziel, das er anstrebte, war immer der Sprung aus dem Reich der Notwendigkeit in das Reich der Freiheit, was äußerstes Aufblühen menschlicher Vielfalt ermöglichen sollte. Auch Lenin, glaube ich, kann man eigentlich nicht als einen Befürworter von PF_2 beschreiben: Er forderte zwar Avantgardeherrschaft für die revolutionäre Übergangsperiode, die aber erfordert nicht, wie ich gezeigt habe, PF_2 zu ihrer Rechtfertigung. Die Transformation radikaler Formen von PF_1 zu PF_2, die mit dem Stalinismus kommt, scheint nur vorzukommen nach einer lang andauernden und unnachgiebigen Weigerung der Nutznießer von ungleichen Institutionen, im weltweiten Maßstab, jegliche Veränderungen von Institutionen in Richtung auf annähernd gleiche Fähigkeiten zuzulassen. Jedenfalls scheint der radikale Übergang zu PF_2 nicht das Ergebnis irgendwelcher in PF_1 inhärenter Strukturen zu sein, sondern das Versäumnis des bestehenden Gesellschaftssystems, mit dem Problem der Hindernisse fertig zu werden.

Es hat den Anschein, daß sowohl in den konservativen wie in den radikalen Fällen der Übergang zu PF_2 nicht irgendeinem logischen Prozeß zuzuschreiben ist, deren Ursprung schon in PF_1 zu finden ist, und daß es nicht unter allen Umständen gleich wahrscheinlich ist, daß PF_1 zu PF_2 umgewandelt wird. Die Umstände, unter denen PF_1 zu PF_2 verkommt, kann man einengen, indem man erkennt, daß der ganze Begriff positiver Freiheit der Neuzeit angehört. Autoritäre Herrschaftsformen im Namen irgendeiner höheren Vernunft oder irgendeines höheren Zweckes sind natürlich so alt wie Plato, aber erst seit der Neuzeit wurden solche Herrschaftsformen Freiheit genannt. Der Grund dafür ist unschwer zu finden: Er liegt darin, daß individuelle Freiheit – jeglicher Art – kein zentraler Wert politischer Theorie in den alten und mittelalterlichen Zivilisationen war. Darauf hatte Berlin schon in Zusammenhang mit negativer Freiheit hingewiesen (S.

129). Wir haben dem nur noch hinzuzufügen, daß, bevor negativer Freiheit so große Wertschätzung zuteil wurde, es für jeden Theoretiker sinnlos gewesen wäre, für die Herrschaft des vernünftigen Willens oder die Entfaltung der vollen Natur des Menschen vermittels der Erreichung positiver Freiheit zu plädieren.

Wir können also sagen, daß der Begriff positiver Freiheit entstand und nur dann entstehen konnte, nachdem das Ideal individueller Freiheit sich fest eingebürgert hatte. Und das bedeutet, daß der Begriff positiver Freiheit ein Produkt der bürgerlichen Gesellschaft ist. Das Gleiche gilt deshalb auch für jede Transformation von PF_1 zu PF_2. Und in der Tat ist PF_2 in ihren konservativen wie in ihren radikalen Formen, die wir unterschieden haben, in und aus der bürgerlichen Gesellschaft entstanden. Konservative PF_2, so können wir jetzt sagen, entsteht unter Theoretikern, die bürgerliche Wertvorstellungen bejahen, aber nicht erkennen, daß die Haupthindernisse für NF wie für PF_1 dieselben sind; radikale PF_2 dagegen unter Theoretikern, die bürgerliche Wertvorstellungen als mit PF unvereinbar ablehnen und den Weg zu PF_1 durch die politischen Machthaber blockiert finden. Beide Arten von PF_2 sind die direkten bzw. indirekten Ergebnisse des Versäumnisses liberal-individualistischer Theoretiker und Apologeten einer etablierten kapitalistischen Gesellschaft zu erkennen, welche Hindernisse für PF_1 dieser Gesellschaft inhären, sind, und so auch das Ergebnis ihres Versäumnisses, die Handlungen anzuraten und zuzulassen, die für die Beseitigung dieser Hindernisse erforderlich sind.

Es ist nicht leicht, die Umstände, unter denen diese Transformationen von PF_1 zu PF_2 vorkommen können, noch weiter einzuengen. Es mag die Ansicht geäußert werden, daß die Wahrscheinlichkeit dieser Transformation in umgekehrter Abhängigkeit zur Sensibilität der Intellektuellen gegenüber den Mängeln einer Gesellschaft steht; oder daß sie in direkter Abhängigkeit zu den historischen oder strukturellen Zufällen steht, die ein hohes Maß an Kompromißlosigkeit seitens der herrschenden Klasse befördern oder erlauben. Aber für unsere momentanen Zwecke, die in dem Versuch bestehen, die theoretischen Versäumnisse, die zu PF_2 führen, zu identifizieren und so Hinweise zu geben, wie sie vermieden werden können, ist die hier skizzierte Analyse vielleicht ausreichend.

Meine Schlußfolgerung lautet, daß die Entstehung von PF_2 weniger das Ergebnis irgendeiner inhärenten Anfälligkeit von PF_1 für idealistische Trugschlüsse oder irgendeiner fatalen Annahme ist (so wie sie Berlin in den extremen rationalistischen Behandlungen positiver Freiheit findet), die lautet, daß es eine endgültige und einzige Lösung für alle ethischen Probleme gebe, als daß es das Resultat eines spezifischen Versäumnisses von Theoretikern ist, die in liberalen Gesellschaften bisher inhärenten Hindernisse für PF_1 zu isolieren, und auch des damit einhergehenden Versäumnisses der Machthaber in liberalen Gesellschaften, die für die Realisierung von PF_1 erforderlichen Maßnahmen zu ergreifen. Unter den Umständen des späten 20. Jahrhunderts und der Stärke der demokratischen Strömungen kann das Ergebnis dieses doppelten Scheiterns nur allzu leicht ein konservativer Polizeistaat oder kommunistischer Totalitarismus sein.

Wenn diese Analyse richtig ist, und wenn beide dieser Verweigerungen von Freiheit und Humanität nicht die Ergebnisse irgendwelcher inhärenter Fehlerhaftigkeit des Begriffes positiver Freiheit sind, sondern theoretischer und praktischer Fehlschlüsse darüber, was er in einer bestimmten Art von Gesellschaft erforderlich macht, dann sollten wir nicht, wie Berlin es uns rät, den Begriff positiver Freiheit aufgeben. In ihm sind immerhin die nobelsten Bestrebungen einer individualistischen Theorie enthalten. Der Verzicht auf ihn, d. h. seine Tilgung aus der liberal-demokratischen Tradition des Westens, würde uns unter den Umständen des 20. Jahrhunderts nicht mehr Sicherheit für echte negative Freiheit geben. Denn negative Freiheit ist lange schon nicht mehr das Schutzschild von Individualität, wozu Mill es machen wollte und das Berlin noch gern in ihr sähe: Sie dient nur zur Bemäntelung der un-individualistischen, von Konzernen getragenen, imperialen Macht „freier Privatinitiative". Das Gleiche trifft leider auf ein Großteil heute gängiger Theorie des politischen Pluralismus zu,[20] so daß man auf die Neuformulierung negativer Freiheit als Pluralismus auch nicht bauen kann. Doch die Gefahren des Begriffs positiver Freiheit sind lebhaft deutlich. Gibt es da einen anderen Ausweg?

3. Ein Alternativvorschlag zur Teilung der Freiheit

Ich habe argumentiert, daß Berlins Teilung der Freiheit in positive und negative Freiheit nicht den Zweck erfüllt, den sie erfüllen sollte, nämlich die Freiheit vor dem Zugriff all derer zu bewahren, die das Wort nur benutzen, um seine Substanz abzuleugnen. Seine Teilung nimmt meines Erachtens dem Begriff negativer Freiheit – verstanden als das Nichtbestehen von Eingriffen in Wahlmöglichkeiten – fast jeglichen Gehalt, indem als Eingriff nur unmittelbarer physischer Zwang verstanden wird. Ketten, Sklaverei und unmittelbare physische Beherrschung werden dazu gezählt; Beherrschung qua Vorenthaltung von Mitteln zum Leben und Arbeiten dagegen nicht: Sie wird außerhalb des Bereichs der Freiheit angesiedelt.

Da sie außerhalb des Bereichs der Freiheit angesiedelt wird, spielt sie auch bei der Definition positiver Freiheit keine Rolle. Doch in ihrer grundlegenden Bedeutung als der Fähigkeit, sich selbst bewußt Zwecke zu setzen und sie zu verfolgen, fordert positive Freiheit sogar noch eindeutiger als negative Freiheit, daß es keine indirekte Beherrschung mittels Vorenthaltung von Mitteln zum Leben und Arbeiten gebe. Berlins Formulierung positiver Freiheit vernachlässigt dies, und so muß sich seine positive Freiheit in Luft auflösen. Sie wird zu einer jeglichen Gehalts entleerten Abstraktion: Sie hat noch nicht einmal den enggefaßten, aber konkreten Inhalt, den negative Freiheit hat: „keine Ketten“. So findet er es natürlich oder sogar notwendig, daß positive Freiheit in metaphysischen Rationalismus mündet und auf diese Weise zu einer Verweigerung der Freiheit führt. Es ist nur natürlich, daß ein Begriff positiver Freiheit, der jeglichen Gehalts entleert ist, zu einem derartigen Ende führt. Aber es gibt keinen Grund für eine derartige Tilgung.

Könnte eine alternative Teilung von Freiheit besser dem Zweck dienen, individuelle Freiheit gegen ihre Pervertierung zu schützen? Wir wollen wie Berlin mit Freiheit als dem Nichtvorhandensein von Übergriffen und Beherrschung beginnen. Wir wollen anerkennen, daß Freiheit ausschließlich eine Sache der Freiheit eines jeden Individuums ist. Aber wir wollen auch anerkennen, daß – da die Freiheit eines jeden Individuums die eines anderen vermindern oder zerstören kann – die einzig sinnvolle Methode der Messung individueller Freiheit darin besteht, die aggregierte Nettogröße zu messen. Daß das so ist, wird am offensichtlichsten, wenn man die Stellung des Rechts betrachtet.

„Jedes Gesetz" sagt Bentham, „ist ein Verstoß gegen Freiheit".[21] Ganz richtig. Doch ebenso ist es richtig, daß es keine Freiheit (in Berlins Sinne), d. h. keinen Bereich, in dem jeder vor Eingriffen oder Beherrschung sicher wäre, gäbe, wären nicht Gesetze vorhanden, um die Individuen vor Übergriffen anderer zu schützen. Wenn man von einem gesetzlosen Zustand ausgeht, vermehrt also jedes Gesetz, indem es eine gewisse Klasse von Eingriffen verhindert, die Freiheit insgesamt.[22] Es muß Eingriffe geben, um mich vor Eingriffen zu schützen: Eingriffe von Staats wegen, um mich vor Eingriffen anderer Individuen zu schützen. Dies ist einleuchtend genug im Falle von Gesetzen, die direkte Übergriffe auf ein Individuum durch andere verhindern. Und wenn man die durch die Vorenthaltung von Mitteln zum Leben und Arbeiten bedingten indirekten Eingriffe ebenfalls als Freiheitsberaubung eines Individuums auffaßt, dann muß man staatliche Eingriffe, um derartige indirekte Übergriffe zu verhindern, auch für eine Vermehrung aggregierter Freiheit halten.

Daraus folgt sicherlich nicht, daß jedes Gesetz oder jeder Staatseingriff dazu bestimmt ist, die aggregierte Freiheit zu vermehren. Denn der Staat ist gewöhnlich auch ein Apparat der Beherrschung einer Klasse durch die andere gewesen. Seine Eigentumsgesetze haben immer – unabhängig davon, ob sie nur zur Aufrechterhaltung von Sklaverei, Knechtschaft oder kapitalistischer Privatinitiative bestimmt waren – eine Herrschaftsordnung gesichert. Ihr Zweck hat darin bestanden, es einigen möglich zu machen, aus anderen für sich selbst einen Vorteil zu ziehen. Das zentrale Unterscheidungskriterium für Gesetze ist also, ob sie den aggregierten Nettobetrag individueller Freiheit vermehren oder vermindern.

Und der zentrale Gesichtspunkt im Hinblick auf Freiheit ist, ob die Freiheiten, die eine Gesellschaft gewährt oder garantiert, den aggregierten Nettobetrag von Freiheit vermehrt oder vermindert, indem sie die ausbeuterische Erzielung eines Vorteils von einigen für andere verhindert oder begünstigt. Der Maßstab für Freiheit ist das Fehlen ausbeuterischer Macht.[23] Denn man kann annehmen, daß andere mich letzten Endes deshalb beherrschen wollen, weil sie etwas aus mir herausholen wollen, d. h. weil sie mir einen Teil meines Machtpotentials zu ihrem Vorteil entziehen wollen. Und der Staat will in mein Leben eingreifen (und zwar über das Maß hinaus, das erforderlich ist, um mich vor privaten Eingriffen zu sichern), weil er es denen, die er hauptsächlich repräsentiert, möglich machen will, etwas aus mir herauszuholen.

Es scheint deshalb nicht abwegig, Berlins negative Freiheit als *Immunität von der ausbeuterischen Macht anderer (einschließlich des Staates)* neu zu definieren. Diesen Sachverhalt kann man aus Mangel eines einfacheren Ausdruckes als *gegenausbeuterische Freiheit (counter-extractive liberty)* bezeichnen. Dieser Begriff hat den Vorteil, realitätsnäher zu sein als der Begriff „negative" Freiheit. Er entfernt sich von der mechanischen Vorstellung negativer Freiheit als „eines Bereichs (im Idealfalle) ohne Hindernisse, ein Vakuum, in dem sich mir nichts entgegenstellt". Er erkennt an, daß Behinderungen notwendig sind, um den Bereich zu schützen.

Was positive Freiheit anbelangt, d. h. die positive Freiheit, die ich mit PF_1 bezeichnet habe, so ist der Unterschied zwischen ihr und gegenausbeuterischer Freiheit sogar noch geringer als der ursprüngliche Unterschied zwischen negativer und positiver Freiheit, was „nicht mehr war als der negative und positive Ausdruck für dieselbe Sache" (S. 131f.). Denn wenn man die Hindernisse für negative Freiheit entziffert, stellt es sich heraus, daß sie fast dieselben sind wie die Hindernisse für positive Freiheit.

Es gibt jedoch noch einen feinen Unterschied zwischen gegenausbeuterischer und positiver Freiheit: Die erste ist eine Voraussetzung der zweiten. Deshalb mag es immer noch analytisch hilfreich sein, beide Arten von Freiheit auseinanderzuhalten. Doch wird die Teilung besser kenntlich, wenn wir den Namen positive Freiheit in *entwicklungsbezogene Freiheit (developmental liberty)* ändern. Wie wir schon gesehen haben, ist Berlins positive Freiheit (PF_1) praktisch identisch mit dem, was ich das entwicklungsbezogene Machtpotential eines Menschen genannt habe. „Entwicklungsbezogene Freiheit" umfaßt PF_1 und schließt PF_2 aus. Sie bietet auch dem metaphysischen Rationalismus keine Anknüpfungspunkte, der so leicht von der Abstraktheit von Berlins ursprünglicher positiver Freiheit zu seiner verfälschten Form positiver Freiheit gelangt.

Der Vorteil, den ich in einer revidierten Teilung der Freiheit sehe (von negativer/positiver Freiheit zu gegenausbeuterischer/ entwicklungsbezogener Freiheit), besteht darin, daß sie besser dem freiheitlichen Zweck dient, die Menschen von der Art verfälschter Freiheit abzuhalten, die Freiheit negiert. Denn dächten die Menschen mehr in Begriffen von „gegenausbeuterischer" und „entwicklungsbezogener" Freiheit, statt weiterhin in Begriffen von „positiver" und „negativer" Freiheit zu denken, dann würde es deutlicher, daß die letzteren die ersteren voraussetzen, und es wäre weniger leicht für irgendwelche Theoretiker, Führer oder Bewegungen, die positive Freiheit aus ihrer Verankerung zu reißen.

VI. Eine politische Theorie des Eigentums

Viele der Gedankengänge in den vorangegangenen Essays münden in den Eigentumsbegriff. Die Schwäche der ‚traditionellen' liberal-demokratischen Theorie wurde zurückgeführt auf ihr Festhalten an der Auffassung vom Menschen als unbegrenztem Konsumenten und unbegrenztem Appropriateur: diese Auffassung vom Menschen ist sicherlich fest verknüpft mit einem Begriff von Eigentum. Andererseits wurde das Versagen der traditionellen Theorie von Mill und Green zurückgeführt auf ihr Versäumnis zu erkennen, daß das individuelle Eigentumsrecht, auf dem sie bestanden, gleichbedeutend war mit einer Verweigerung gerechten Zugangs zu den Mitteln zum Leben und Arbeiten für die meisten Menschen, die ohne diesen Zugang nicht hoffen konnten, ihre menschlichen Möglichkeiten zu verwirklichen: auch hier wieder ist der Eigentumsbegriff entscheidend.

Die Mängel des, wie ich ihn nenne, revisionistischen Liberalismus[1] könnten in ähnlicher Weise neu formuliert werden. Das gleiche gilt für die Schwächen jener politischen Theorien des 20. Jahrhunderts, die, jede auf ihre Art, Demokratie auf ein Marktphänomen reduzieren.[2] Und es gilt für die Unlogik extremer Liberaler.[3]

Die zentrale Bedeutung des Zugangs zu den Mitteln zum Leben und Arbeiten wurde auch in anderen Zusammenhängen erkannt. Verweigerung oder Beschränkung des Zugangs ist ein Mittel zur Aufrechterhaltung von Klassengesellschaften mit einer Klassenherrschaft, die die humane Existenz der unterdrückten Klasse vereitelt und die der herrschenden pervertiert. Dies ist ein Zustand, den kein Maß an Verbrauchersouveränität und auch nicht das fairste System von Verteilungsgerechtigkeit aufwiegen oder beheben können.[4] Und ein wesentlicher Bestandteil sowohl negativer wie positiver Freiheit ist, wie ich dargelegt habe, eben dieser Zugang zu den Mitteln zum Leben und Arbeiten.[5] Das Ausmaß und die Verteilung dieses Zugangs wird durch die Institution des Eigentums bestimmt.

Der gefährliche Fehler in der liberal-demokratischen Theorie wiederum wurde beschrieben als der in ihr enthaltene Konflikt zwischen entwicklungsbezogenem Machtpotential und ausbeuterischer Macht.[6] Es wurde erkannt, daß der Fortschritt in Richtung auf das demokratische Ziel einer Maximierung entwicklungsbezogener Machtpotentiale der Menschen dadurch erschwert wird, daß die Marktgesellschaft individuelle und korporative ausbeuterische Machtpotentiale erhält. Und ausbeuterische Machtpotentiale, die die Umkehrung von Zugang sind, werden durch eine Institution von Eigentum gesichert. Eigentum an Kapital, die die Akkumulation ausbeuterischer Macht ist, ist der Maßstab für den Menschen geworden. Ich habe behauptet, daß wirkliche Demokratie wie auch wirkliche Freiheit das Nichtvorhandensein ausbeuterischer Machtpotentiale erfordern. Doch dies bedeutet nicht das Nichtvorhandensein irgendeiner Institution von Eigentum. Auch eine Gesellschaft, in der es keine ausbeuterischen Machtpotentiale gäbe, würde natürlich eine Institution von Eigentum benötigen, und sei es nur, um Wiederauftreten von Eigentumsformen zu verhindern, die ausbeuterische Machtpotentiale befördern.[7] Aber zweifellos müßte es eine völlig andersartige Institution von Eigentum sein.

Alle Wege führen also zum Eigentum. Die Wiedergewinnung einer wirklichen Demokratietheorie, die Erarbeitung einer adäquaten Freiheitstheorie sowie die Verwirklichung beider in der Praxis, sie alle erfordern eine unbefangene Betrachtung der Theorie und Praxis des Eigentums. Inwieweit müssen sich diese Theorie und Praxis ändern, um eine wirklich demokratische und wirklich liberale Gesellschaft zu ergeben? Wie steht es mit den Aussichten für eine solche Änderung der beiden? Das hängt teilweise von der Beziehung ab, die wir zwischen der Theorie und der Praxis des Eigentums feststellen. Eine gesamte Sozialgeschichte des Eigentums können wir hier nicht geben. Doch können wir vielleicht ausreichend auf eine Wechselbeziehung zwischen Theorie und Praxis hinweisen, um uns die Annahme zu erlauben, daß eine auf die Theorie konzentrierte Untersuchung uns zum Kern des Problems führt.

Kurz gefaßt kann man sagen, daß die Theorie und Praxis oder der Begriff und die Institution von Eigentum voneinander abhängig sind, insofern als beide sich im Lauf der Zeit verändern und die Veränderungen verknüpft sind. Als eine Institution ist Eigentum – und jedes besondere System von Eigentum – ein von Menschen geschaffenes Instrument, das bestimmte Beziehungen zwischen Menschen setzt. Wie alle derartigen Instrumente erfordert seine Erhaltung zumindest die Einwilligung des größeren Teils der Menschen und die positive Unterstützung herrschender Klassen. Für solche Unterstützung bedarf es der Überzeugung, daß die Institution einen bestimmten Zweck erfülle oder ein bestimmtes Bedürfnis befriedige. Diese Überzeugung macht es wiederum erforderlich, daß eine Theorie existiere, welche die Institution im Sinn des erfüllten Zwecks oder des befriedigten Bedürfnisses erklärt und rechtfertigt. Sobald die Bedürfnisse sich ändern, werden neue Theorien entwickelt, und die Institution selber wird durch politisches Handeln verändert. Veränderungen in der Theorie sowie in der Institution mögen sich in der einen oder der anderen Reihenfolge vollziehen. Sie mögen allmählich erfolgen, wobei jeder die andere in so kleinen Etappen stärkt, daß man keiner von beiden Priorität zuschreiben kann. Das allgemeine Schema scheint jedoch zu sein: Zuerst ein Wandel in bewußten Bedürfnissen oder Wünschen, die die Institution befriedigen konnte, dann ein Wandel im Begriff und der Theorie davon, was die Institution ist und sein könnte, dann politisches Handeln (das von Gesetzgebung, gerichtlicher und administrativer Aktion bis zur Revolution reichen kann), um die Institution zu verändern. Einige Belege für diese Verallgemeinerung werden in den folgenden Abschnitten dieses Kapitels gegeben.

Bei einer historischen und logischen Untersuchung erweist sich die Theorie des Eigentums als flexibler als die klassischen Liberalen oder ihre Nachfolger im zwanzigsten Jahrhundert es berücksichtigt haben. Der Eigentumsbegriff hat sich in den letzten Jahrhunderten mehr als einmal und auf mehr als eine Weise gewandelt. Er wandelte sich merklich mit dem Aufstieg des modernen Kapitalismus, und er verändert sich gegenwärtig erneut mit dem Reifestadium des Kapitalismus. Je besser wir diese Veränderungen und ihre Ursachen verstehen, desto besser werden wir imstande sein, die unvermeidlichen und die möglichen Richtungen zukünftigen Wandels zu erkennen.

Es mag sogar sein, daß der Durchbruch des Bewußtseins, von dem ich am Ende von Kapitel 3 sprach und sagte, er würde uns von der falschen Vorstellung vom Menschen als unbegrenztem Konsumenten und unbegrenztem Appropriateur befreien, durch eine erneute Wandlung des Eigentumsbegriffs erfolgt, welche ausgelöst wird durch heute bereits sichtbare Veränderungen an der Institution von Eigentum und an den Bedürfnissen, die sie befriedigt.

Ich möchte jetzt behaupten, (1) daß der heute in westlichen Gesellschaften vorherrschende Eigentumsbegriff überwiegend eine Erfindung des siebzehnten und achtzehnten Jahrhunderts ist und daß er nur einer autonomen kapitalistischen Marktgesellschaft voll angemessen ist: es ist der Begriff von Eigentum als (a) identisch mit Privateigentum – ein individuelles (oder korporatives) Recht, andere von dem Gebrauch oder Nutzen von etwas auszuschließen; (b) eher ein Recht an materiellen oder auf materielle Dinge, denn ein Recht auf ein Einkommen (und im allgemeinen Sprachgebrauch, sogar verstanden eher als die Dinge selbst denn als die Rechte), (c) das hauptsächlich die Funktion hat, einen Anreiz zur Arbeit zu geben sowie (oder eher als) ein Instrument zur Ausübung menschlicher Anlagen zu sein. (2) Daß dieser Eigentumsbegriff sich schon zu wandeln begonnen hat, was zunächst sichtbar wird in Hinblick auf (b): Eigentum wird zunehmend wieder als ein Recht auf ein Einkommen verstanden; und daß dies für die meisten Menschen jetzt bestehen muß in einem Recht, sich ein Einkommen zu *verdienen,* was einem Recht des Zugangs zu den Arbeitsmitteln gleichkommt. (3) Daß jede Gesellschaft, die den Anspruch erhebt, demokratisch zu sein (d. h. jedem einzelnen gleichermaßen die Möglichkeit zu geben, seine menschlichen Anlagen zu verwenden und zu entwickeln), anerkennen muß, daß Individualeigentum zunehmend in dem individuellen Recht bestehen muß, nicht vom Zugang zu den Arbeitsmitteln ausgeschlossen zu werden, die sich heute in korporativem oder staatlichem Besitz befinden: daß also eine demokratische Gesellschaft den Begriff von Eigentum als einem Recht des einzelnen, andere auszuschließen, wieder erweitern muß, indem sie ihm Eigentum als ein Recht des einzelnen, nicht von anderen ausgeschlossen zu werden, hinzufügt. (4) Daß der Begriff von Eigentum als Recht des Zugangs zu den Arbeitsmitteln (im engen Sinne von Arbeit, die materieller Produktion dient) überholt sein wird, wenn und in dem Ausmaß wie technologische Veränderung heutige Arbeit weniger notwendig macht; daß der Begriff (und die Institution) von Eigentum, soll er mit einer wirklichen Demokratie vereinbar sein (einschließlich jeder wirklich liberalen Demokratie), sich vom Zugang zu den Arbeitsmitteln zum Zugang zu den Mitteln für ein vollkommen menschliches Leben wandeln und daß er daher werden muß: (a) ein Recht auf Teilhabe an politischer Macht, um die Verwendungsweisen des akkumulierten Kapitals und der natürlichen Ressourcen der Gesellschaft zu kontrollieren und (b) darüber hinaus ein Recht auf eine Art von Gesellschaft, ein Gefüge von Machtrelationen innerhalb der Gesellschaft, die für ein vollkommen menschliches Leben wesentlich sind.

1. Modernes Eigentum als Produkt
der kapitalistischen Gesellschaft

Ich habe drei Merkmale des vorherrschenden Eigentumsbegriffes genannt, von denen ich sagte, daß sie als Produkte der kapitalistischen Gesellschaft nachweisbar sind: (a) daß Eigentum Privateigentum bedeutet, ein Recht, andere auszuschließen; (b) daß Eigentum eher ein Recht an materiellen oder auf materielle Dinge ist als ein Recht auf ein Einkommen (und daß sogar im allgemeinen Sprachgebrauch Eigentum eher die Dinge bedeutet als das Recht) und (c), daß es die Hauptfunktion von Eigentum ist, einen

Anreiz zur Arbeit zu geben. Wir können jetzt jedes dieser Merkmale hintereinander abhandeln.

(a) Eigentum als Privateigentum

Eigentum wird heutzutage dem allgemeinen Verständnis nach und auf allen Ebenen, vom Sprachgebrauch der Sozial- und Politiktheoretiker bis zum Sprachgebrauch der normalen Zeitungsschreiber und -leser gewöhnlich mit Privateigentum gleichgesetzt, d. h. dem Recht eines Einzelnen (oder einer juristischen Person), andere von einem bestimmten Gebrauch oder Nutzen von etwas auszuschließen. Das geht so weit, daß mit dem Begriff „Gemeineigentum" manchmal umgegangen wird, als sei er ein Widerspruch in sich. „Staatseigentum" wird natürlich als gegebener Tatbestand anerkannt, aber dies ist ein Recht einer juristischen Person – des Staates, der Regierung oder einer ihrer Dienststellen – andere auszuschließen und nicht (wie es beim Gemeineigentum der Fall ist, was wir noch sehen werden) ein individuelles Recht, nicht ausgeschlossen zu werden.[8]

Auf den ersten Blick mag es so aussehen, als sei die Gleichsetzung von Eigentum mit Privateigentum schon in der Idee von Eigentum enthalten, denn die Idee von Eigentum ist ohne Zweifel die Idee eines erzwingbaren Anspruchs einer Person auf einen Gebrauch oder Nutzen von etwas. Es wird nicht bestritten werden, daß die Idee von Eigentum als etwas über lediglich momentanes physisches Besitzen oder Innehaben hinausgehendes, eben die Idee eines erzwingbaren, sich über eine Zeit erstreckenden Anspruchs auf den Gebrauch oder Nutzen von etwas ist. Eigentum ist ein Anspruch, mit dessen Durchsetzung zu ihren Gunsten von seiten des Staates oder der Gesellschaft oder durch Gewohnheit, Konvention oder Gesetz eine Person fest rechnen kann.

Aber daraus folgt nicht, daß das Eigentum eines Einzelnen auf sein Recht beschränkt ist, andere auszuschließen. Ein erzwingbarer Anspruch einer Einzelperson auf einen Gebrauch oder Nutzen von etwas beinhaltet ebenso ihr Recht, *nicht ausgeschlossen zu werden* von dem Gebrauch oder Nutzen von etwas, was der Staat oder die Gesellschaft zur allgemeinen Nutzung bestimmt haben.

Die Gesellschaft oder der Staat können erklären, daß einige Dinge – zum Beispiel die Allmende, öffentliche Parkanlagen, Stadt- und Landstraßen – zur allgemeinen Nutzung da sind. Das Nutzungsrecht an ihnen ist dann ein Eigentum von Einzelpersonen, insofern, als jedes Mitglied der Gesellschaft[9] einen erzwingbaren Anspruch hat, sie zu nutzen. Dieser Anspruch muß nicht unbegrenzt sein. Der Staat kann zum Beispiel die Nutzung öffentlichen Bodens rationieren oder er kann die Nutzungsarten, die jedem an den Straßen oder an öffentlichen Gewässern erlaubt sind, begrenzen (genauso wie er heute den Gebrauch, den jeder von seinem Privateigentum machen darf, begrenzt); dennoch ist das Recht auf die Nutzung in Gemeinbesitz befindlicher Dinge, so begrenzt es auch sein mag, ein Recht von Einzelnen.

Die Tatsache, daß wir einen Ausdruck wie *Gemein*eigentum benötigen, um diese Rechte von den ausschließenden Individualrechten, die Privateigentum sind, zu unterscheiden, mag uns leicht zu der Annahme führen, daß solche Allgemeinrechte nicht Individualrechte seien. Sie sind es jedoch. Sie sind das Eigentum von Einzelpersonen, nicht das des Staates. In der Tat schafft und erzwingt der Staat das Recht, das jede Einzelperson an den Dingen hat, die der Staat zur allgemeinen Nutzung bestimmt hat. Aber ebenso schafft und erzwingt der Staat die ausschließenden Rechte, die Privateigentum sind. In beiden Fällen ist das, was geschaffen wird, ein Recht von Einzelpersonen. Der Staat *schafft* die Rechte, die Individuen *haben* die Rechte. Gemeineigentum wird durch die jedem Einzelnen gewährte Garantie geschaffen, daß er nicht von dem Gebrauch oder Nutzen von etwas ausgeschlossen wird; Privateigentum wird durch die Garantie geschaffen, daß ein Einzelner andere von dem Gebrauch oder Nutzen von etwas ausschließen kann.[10] Beide Arten von Eigentum sind als Garantien für Einzelpersonen Individualrechte. Aus der Tatsache, daß jedes Eigentum in erzwingbaren Ansprüchen von (natürlichen oder juristischen) Personen besteht, folgt also nicht, daß Eigentum logisch auf Privateigentum (das Recht, andere auszuschließen) beschränkt sein muß.

Die heute geläufige Vorstellung, daß es in dieser Weise beschränkt sei, reicht nicht weiter zurück als bis ins siebzehnte Jahrhundert, in dem sie als das Resultat der neuen Beziehungen der entstehenden kapitalistischen Gesellschaft erkennbar ist. Es ist richtig, daß die Debatte über Eigentum –eine Debatte so alt wie die politische Theorie selbst – von Anfang an hauptsächlich eine Debatte über Privateigentum war. Das überrascht nicht, da es nur die Existenz von Privateigentum ist, die Eigentum zu einer strittigen moralischen Frage macht. Jedenfalls wurden die frühesten uns überkommenen Theorien über Eigentum in Gesellschaften aufgestellt, in denen es Privateigentum gab. Doch kannten diese Gesellschaften auch Gemeineigentum. So ging die Debatte zwar vornehmlich um Privateigentum, doch setzten die Theoretiker es nicht mit Eigentum schlechthin gleich. Aristoteles sprach noch von zwei Systemen gesellschaftlichen Eigentums, einem, in dem alle Dinge Privatbesitz waren, und von gemischten Systemen, in denen der Boden gemeinsamer, der Ertrag aber privater Besitz war, oder in denen der Ertrag gemeinsamer, der Boden aber privater Besitz war: alle diese betrachtete er als Eigentumssysteme.

Von dieser Zeit an war es das Privateigentum, auf dem das Schwergewicht in der Debatte lag, ganz gleich, ob diese um die relativen Vorteile von Privateigentum gegenüber Gemeineigentum ging, oder um die Frage, wie Privateigentum gerechtfertigt werden könne oder welchen Beschränkungen es zu unterwerfen sei. Plato griff es als unvereinbar mit dem guten Leben der herrschenden Klasse an. Aristoteles verteidigte es als wesentlich für die volle Verwirklichung menschlicher Anlagen und als Voraussetzung für eine wirksame Ausnutzung von Ressourcen. Das frühe Christentum prangerte es an; Augustinus verteidigte es als eine Strafe für und teilweise als Heilmittel gegen die Erbsünde. Ketzerische Bewegungen in Europa im Mittelalter (und zur Zeit der Reformation) griffen es an. Thomas von Aquin rechtfertigte es als übereinstimmend mit dem Naturrecht, Autoren des späteren Mittelalters und der Reformation rechtfertigten es mit der Doktrin des Stellvertretertums. Das, worum es in dieser gesamten, sich bis ins sechzehnte Jahrhundert erstreckenden frühen

Kontroverse ging, war ein ausschließendes, wenn auch begrenztes oder bedingtes Individualrecht an Boden oder Gütern.

Aber in dieser frühen Periode kannten die Theoretiker sowie die Gesetze durchaus die Vorstellung von Gemeineigentum. Gemeineigentum wurde von dem einen oder anderen Autor als Ideal verfochten, dem primitiven Zustand der Menschheit zugeschrieben, als nur den Menschen für angemessen erachtet und als neben dem Privateigentum in der Gestalt von öffentlichen Parkanlagen, Tempeln, Märkten, Straßen und Gemeindeland existierend anerkannt. Ja, Jean Bodin, der erste der großen politischen Theoretiker in der frühen Neuzeit, der Ende des sechzehnten Jahrhunderts ein Plädoyer für das moderne Privateigentum hielt, trat zugleich dafür ein, daß es in jeder Gesellschaft auch Gemeineigentum geben müsse, ohne das kein Gemeinschaftssinn und folglich auch kein lebensfähiger Staat möglich sei: Eines seiner Argumente für Privateigentum war, daß es ohne dieses keine Wertschätzung des Gemeineigentums geben könne.

Erst wenn wir in die moderne Welt der entwickelten kapitalistischen Marktgesellschaft gelangen, in das siebzehnte Jahrhundert, verschwindet die Idee von Gemeineigentum aus unserem Blickfeld. So konnte David Hume, der den Schutz des Eigentums für die Hauptaufgabe des Staates hielt, Eigentum definieren als das Recht des Einzelnen, sich etwas unter dem Ausschluß anderer zunutze zu machen.[11] Daß das Gemeineigentum aus dem Blickfeld geriet, kann man als Widerspiegelung der sich wandelnden Fakten verstehen. Vom sechzehnten und siebzehnten Jahrhundert an wurden in den besiedelten Ländern immer mehr Boden und Ressourcen zu Privateigentum, und Privateigentum wurde zu einem im Ausmaße unbeschränkten, von der Erfüllung sozialer Funktionen unabhängigen und frei übertragbaren Individualrecht, was es im wesentlichen bis zum heutigen Tag blieb. Das moderne Privateigentum unterliegt zwar gewissen Beschränkungen hinsichtlich der Zwecke, zu denen man es verwenden kann: Das Gesetz untersagt im allgemeinen, daß man seinen Boden oder seine Gebäude verwendet, um öffentliches Ärgernis zu schaffen, daß man die eigenen Güter verwendet, um Leben zu gefährden und so weiter. Aber das moderne Recht kann im Vergleich mit dem feudalen Recht, das ihm vorausging, in doppelter Hinsicht ein absolutes Recht genannt werden: es ist ein Recht, sowohl zu verfügen oder zu veräußern als auch zu nutzen.[12] Auch ist es ein Recht, das nicht davon abhängig ist, daß der Inhaber eine soziale Funktion erfüllt.

Diese war natürlich genau die Art von Eigentum, die für das Funktionieren der kapitalistischen Marktwirtschaft benötigt wurde. Wenn der Markt frei und uneingeschränkt funktionieren sollte, wenn er die gesamte Aufgabe der Allokation von Arbeit und Ressourcen unter mögliche Verwendungsweisen übernehmen sollte, dann mußten alle Arbeit und alle Ressourcen zu dieser Art von Eigentum werden oder darin zu verwandeln sein. Dem Markt mußte es erlaubt werden, die Allokation von Ressourcen und Arbeit nicht nur zwischen den verschiedenen Verwendungsweisen, von denen man sagen könnte, daß sie durch die effektive Nachfrage der Konsumenten bestimmt würde, zu leisten, sondern auch (und überwiegend) zwischen den Alternativen von größerer Kapitalakkumulation und größerer (oder unmittelbarer) Befriedigung der Nachfrage nach Konsumgütern. Als die kapitalistische Marktgesellschaft sich festigte und ausdehnte, wurde erwartet, daß sie die meiste Arbeit der Allokation übernehme, und sie tat es. Und da sie es tat, war es nur natürlich, daß der Begriff des Eigentums auf den des *Privat*eigentums reduziert wurde – ein ausschließendes, veräußerliches, ,absolutes' Individual- oder körperschaftliches Recht an Sachen.

b) Eigentum als ein Recht auf (oder sogar als) materielle Sachen, weniger als ein Recht auf ein Einkommen

Im vorkapitalistischen England war Eigentum allgemein als ein Recht auf ein Einkommen (in Form von Diensten, Naturprodukten oder Geld), weniger als ein Recht auf bestimmte materielle Dinge aufgefaßt und nicht als die materiellen Dinge selber betrachtet worden.[13] Das war die Widerspiegelung der realen Situation: Bis zum Entstehen der kapitalistischen Wirtschaft war Eigentum in der Tat hauptsächlich ein Recht auf ein Einkommen, nicht so sehr ein Recht auf eine Sache. Erstens bestand der größte Teil des Eigentums damals in Bodeneigentum, und der Besitz eines Menschen an einem Stück Land war im allgemeinen auf bestimmte Nutzungsweisen beschränkt und oft nicht frei verfügbar. Verschiedene Menschen konnten verschiedene Rechte an demselben Stück Land haben, und über viele dieser Rechte konnte der jeweilige Inhaber weder durch Verkauf noch durch Vererbung frei verfügen.[14] Das Eigentum, das er besaß, war zweifelsohne ein bestimmtes Recht an dem Land und gewöhnlich das Recht auf ein Einkommen von diesem Land, nicht aber das Land selbst. Zweitens bestand ein anderer Teil des Eigentums in jenen Rechten auf ein Einkommen, die durch Dinge wie Privilegien, vom Staat gewährte Monopole, Steuererhebungsrecht sowie durch das Innehaben verschiedener politischer oder kirchlicher Ämter vergeben wurde. Offensichtlich war auch hier Eigentum das Recht auf ein Einkommen und nicht das Recht auf ein bestimmtes materielles Ding.

Die Veränderung im allgemeinen Sprachgebrauch dahingehend, daß man Eigentum als die Dinge selbst auffassen konnte, kam mit der Ausbreitung der kapitalistischen Marktwirtschaft, die die Ersetzung der alten begrenzten Rechte an Land durch die praktisch unbegrenzten Rechte, und die Ersetzung der alten privilegierten Rechte auf kommerzielle Einkommen durch vermarktbareres Eigentum an tatsächlichem Kapital, gleich wie es akkumuliert worden war, mit sich brachte. Als die Rechte an Land absoluter wurden und Teile des Landes zu freier verkäuflicher Ware wurden, wurde es selbstverständlich, vom Land selber als von Eigentum zu sprechen. Und als die Zusammenballung von Handels- und Industriekapital, das auf zunehmend freien Märkten operierte und selber frei verkäuflich war, massenweise die älteren auf Privilegien und Monopolen beruhenden Formen beweglichen Reichtums aufsog, konnte man im Kapital selber – sei es in Form von Geld oder in Form von gegenständlichen Anlagen ohne weiteres das Eigentum sehen. Das war um so mehr der Fall, je freier und ausgedehnter der Markt operierte. Es hatte den Anschein, als würden die Dinge selbst, das eigentliche Stück Land und Teile kommerziellen Kapitals und nicht nur die Rechte an ihnen, auf dem Markt getauscht. In Wirklichkeit bestand der Unterschied nicht darin, daß Sachen und nicht Rechte an Sachen getauscht wurden, sondern darin, daß bislang unverkäufliche oder nicht immer verkäufliche Rechte an Dingen nun verkäuflich waren; oder, anders ausgedrückt, daß begrenzte, nicht immer verkäufliche Rechte *an* Sachen (Boden, Handelsprivilegien, die in Wirklichkeit Kapital waren) durch praktisch unbegrenzte und verkäufliche Rechte *auf* Sachen (Land und tatsächliches Kapital) abgelöst wurden.

Als Eigentum zunehmend zu verkäuflichen, absoluten Rechten auf Sachen wurde, verwischte sich der Unterschied zwischen dem Recht und der Sache. Er verwischte sich um so leichter, als der Staat im Laufe dieser Veränderung mehr und mehr zum Werkzeug für die Garantie des vollen Individualrechts auf Verfügung sowie Nutzung von Sachen wurde. Der staatliche Schutz des Rechts konnte so sehr als selbstverständlich betrachtet werden, daß man nicht mehr hinter der Sache nach dem Recht zu schauen brauchte. Die Sache selber wurde, einfach gesagt, das Eigentum.

Dieser Sprachgebrauch, der noch heute üblich ist, wurde von den juristischen und politischen Autoren, die meistens erkannten, daß Eigentum ein Recht und nicht eine Sache ist, im allgemeinen vermieden, findet sich allerdings gelegentlich schon bei Theoretikern des achzehnten Jahrhunderts.[15] Doch haben die politischen Theoretiker vom siebzehnten Jahrhundert an Eigentum gemeinhin eher als Rechte an materiellen Dingen denn als Rechte auf Einkünfte verstanden. Der Grund dafür deckte sich wahrscheinlich mit dem Grund für den verbreiteten unsachgemäßen Sprachgebrauch: mit dem Aufkommen der kapitalistischen Marktwirtschaft verwandelte sich die Masse tatsächlichen Eigentums *von* oft nicht–übertragbaren Rechten auf Einkünfte aus Land, Monopolen, Privilegien und Ämtern *in* übertragbare Rechte an Freisassengut, verkäuflichem Pachtbesitz, Sachkapital und Geld, was einen Anspruch nach Belieben auf all diese Dinge darstellt. In diesem Sinne kann der Wandel von Eigentum als Recht auf Einkünfte zu Eigentum als Rechte an materiellen Dingen als das Resultat des

Aufkommens kapitalistischer Marktbeziehungen verstanden werden.

(c) Eigentum als Anreiz zu notwendiger Arbeit

Die Vorstellung, daß es die Hauptfunktion der Institution von Eigentum ist, ein Anreiz zu der von einer Gesellschaft verlangten Arbeit zu sein, ist ebenfalls im siebzehnten Jahrhundert neu. Davor wurde Eigentum hauptsächlich aus anderen Gründen für nötig gehalten (und gerechtfertigt): etwa um die Menschen zu befähigen, ihr menschliches Wesen zu verwirklichen (Aristoteles) oder um ihrer sündhaften Natur entgegenzuwirken. Die Argumentation auf einer Basis dieser Art rechtfertigte ein ausschließendes Individualeigentum, jedoch nur für völlig vernünftige Personen (oder völlig menschliche) Personen, nicht für Sklaven oder Knechte.

Was im siebzehnten Jahrhundert neue Argumente für ausschließendes Individualeigentum, d. h. für die Verwandlung von praktisch *allem* Eigentum in *ausschließendes* Privateigentum erforderlich machte, war die Veränderung in Tatbestand und Ideologie, die mit dem Aufkommen kapitalistischer Beziehungen einsetzte. Die Veränderung im Tatbestand war, daß alle Menschen auf dem Markt bewertet wurden und daß sie frei wurden, auf dem Markt Vertragsbeziehungen einzugehen; die Veränderung in der Ideologie bestand darin, daß alle Menschen nun eines vollkommenen menschlichen Lebens für fähig erachtet wurden (von den Levellern ausdrücklich, von Locke verschwommen und widerwillig). Mit der Behauptung der natürlichen gleichen Menschlichkeit aller Menschen wurde es logisch notwendig, ein für jeden zugängliches Eigentumsrecht zu behaupten. Aber es war unmöglich, ausschließlich aus menschlichen Bedürfnissen ein ausschließendes, für jeden zugängliches Individualrech, an Boden und Kapital abzuleiten. Denn man nahm an, daß Boden und Kapital sich stets wie von je her notwendigerweise in der Hand von weniger als allen Menschen befinden würden, und bei dieser Annahme konnte Bedürfnis allein noch nicht jedem ein ausschließendes Recht zusprechen.

Wenn also die neue, für die kapitalistische Gesellschaft notwendige Art von Eigentum, das heißt Eigentum als ein ausschließendes, veräußerbares Recht auf alle möglichen materiellen Dinge, einschließlich Land und Kapital, als gerechtfertigt gedacht werden sollte, mußte das Recht eine allgemeinere Grundlage erhalten als die alten feudalen oder herkömmlichen Klassenunterscheidungsmerkmale nach vermuteten Fähigkeiten.

Die allgemeine Grundlage fand man in ‚Arbeit'. Ein jeder hatte ein Eigentum an seiner eigenen Arbeit, und aus dem Postulat, daß die Arbeit eines Menschen im besonderen ausschließlich sein eigen ist, folgte alles, was benötigt wurde. Das Postulat bekräftigte den Begriff von Eigentum als Ausschließung. Wie seine Arbeit sein eigen war, so auch sein Land, mit dem er seine Arbeit verbunden hatte, sowie das Kapital, das er durch Anwendung seiner Arbeit akkumuliert hatte. Dies war das Prinzip, das Locke zum Mittelpunkt des liberalen Eigentumsbegriffes machte.

Die Rechtfertigung von Individualeigentum mit Arbeit wurde zum unbestrittenen Bestandteil liberaler Theorie. Sogar Bentham, der das Naturrecht mit Verachtung ablehnte, und für sich in Anspruch nahm, es durch Nutzen ersetzt zu haben, gründete das Eigentumsrecht auf Arbeit. Gewißheit des Genusses der Früchte der eigenen Arbeit war der Grund für Eigentum: Ohne Eigentum an den Früchten der Arbeit und den Arbeitsmitteln gäbe es für niemand einen Anreiz zur Arbeit, und der Nutzen könnte nicht maximiert werden. Mill und Green hielten auch an der Rechtfertigung durch Arbeit fest. „Die Institution des Eigentums", schrieb Mill, „besteht, wenn man sie auf ihre wesentlichen Elemente reduziert, in der Anerkennung eines jeder Person innewohnenden Rechts auf die ausschließliche Verfügung über das, was er oder sie mit ihren eigenen Anstrengungen produziert oder durch Schenkung oder ehrliche Übereinkunft – ohne Gewalt oder Betrug – von denen erhalten haben, die es produziert haben. Die Grundlage des Ganzen ist das Recht der Produzenten auf das, was sie selber produziert haben."[16] Green argumentiert ähnlich: „Kurz, das Grundprinzip des Eigentums verlangt, daß jeder, der sich der positiven Bedingung, es zu besitzen, nämlich Arbeit, und der negativen Bedingung, nämlich Achtung vor ihm als dem Besitz anderer, anpaßt, selber Besitzer von Eigentum sein sollte, sofern gesellschaftliche Verhältnisse ihn dazu bringen können, und zwar von solchem Eigentum, im Unterschied zu bloßem Eigentum an den unmittelbaren Lebensnotwendigkeiten, das ihn zumindest instand setzt, ein Verantwortungsbewußtsein zu entfalten.[17] Die Ableitung von Eigentum an Sachen aus dem Eigentum an der eigenen Arbeit kennzeichnete Eigentum seit dem Beginn der liberalen Tradition als ein ausschließendes Recht.

Sie lieferte eine Rechtfertigung genau der Art von Eigentum, die eine rein kapitalistische Marktgesellschaft benötigte. Die Arbeit eines Menschen wurde ebenso wie Kapital und Boden in solchem Grad zu einem privaten, ausschließenden Eigentum gemacht, daß sie übertragbar, d. h. marktfähig wurde. Der Begriff von Eigentum als lediglich einem ausschließenden, übertragbaren Individualrecht nicht nur an materiellen Dingen, sondern auch an den eigenen produktiven Fähigkeiten, war ein Produkt der kapitalistischen Gesellschaft: Er wurde erst benötigt und erst hervorgebracht, als die formale Gleichheit des Marktes die formale Ungleichheit vorkapitalistischer Gesellschaften verdrängt hatte.

Wir können also sagen, daß der heute vorherrschende Eigentumsbegriff in seinen drei Hauptmerkmalen ein Produkt der kapitalistischen Gesellschaft ist. Es waren die Erfordernisse dieser Gesellschaft – und keiner früheren Gesellschaft –, die (a) die Gleichsetzung von Eigentum mit privatem, ausschließendem Eigentum, (b) den Begriff von Eigentum als Recht auf materielle Dinge, weniger als Recht auf ein Einkommen und (c) die Rechtfertigung solchen Eigentums vermittels Arbeit hervorbrachten.

2. Wandlungen des Eigentumsbegriffs in der Mitte des zwanzigsten Jahrhunderts

An dem hier skizzierten Eigentumsbegriff, der sich mit der vollen Entwicklung des Kapitalismus im neunzehnten und zwanzigsten Jahrhundert durchsetzte, vollziehen sich bereits Wandlungen. Die allgemeinste Wandlung ist, daß Eigentum wieder mehr als ein

Recht auf eine Revenue oder ein Einkommen denn als Recht an bestimmten materiellen Dingen verstanden wird. Die Wandlung ist in allen Sektoren fortgeschrittener kapitalistischer Gesellschaften deutlich sichtbar: Die veränderte Auffassung ist Investoren, Nutznießern des Wohlfahrtsstaates, unabhängigen Unternehmern sowie Lohn- und Gehaltsempfängern gemeinsam. Investoren, insofern sie reine *Rentiers* sind, haben natürlich immer ihr Eigentum als ein Recht auf ein Einkommen betrachtet. Aber mit dem Aufkommen der modernen Aktiengesellschaft und der Ausbreitung von Aktieneigentum werden immer mehr individuelle Investoren aller Art zu *Rentiers* und werden sich bewußt, daß es so ist. Ihr Eigentum besteht weniger in ihrem Besitz eines gewissen Teils der gegenständlichen Anlagen und des Vorrats von Material und Produkten der Aktiengesellschaft als in ihrem Recht auf ein Einkommen aus der Fähigkeit des Konzern, auf einem sehr unvollkommenen Markt profitabel zu manövrieren. Natürlich mag ein Investor in seinem Eigentum eher ein Recht auf erwartete Kapitalgewinne sehen als auf erwartete Dividenden, aber das ist immer noch ein Recht auf ein Einkommen (ein differenzierteres, der Reduzierung durch die Einkommensteuer vielleicht weniger ausgesetzt). Außerdem hat mit der Ausbreitung von Wohlstands- und Sicherheitsdenken eine wachsende Anzahl von Menschen Eigentum in Form von Rechten an Pensionsfonds oder Jahresrenten, wenn nicht sogar in Form von Rechten auf ein Einkommen aus Aktienbesitz oder Obligationen. Die Tatsache hat natürlich nicht die gesamte Bevölkerung zu *Rentiers* gemacht, aber es macht Angehörige aller Gesellschaftsklassen revenuebewußter, als es viele von ihnen zuvor waren.

Das Aufkommen des Wohlfahrtsstaates hat neue Formen von Eigentum geschaffen und sie breit gestreut – es sind ausnahmslos Rechte auf ein Einkommen. Der Alterspensionär, der Arbeitslose, der Arbeitsunfähige, jeder von ihnen hat vielleicht als sein einziges Einkommen das Recht auf solch ein Einkommen, wie er es je nach seiner Situation vom Staat zu empfangen berechtigt ist. Wo der Staat noch zusätzlich Dinge wie Familienunterstützung und verschiedene unentgeltliche oder subventionierte Dienstleistungen gewährt, hat fast jeder ein Eigentum an derartigen Rechten auf ein Einkommen.

Während aber fast jeder einen Teil seines Einkommens vom Wohlfahrtsstaat erhalten mag und eine wachsende Anzahl von Menschen ihr Einkommen (zumindest indirekt) als Investoren erzielt, müssen doch die meisten Menschen für ihr Einkommen noch arbeiten. Ihr eigentliches Eigentum ist ihr Recht, ein Einkommen *zu verdienen,* sei es als Selbständige oder als Lohn- und Gehaltsempfänger. Auf welche Weise sie ihr Einkommen auch erzielen, sie begreifen ihr eigentliches Eigentum immer mehr als das Recht, dies zu tun, und begreifen, daß es von Faktoren abhängt, die sie nicht beeinflussen können.

Diejenigen, die man immer noch zu den freien Unternehmern zählen könnte – die Selbständigen, von Taxifahrern bis zu Ärzten – stellen fest, daß ihr Eigentum an ihren Unternehmen zunehmend abhängt von staatlichen Lizenzen, ihr Gewerbe zu betreiben oder ihren Beruf auszuüben: Ihr Eigentum ist eine Erwartung eines Einkommens, das von dem Befolgen zunehmend schärferer Bestimmungen abhängt, die der Staat oder seine Dienststellen „im öffentlichen Interesse“[18] erlassen haben.

Die Masse derjenigen, deren Einkommen hauptsächlich aus ihrer Arbeit stammt, besteht heute jedoch aus Lohn- und Gehaltsempfängern. Und sie begreifen ihr Eigentum zunehmend als das Recht auf einen Job, das Recht, beschäftigt zu sein. Da sie qua definitione von anderen beschäftigt sind, läuft dieses Recht auf ein Recht des Zugangs zu den Arbeitsmitteln hinaus, die sie nicht besitzen. Nicht diese Tatsache ist neu, sondern die wachsende Berücksichtigung, die sie findet.

Daß der Zugang des Einzelnen zu den Arbeitsmitteln sein wichtigstes Eigentum darstellt, traf für die meisten Menschen in den meisten Gesellschaften zu. Denn überall, wo die Einkommenserzielung einer Gesellschaft die ständige Arbeit der meisten ihrer Mitglieder erfordert und überall, wo die Einkommen der meisten Menschen davon abhängen, daß sie ihre Arbeit beisteuern, hängt das Eigentum der meisten Menschen an den Mitteln zum Leben von ihrem Zugang zu den Arbeitsmitteln ab. In einer primitiven Gesellschaft konnten die meisten Menschen diesen Zugang durch Kollektiv- oder Stammesrechte haben, oder, wo es Privateigentum an Boden gab, aber noch genug Land vorhanden war, konnten die meisten diesen Zugang dadurch haben, daß das Land oder die Dinge, die ihre notwendigen Arbeitsmittel darstellten, ihre eigenen waren, das heißt, daß sie ein ausschließendes Recht daran hatten. In einer kapitalistischen Gesellschaft, wo die meisten keine eigenen Arbeitsmittel besitzen, wird ihr Recht auf die Mittel zum Leben reduziert, auf das Recht des Zugangs zu Arbeitsmitteln, die andere besitzen.

Locke und ihm folgende liberale Theoretiker konnten gut und gerne die Ansicht äußern, daß die Arbeit eines Menschen sein wichtigstes Eigentum sei: Tatsache war jedoch, daß der Wert der Arbeit eines Menschen gleich null war, wenn er keinen Zugang zu Land oder Kapital hatte. Der Wert des Eigentums an der eigenen Arbeit hing vom Zugang ab, den man zu den Arbeitsmitteln, die anderen gehörten, hatte. Seit der Vorherrschaft des kapitalistischen Marktsystems ist das stets so gewesen. Es ist noch heute so. Für die meis,en Menschen ist ihr Haupteigentum immer noch ihr Recht des Zugangs zu den Arbeitsmitteln. Das ist, wie schon gesagt, nicht neu.

Was in der Mitte des zwanzigsten Jahrhunderts neu ist, ist, daß dieser Tatsache allgemein Rechnung getragen wird. Im neunzehnten Jahrhundert wurde sie nur von einer Handvoll Radikaler und Sozialisten erkannt: heute erkennen sie große Teile der nicht-sozialistischen organisierten Arbeiterbewegung, die das Recht auf den Job für das eigentliche Eigentum des Arbeiters halten. Das bedeutet eine beträchtliche Wandlung des Eigentumsbegriffs. Sie hat möglicherweise explosive Konsequenzen. Denn wenn man sein Eigentum als Recht versteht, durch Beschäftigung ein Einkommen zu verdienen, heißt das (oder bedeutet das fast), daß man ein Recht des Zugangs zu einigen der bestehenden Arbeitsmittel, d. h. zu einigen der akkumulierten produktiven Ressourcen der ganzen Gesellschaft (natürlichen Ressourcen plus den durch vergangene Arbeit geschaffenen produktiven Ressourcen), als sein Eigentum versteht, gleichgültig, wer diese besitzt.

3. Ein bevorstehender Wandel im Eigentumsbegriff

Es läßt sich jetzt voraussagen, daß der Begriff von Eigentum als ausschließendes Privateigentum, als das Recht, andere von dem Gebrauch oder Nutzen einer Sache auszuschließen, der bereits ein Begriff von einem individuellen Recht auf ein Einkommen ist, so erweitert werden muß, daß er auch Eigentum als Individualrecht umfaßt, nicht von Gebrauch oder Nutzen der akkumulierten produktiven Ressourcen der gesamten Gesellschaft ausgeschlossen zu werden.

Die Voraussage stützt sich auf zwei Gründe: (a) daß Eigentum als ein ausschließendes, übertragbares „absolutes" Recht in der quasi-Marktgesellschaft des ausgehenden zwanzigsten Jahrhunderts nicht mehr so stark benötigt wird wie in der früheren, relativ unkontrollierten, reinen Marktgesellschaft; und daß (b) demokratischer Druck auf jene Regierungen, die kapitalistische Eigentumsrechte aufrechterhalten, so stark wird, daß jede derartige Regierung, die von sich behauptet, auch eine demokratische Gesellschaft zu befördern (das heißt, die Einzelnen zu befähigen, ihre menschlichen Fähigkeiten in gleicher Weise zu nutzen und zu entfalten), anerkennen muß, daß Eigentum als ein Recht des Zugangs zunehmend zu einem individuellen Recht werden muß, nicht vom Zugang ausgeschlossen zu werden.

(a) Von der Marktgesellschaft zur quasi-Marktgesellschaft
Wir wiesen oben darauf hin, daß Eigentum als ausschließende, übertragbare, absolute, individuelle oder korporative Rechte an Dingen von der reinen Marktgesellschaft verlangt wurde, weil und insofern als vom Markt erwartet wurde, daß er die gesamte Aufgabe der Allokation von natürlichen Ressourcen und Kapital und Arbeit zwischen möglichen Verwendungsweisen leistet. In einer autonomen Marktgesellschaft dieser Art gibt es sehr wenig Platz für Gemeineigentum, denn Gemeineigentum hält seiner Definition nach jene Ressourcen, die sich in Gemeinbesitz befinden, aus dem Spiel des Marktes heraus, und stört auf diese Weise eine totale Marktlenkung der Ressourcen (und der Arbeit, denn je

mehr Gemeineigentum existiert, desto weniger abhängig von Beschäftigung, d. h. desto weniger gezwungen, seine Arbeit auf dem Markt anzubieten, ist jeder Einzelne, der keine eigenen materiellen produktiven Ressourcen besitzt).

Natürlich ist in einer kapitalistischen Marktgesellschaft immer noch Raum für staatliches Eigentum wie Transport und Kommunikationseinrichtungen, die für die freie Wirtschaft notwendig, aber nicht profitabel sind. Aber staatliches Eigentum dieser Art unterscheidet sich, wie wir oben sahen, grundlegend von Gemeineigentum. Staatliches Eigentum kann die Marktallokation ergänzen, Gemeineigentum dagegen behindert sie.

Solange vom Markt erwartet wurde, daß er die gesamte Aufgabe der Allokation leiste, bestand der erforderliche Eigentumsbegriff in dem Begriff privaten, ausschließenden, übertragbaren Rechtes. Jetzt aber wird auch in den fortgeschrittensten kapitalistischen Ländern vom Markt nicht mehr erwartet, daß er die gesamte Allokation leiste. Wir haben uns von einer Marktgesellschaft zu einer quasi-Marktgesellschaft gewandelt. In allen kapitalistischen Ländern leistet die Gesellschaf, als Ganzes oder leisten ihre einflußreichsten Gruppen, indem sie durch die Vermittlung des Wohlfahrtsstaates und des Rüstungsstaates – auf jeden Fall des Interventionsstaates – operieren, in wachsendem Ausmaß die Aufgabe der Allokation. Eigentum als ausschließende, veräußerliche, „absolute", individuelle oder korporative Rechte an Dingen wird folglich weniger notwendig.

Dies bedeutet nicht, daß diese Art von Eigentum von den Kapitalgesellschaften und Einzelpersonen, die es noch in beliebiger Größe haben, weniger erwünscht wird. Sondern es bedeutet, daß, indem diese Art von Eigentum weniger nachweisbar notwendig für die Aufgabe der Allokation wird, es immer schwieriger wird, sie als den Kern des Eigentumsbegriffes zu verteidigen. Auch hier würde niemand behaupten, daß die Beseitigung oder Reduzierung der Notwendigkeit dieser Art von Eigentum von selbst zum Verschwinden oder zur Schwächung von dieser als eigentlicher Vorstellung von Eigentum führen würde; positiver sozialer Druck wäre ebenfalls vonnöten.

(b) Demokratischer Druck auf Regierungen

Demokratischer Druck nach gerechterem und sicherem Zugang zu den Mitteln zum Leben und Arbeiten nimmt eindeutig zu. Er hat jetzt so eine Stärke erreicht, daß Regierungen, die immer noch die ausschließenden Eigentumsrechte einer kapitalistischen Gesellschaft aufrechterhalten und die auch beanspruchen, wie sie es alle tun, die vollkommen demokratische Gesellschaft zu befördern – eine Gesellschaft, in der alle Menschen gleichermaßen imstande sind, ihre menschlichen Anlagen zu gebrauchen und zu entwikkeln –, anerkennen müssen, daß Eigentum nicht mehr betrachtet werden kann, als bestehe es allein aus Privateigentum – einem Individualrecht, andere von dem Gebrauch oder dem Nutzen von etwas auszuschließen –, sondern daß es erweitert werden muß, um auch die entgegengesetzte Art von Eigentum zu umfassen – einem Individualrecht, nicht von dem Gebrauch oder Nutzen von etwas ausgeschlossen zu werden. Dies bedeutet entweder die gesetzliche Schaffung von mehr Gemeineigentum oder von besser garantiertem Zugang zu den Mitteln zum Leben und Arbeiten, die in Privatbesitz verbleiben, das heißt, eine Verminderung des Ausmaßes, in dem Privateigentum, besonders an produktiven Ressourcen, ein Recht auszuschließen ist.

Der Druck kommt von verschiedenen Seiten. Da ist das schon erwähnte Pochen großer Teile der organisierten Arbeiterschaft auf dem Recht auf einen Job, ein Pochen, dem sich der moderne Staat und seine Agenturen aufgrund ihrer schwachen Position nur schwer widersetzen können. Da ist das auffällig zunehmende öffentliche Bewußtsein von den Gefahren der Wasser- und Luftverschmutzung, die als Verweigerung eines Menschenrechts auf eine annehmbare Umwelt betrachtet werden, eine Verweigerung, die direkt auf die bislang akzeptierte Vorstellung der Heiligkeit von Privateigentum (einschließlich Aktieneigentum) zurückführbar ist. Luft und Wasser, die man bisher überhaupt kaum als Eigentum ansah, werden heute als Gemeineigentum angesehen – das Recht auf saubere Luft und Wasser wird immer mehr als ein Eigentum angesehen, von dem niemand ausgeschlossen sein sollte.

Die Gleichsetzung von Eigentum mit ausschließendem Privateigentum, die, wie wir gesehen haben, keine Begründung in der Logik hat, findet auch immer weniger Begründung in den Tatsachen. Sie ist nicht mehr so sehr erforderlich und nicht mehr so erwünscht, wie sie es in früheren Tagen der kapitalistischen Marktgesellschaft war.

Der Druck gegen sie kann nur durch die Logik der Situation verstärkt werden. Privateigentum als Institution hat immer einer moralischen Rechtfertigung bedurft. Die Rechtfertigung von Privateigentum (die zur Rechtfertigung allen Eigentums wurde, als der Kapitalismus sich festigte und Gemeineigentum auf Bedeutungslosigkeit reduziert wurde) ging letztlich immer zurück entweder auf das Individualrecht auf Leben über dem Niveau der Tiere (und folglich auch auf das Recht auf die Mittel zu solch einem Leben) oder auf das Recht auf den eigenen Körper, folglich auf die eigene Arbeit, folglich auf die Früchte der eigenen Arbeit und folglich auf die Mittel für die eigene Arbeit.

Manchmal stützt sich das Plädoyer auf eine Begründung, die sich von diesen beiden zu unterscheiden scheint: daß nämlich individuelles, ausschließendes Eigentum für ökonomische wie politische individuelle Freiheit – Freiheit von zwangsweiser Arbeit und staatlicher Willkür – wesentlich ist. Diese Ansicht wurde von Jefferson nachdrücklich vertreten. Er argumentierte, daß Eigentum an den Mitteln für die eigene Arbeit nicht nur an sich rechtmäßig sei, sondern eine unverzichtbare Sicherung individueller Freiheit darstelle. Mit eigenem Kleinbesitz konnte man nicht dienstbar gemacht werden. Und Kleineigentum sei die große Garantie gegen staatliche Tyrannei wie gegen ökonomische Unterdrückung. Um individuelle Freiheit und all die Tugenden zu sichern, die nur aufgrund hemdsärmeliger Selbstständigkeit florieren können, wünschte Jefferson, daß Amerika ein Land von kleinen Eigentümern bleibe.

Diese Rechtfertigung des Eigentums beruht letztlich auf dem Recht auf ein Leben höheren Niveaus als das von Tieren: Die Freiheit von zwangsweiser Arbeit und staatlicher Willkür werden für einen Bestandteil dessen gehalten, was man mit einem vollkommenen menschlichen Leben meint. Zugleich wird mit dieser

Rechtfertigung das Recht auf Arbeitsmittel geltend gemacht: Der springende Punkt ist, daß ein Mensch durch die Arbeit auf seinem eigenen Boden oder mit anderen produktiven Ressourcen unabhängig und frei von Zwang sein kann. Obwohl Jeffersons Argument zu der Art von Plädoyers gehört, die auf dem Recht auf Leben beruhen, ist es wichtig genug, um es getrennt zu behandeln: Seine Betonung von Eigentum als einer Voraussetzung für Freiheit fügt den enggefaßten utilitaristischen Plädoyers für Eigentum als Voraussetzung für die Verfügung über konsumierbare materielle Mittel zum Leben etwas Wichtiges hinzu. Wir haben also drei Prinzipien, auf die sich Individualeigentum gründen läßt. Das Recht auf die materiellen Mittel, das Recht auf ein freies Leben, das Recht auf die (gegenwärtigen und akkumulierten) Früchte der eigenen Arbeit.

Man kann leicht sehen, daß unter den Umständen des reifen Kapitalismus es alle drei Prinzipien erforderlich machen, daß der Begriff von Eigentum erweitert wird, daß er nicht mehr auf das Individualrecht, andere auszuschließen, beschränkt ist, sondern so erweitert wird, daß er auch das Recht jedes Einzelnen umfaßt, nicht von dem Gebrauch oder dem Nutzen von Sachen und Produktivkräften ausgeschlossen zu werden, die durch die gemeinsamen Anstrengungen der ganzen Gesellschaft geschaffen worden sind.

(I) Ein Recht auf die materiellen Mittel zum Leben muß entweder ein unmittelbares, unabhängig von Arbeit bestehendes Recht auf einen Anteil an der laufenden Güter- und Dienstleistungsproduktion einer Gesellschaft sein, was ein Recht ist, nicht von dem Fluß von Vorteilen ausgeschlossen zu werden; oder ein Recht, sich ein Einkommen zu verdienen, was es erforderlich macht, daß man nicht von der Nutzung der akkumulierten Arbeitsmittel ausgeschlossen ist. (II) Das Recht auf die Früchte der eigenen Arbeit erfordert es, daß man imstande sein sollte zu arbeiten, d. h. es erfordert den Zugang zu den Arbeitsmitteln oder die Nichtausschließung von den akkumulierten Arbeitsmitteln. (III) Das Recht auf ein freies Leben kann nicht mehr wie zu Jeffersons Zeiten dadurch sichergestellt werden, daß jeder Mensch sein eigenes kleines Eigentum an seinen Arbeitsmitteln hat: Es kann nur durch die Garantie des Zugangs unter gleichen Bedingungen zu den Produktionsmitteln sichergestellt werden, die heute hauptsächlich von großen Aktiengesellschaften oder der Gesellschaft besessen werden.

Deshalb fordert die Logik des Eigentums bei jeder seiner drei Rechtfertigungen die Anerkennung von Eigentum als das Recht, nicht ausgeschlossen zu werden, d. h. entweder das Recht, nicht von einem Anteil der gesamten materiellen Produktion der Gesellschaft ausgeschlossen zu werden oder das Recht, nicht vom Zugang zu den akkumulierten Arbeitsmitteln ausgeschlossen zu werden. Von diesen beiden ist das letztere bisher das wichtigste gewesen. Aber das wird sich wahrscheinlich ändern.

4. Über Eigentum als Zugang zu den Arbeitsmitteln hinaus

Wir können jetzt voraussagen, daß der Begriff von Eigentum als Zugang zu den Arbeitsmitteln selber inadäquat werden wird, insofern als und in dem Ausmaße wie technische Fortschritte die gegenwärtige menschliche Arbeit weniger notwendig machen; und daß der Begriff von Eigentum, soll er mit wirklicher Demokratie vereinbar sein, noch einmal erweitert werden muß, um das Recht auf Teilhabe an politischer Macht und sogar darüber hinaus das Recht auf eine bestimmte Gesellschaftsform oder auf Machtrelationen zu umfassen, die den Einzelnen befähigen, ein vollkommenes menschliches Leben zu leben. Damit wird der Begriff von Eigentum als Voraussetzung für ein freies Leben auf eine höhere Ebene gehoben.

(a) Eigentum als politische Macht

Die Bedeutung von Zugang zu den Arbeitsmitteln für jeden Einzelnen, wird sich verringern, wenn und insofern sich die Menge gegenwärtiger menschlicher Arbeit, die erforderlich ist, um einen ausreichenden Fluß von Mitteln zum Leben für alle zu produzieren, verringert. Denn sobald weniger Arbeit nötig ist, wird das

Erfordernis zu arbeiten geringer. Das Recht, sich ein Einkommen zu *verdienen,* wird immer weniger zur Vorbedingung oder Begleitbedingung für das Recht *auf* ein Einkommen.

Schon beginnen sich die am weitesten fortgeschrittenen kapitalistischen Länder aus technisch-ökonomischen Gründen und wegen sozialen und politischen Druckes in die Richtung zu bewegen, ein garantiertes ‚Jahreseinkommen‘ (oder eine) ‚negative‘ Einkommenssteuer einzuführen. Die Wirkung solcher Maßnahmen ist, jedem unabhängig von Arbeit ein Einkommen zu geben (mag es auch zuerst noch so klein sein). Sollte dieses Einkommen einmal eine substantielle Größe erreichen, dann würde das Recht, sich ein Einkommen zu *verdienen,* als Eigentumsform an Bedeutung verlieren. Es ist noch zu früh, um mit Sicherheit sagen zu können, ob oder wann zukünftige Produktivitätszunahmen moderner Gesellschaften die Menge gesellschaftlich erforderlicher menschlicher Arbeit so weit verringern werden, daß das Einkommen völlig von der erbrachten Arbeit losgelöst werden kann. Wir können aber sagen, daß in dem Ausmaße, wie dies geschieht, Eigentum als ein wertvolles Individualrecht wiederum seine Natur ändern wird.

Die Veränderung wird in diesem Falle noch einschneidender sein als jede der Veränderungen, die wir bisher gesehen haben. Es wird ein Wandel von Eigentum als Recht des Zugangs zu den Arbeitsmitteln zu Eigentum als Recht auf ein vollkommenes menschliches Leben sein. Dies scheint uns durch die Jahrhunderte zu tragen, uns wieder zur Idee zurückzubringen, daß Eigentum an den Mitteln zum Leben (einem „guten“ Leben) die hauptsächliche Eigentumsform ist, wie es schon für die ersten Theoretiker war, wie zum Beispiel Aristoteles, bevor die Betonung sich auf Eigentum an Land und Kapital (den Mitteln für die Produktion der Mittel zum Leben) verschob.

So geht es, doch das Resultat ist nicht dasselbe. Denn unter den angenommenen Umständen stark zunehmender Produktivität wird die entscheidende Frage nicht mehr sein, wie ein ausreichender Fluß materieller Mittel erstellt werden kann, sondern die Frage wird auf die Qualität und die Art der Dinge zielen, die für ein vollkommenes Leben gewünscht werden, und darüber hinaus auch auf die Qualität des Lebens selber. Beide Probleme werden ein Eigentum an der Kontrolle über die Masse produktiver Ressourcen erfordern. Führt man sich das Extrem einer völlig automatisierten Gesellschaft vor Augen, in der niemand mehr für die Schaffung der materiellen Mittel zum Leben zu arbeiten hat, dann wird das Eigentum an den massierten produktiven Ressourcen der ganzen Gesellschaft von äußerster Wichtigkeit sein. Das Eigentum, das dann für den Einzelnen am wichtigsten sein wird, würde nicht mehr das Recht des Zugangs zu den Arbeitsmitteln sein; es wird stattdessen das Recht auf Teilhabe an der Kontrolle der massierten produktiven Ressourcen sein. Dieses Recht müßte vermutlich politisch ausgeübt werden. Politische Macht würde dann zur wichtigsten Art von Eigentum. Eigentum als ein Individualrecht wird wesentlich zur Teilhabe des Einzelnen an politischer Macht.

Dies wird *die* wichtige Form von Eigentum werden, nicht nur, weil sie für jeden Einzelnen eine Garantie auf einen gerechten Anteil an dem Fluß von Verbrauchsgütern ist, an denen er zum Teil natürlich immer noch ein Eigentum im Sinne eines ausschließenden Rechtes benötigen wird. Sie wird auch deshalb wichtig, weil der Einzelne nur durch Teilhabe an der Kontrolle der Mittel für ein gutes, angenehmes, freies Leben sicher sein kann, was so betrachtet in mehr als in einem Konsumgüterfluß bestehen würde.

Eigentum wurde immer als förderlich für das Leben verstanden und wurde immer als förderlich für ein vollkommenes Leben gerechtfertigt. Unter den Bedingungen des materiellen Überflusses, den wir jetzt vor Augen haben, wird sich die relative Bedeutung eines gerade ausreichenden Konsumgüterflusses für ein vollkommenes menschliches Leben verringern und die Bedeutung all der Mittel für ein Leben des Handelns und des Genusses der eigenen menschlichen Fähigkeiten zunehmen.

(b) Eigentum als das Recht auf eine Art von Gesellschaft
Soll Eigentum weiterhin als für ein volles Leben förderlich gerechtfertigt bleiben, dann muß es zu dem Recht werden, nicht

von den Mitteln für ein solches Leben ausgeschlossen zu werden. Unter solchen Umständen wird Eigentum immer mehr zu einem Recht auf eine Reihe gesellschaftlicher Beziehungen, zu einem Recht auf eine Art von Gesellschaft werden müssen. Es wird nicht nur das Recht auf Teilhabe an der politischen Macht als Instrument zur Bestimmung der Gesellschaftsform, sondern auch das Recht auf jene Art von Gesellschaft umfassen müssen, die für ein vollkommenes und freies Leben förderlich ist.

Die Vorstellung, daß Individualeigentum sich auf ein Recht auf eine Reihe gesellschaftlicher Machtrelationen erstreckt, die Genuß und Entwicklung menschlicher Anlagen gestattet, und daß es ein entscheidend wichtiger Bestandteil davon ist, mag phantastisch klingen. Wie läßt sich ein derartiges Recht auf eine Reihe durchsetzbarer Ansprüche des Einzelnen reduzieren (so daß das Recht, würden sie nicht eingelöst, ein wesentliches Kriterium der Eigentumsidee nicht erfüllen würde). Es könnte nicht einfach bloß durch Zusätze zu den bestehenden Eigentumsgesetzen so reduziert werden. Die Ansprüche, die erzwingbar gemacht werden müssen, sind breiter als die, die ‚Eigentum' in der liberalen Gesellschaft bis heute umfaßt hat.

Prinzipiell gibt es keinen Grund, warum solche breiteren Ansprüche nicht erzwingbar gemacht werden können, wie es bestimmte Rechte auf Leben und Freiheit heute sind. Ich meine nur, daß diese breiteren Ansprüche nicht fest verankert sein werden, es sei denn, sie werden als Eigentum betrachtet. Denn in dem liberalen Ethos, das in unseren liberal-demokratischen Gesellschaften vorherrscht, hat Eigentum mehr Prestige als fast alles andere. Und wenn die neuen Ansprüche nicht unter dem Titel des Eigentums zusammengefaßt werden, dann werden die engen Vorstellungen von Eigentum mit all dem Prestige von Eigentum benutzt werden, sie zu bekämpfen. Kurz, die heute voraussehbaren und begründbaren Forderungen der Mitglieder zumindest der technisch fortgeschrittensten Gesellschaften können nicht ohne einen neuen Begriff von Eigentum erfüllt werden.

Was dies so dringlich macht, ist die Tatsache, daß die Überwindung von Knappheit nicht nur vorhersehbar ist, sondern vorausgesehen wird. Unter den Bedingungen materieller Knappheit, die bis heute immer vorherrschend gewesen sind,[19] ist Eigentum eine Angelegenheit des Rechts auf ein *materielles Einkommen* gewesen. Mit der Überwindung von Knappheit, die heute vorausgesehen wird, muß Eigentum vielmehr ein Recht auf ein *nicht-materielles* Einkommen, auf den Genuß der Lebensqualität werden. Ein derartiges Einkommen läßt sich nicht in materiellen Größen ausdrücken. Das Recht auf ein derartiges Einkommen kann nur als das Recht auf die Teilnahme an einer befriedigenden Reihe gesellschaftlicher Relationen ausgedrückt werden.

Wenn wir diesen Begriff von Eigentum erreichen, dann werden wir wieder – jetzt aber auf einer Ebene größerer Effektivität für wesentlich mehr Menschen – die breitere Vorstellung von Eigentum erreicht haben, die in der Periode vorherrschte, kurz bevor der Einzelne durch die Entstehung des kapitalistischen Marktes zugleich befreit und unterdrückt wurde – die Vorstellung, daß der Mensch nicht nur ein Eigentum an den materiellen Mitteln zum Leben, sondern auch an seinem Leben selbst hat, an der Realisierung all seiner aktiven Potentiale. Es lohnt sich, hier hervorzuheben, daß das Wort „Eigentum" im siebzehnten Jahrhundert in einer viel weiteren Bedeutung gebraucht wurde, als es jemals seitdem gehabt hat. Politische Schriftsteller des siebzehnten Jahrhunderts schlossen, wenn sie vom Eigentum eines Menschen sprachen, nicht nur seine Rechte an materiellen Dingen und Einkünften, sondern auch an seinem Leben, seiner Person, seinen Fähigkeiten, seiner Freiheit, seinen ehelichen Pflichten, seiner Ehre und so weiter mit ein; materielles Eigentum mochte sogar einen geringeren Stellenwert als die anderen Dinge haben, wie es besonders bei Hobbes der Fall war.[20]

Die Tatsache, daß Eigentum einmal so eine weitergefaßte Bedeutung hatte, eröffnet eine Möglichkeit, die unser enggefaßter Eigentumsbegriff nicht zugelassen hat: daß unter Eigentum wieder einmal mehr verstanden werden könnte als die Rechte an materiellen Dingen und Einkünften. Der breite Begriff von Eigentum des siebzehnten Jahrhunderts mag uns merkwürdig, ja verwunderlich und unrealistisch vorkommen. Aber er erscheint uns nur deshalb merkwürdig, weil wir uns so sehr an den engen Begriff gewöhnt haben, der alles, was von einer Marktgesellschaft, in der die Maximierung materiellen Reichtums zum beherrschenden Wert wurde, benötigt wurde und ihr angemessen war. Jetzt, wo wir die Möglichkeit und, wie ich gezeigt habe, das demokratische Bedürfnis haben, materielle Maximierung abzuwerten, wird der erweiterte Eigentumsbegriff der realistischere.

Eigentum kann und sollte wieder zu einem Recht auf Leben und Freiheit werden. Und es kann in dem Grade, wie wir die Knappheit bezwingen, ein Recht auf ein vollkommeneres und freieres Leben für mehr Menschen werden, als es im siebzehnten Jahrhundert möglich war (obwohl man davon träumte). Das Recht, vollkommen zu leben, kann nicht weniger sein als das Recht auf die Teilnahme an der Bestimmung der Machtrelationen, die in der Gesellschaft vorherrschen. Eigentum – so können wir sagen – muß zu dem Recht werden, an einem System von Machtrelationen teilzunehmen, welche den Einzelnen befähigen, ein vollkommenes menschliches Leben zu leben.

Es mag zu diesem Recht werden *müssen, kann* es das aber auch? Ich habe den Standpunkt vertreten, daß sowohl der Begriff wie die eigentliche Institution von Eigentum in dieser Hinsicht erweitert werden müssen, sollen sie mit den Bedürfnissen und Möglichkeiten einer vollkommen demokratischen und vollkommen freien Gesellschaft vereinbar sein. Ich habe darauf hingewiesen, auf welche Weisen der Begriff und selbst die Institution sich in dieser Richtung zu verändern beginnen. Ob und inwieweit diese Wandlungen fortschreiten werden, hängt vom Ausmaß des demokratischen Druckes auf die Regierungen und dem Bewußtsein davon ab, was die Probleme sind, wobei jedes der beiden teilweise von dem anderen abhängt. Die Ernsthaftigkeit der Hindernisse sollte nicht unterschätzt werden.[21] Aber auch nicht die Möglichkeit ihrer Überwindung: Nicht durch Wohlwollen oder einer unwahrscheinlichen Zuwendung der herrschenden Eliten zu einer neuen Moral und auch nicht durch notwendig traumatisch-revolutionäre Aktionen. Sondern durch das Zusammenwirken partieller Zusammenbrüche der politischen Ordnung mit partiellen

Durchbrüchen öffentlichen Bewußtseins, wie es am Ende von Kapitel 3 skizziert wurde.

Es hat den Anschein, als könnten die ersteren sich aufgrund des Unvermögens des Systems einstellen, adäquat auf die wachsenden Forderungen nach Zugang zu den Produktionsmitteln zu reagieren, d. h. durch das Unvermögen, solche neuen Beschränkungen für ausschließendes Eigentum zu schaffen, die nötig sind, um jene Forderungen zu erfüllen. Die letzteren mögen sich ganz natürlich als wachsende oder auch ziemlich plötzliche Einsicht einstellen, daß ein neues Eigentum an Lebensqualität und Freizeit in Reichweite ist. Jede dieser Wandlungen würde die anderen verstärken.

VII. Marktwirtschaftliche Begriffe
in der politischen Theorie

Wäre dieser Aufsatz nicht so kurz, wäre ihm ein Untertitel beigegeben worden: Bemerkungen über die Rezeptionsverzögerungen in der Politikwissenschaft. Ich will hier unter anderem darauf aufmerksam machen, daß die Politikwissenschaftler, sei es aus Neid oder unverhohlener Bewunderung für ihre Kollegen von der Nationalökonomie, in den letzten Jahrzehnten zunehmend marktwirtschaftliche Gleichgewichtsbegriffe übernommen haben, ohne dabei zu bemerken, daß sie sich abgelegte Kleider angezogen haben. Vielleicht ist diese Charakterisierung unfair. Aber es hat den Anschein, daß zu einer Zeit, wo die Nationalökonomie immer mehr ihre Vorstellung von der Volkswirtschaft als einem reinen Preissystem fallen läßt und sich der Vorstellung von der Volkswirtschaft als einem Machtsystem, das eher von Machtblöcken als von auf Nutzenmaximierung bedachten Individuen getragen wird, zuwendet, die Politikwissenschaft den Begriff eines auf Gleichgewicht zielenden Preissystems übernommen hat und ihn zu einer allgemeinen Theorie des politischen Prozesses ausarbeitet. Während die Nationalökonomie in ihrem Streben nach Realismus Machtbegriffe übernimmt, wendet sich die Politikwissenschaft in ihrem Streben nach theoretischer Eleganz marktwirtschaftlichen Begriffen zu. Ich glaube nicht, daß die Politikwissenschaft bei diesem seltsamen Prozeß eines doppelten Transvestitentums etwas gewinnen kann. Die Ökonomen mögen dagegen einwenden, daß sie die marginale Gleichgewichtsanalyse nicht aufgegeben haben, und ich würde das auch nicht behaupten. Sicherlich haben sie ihr Eleganzstreben nicht aufgegeben, und sollten sie etwas an Eleganz einbüßen, so kann man ihnen für ihren größeren Realismus Beifall spenden. Doch ist die Verwendung von marktwirtschaftlichen Begriffen bei Politikwissenschaftlern so unbezweifelbar, daß sie Besorgnis aufkommen läßt.

Die Anziehungskraft des Gleichgewichtskonzeptes der Ökonomen auf die Politiktheoretiker ist verständlich. Abgesehen von der Eleganz und Exaktheit der ökonomischen Modelle wie der allgemeinen und speziellen Theorien, die die Ökonomen aus dem Begriff des Gleichgewichts entwickelt haben, besticht hauptsächlich die Geschlossenheit der allgemeinen Theorie der Nationalökonomie. Die Ökonomen konnten zeigen, wie die zahllosen Einzelentscheidungen von Produzenten und Verbrauchern ein geschlossenes System ergaben. Unter der als selbstverständlich erachteten Voraussetzung einer Gesellschaft, in der es Arbeitsteilung sowie Austausch von Produkten und Arbeitskraft gab, mußte man nur annehmen, (1) daß jedes Individuum rational bestrebt sei, seine Gewinne zu maximieren (bzw. seine realen Kosten zu minimieren) und (2), daß es einen freien wettbewerbsmäßig funktionierenden Markt für die zur Produktion notwendigen Ressourcen, Stoffe und Energien und für die Endprodukte geben müsse. Daraus folgte, daß der Wettbewerb die Preise für alle Güter bestimmen würde und daß die Preise bestimmen würden, was produziert, angeboten und gekauft würde. Eine große Anzahl unabhängiger Entscheidungen spiegelten sich in den Preisen, während die Preise die Entscheidung dahingehend beeinflußten, daß jede Entscheidung bei vorgegebenen Preisen so ausfallen mußte, daß der Gewinn des entscheidenden Wirtschaftssubjekts maximiert wird. Jedes Wirtschaftssubjekt für sich genommen war den Marktgesetzen unterworfen, während die Marktgesetze das Produkt der Einzelentscheidungen war. Das Ganze war ein geschlossenes System, das dadurch zum Gleichgewicht neigte, daß die Preise gerade so hoch waren, daß die Käufer Veranlassung hatten zu kaufen, was produziert worden war, und die Produzenten zu produzieren, was gekauft werden würde.

Die Grundzüge dieses Systems waren von der klassischen Nationalökonomie ausgearbeitet worden. Mit der Einführung der Grenznutzenanalyse wurde der Begriff des Gleichgewichts weiter verfeinert. Seine größere Verfeinerung wurde aufgrund der Tatsache möglich, daß die Grenznutzentheoretiker im Unterschied zu den klassischen Ökonomen von Klassenzugehörigkeit und anderen gesellschaftlichen Determinanten effektiver Nachfrage abstrahierten und die Verbraucherentscheidungen als autonome und unabhängige behandelten. So schien die Form ökonomischer Theorie, die im späten neunzehnten und zwanzigsten Jahrhundert mit ihrer Annahme völlig atomisierter, individueller Nachfrage oder Nutzen oder Präferenzskalen vorlag, genau die Art von Apparat zur Verfügung zu stellen, mit dem man den politischen Prozeß in einer Demokratie erfassen konnte.

Für die Politikwissenschaft ist die Anziehungskraft einer Theorie einleuchtend, die eine Vielzahl widerstreitender Einzelentscheidungen, die man als autonom und undeterminiert ansehen konnte, in ein geschlossenes System brachte. Jede allgemeine Theorie des liberal-demokratischen Regierungsprozesses sieht sich demselben Problem gegenüber, das die Ökonomen gelöst zu haben scheinen. Soll sie als allgemeine Theorie gelten, muß sie bis zu einem gewissen Grade geschlossen sein, soll sie jedoch eine liberale Theorie sein, muß sie die Annahme machen, daß das System von unabhängigen Einzelentscheidungen getragen wird, die selbst nicht determiniert sind.

Außerdem schien die ökonomische Theorie zu beweisen (vorausgesetzt, daß interpersonelle Vergleiche zugelassen sind), daß das Gleichgewicht, zu dem das System neigte, allen Mitgliedern des Systems den größtmöglichen Nutzen bringt. Dieser Beweis bedarf eigentlich noch weiterer Annahmen über den Nutzen bestimmter Eigentumsverteilungen, was Bentham z. B. klar erkannte, doch nach dem Sieg der Grenznutzenlehre ließ die Faszination des Gleichgewichts (zumindest bei politischen Theoretikern) diesen Gesichtspunkt zurücktreten. Ich werde auf die Frage der Rechtfertigungsfunktion von Theorien später zurückkommen; hier soll nur noch angemerkt werden, daß eine ökonomische Theorie, die sowohl Rechtfertigungs- wie Erklärungsfunktion hat, noch größere Anziehungskraft auf einen Politikwissenschaftler ausübt, der bereits den demokratischen Prozeß in Analogie zum Preissystem behandelt.

Ein letzter Grund für die Anziehungskraft von Marktmodellen mag darin zu finden sein, daß der Begriff des Gleichgewichts in einem viel unbestimmteren Sinne seit Machiavelli und vielleicht schon seit Aristoteles im politischen Denken bekannt ist. Für sie war das praktische Hauptproblem die Aufrechterhaltung von Stabilität, und sie suchten deshalb die Lösung in einem ungefähren Gleichgewicht zwischen den Klassen. Die Idee des Gleichgewichts als Geheimformel für politische Stabilität, die von den englischen Republikanern und den amerikanischen ‚Federalists' in die Entstehungszeit der modernen liberalen Ideen hinübergerettet wurde, hatte deshalb eine respektable intellektuelle Position. Die war natürlich keineswegs völlig befriedigend für eine Demokratietheorie, da sie annahm, daß das Hauptproblem die Klassenteilung sei. Das Gleichgewicht, auf das sie abzielte, sollte zwischen zwei oder drei Klassen bestehen, deren Gegensatz man für fundamental, dauerhaft und beherrschend hielt. Mit dem Aufkommen demokratischen Wahlrechts und egalitärer Vorstellungen wurde der Begriff eines Klassengleichgewichts unangenehm. Doch zu dieser Zeit schon konnte die Vorstellung des Gleichgewichts gerettet werden, indem man sich den neueren und präziseren ökonomischen Begriff des Gleichgewichts mit Gewalt dienstbar machte, der unter der Abstraktion von Klassenzugehörigkeit atomisierte Einzelnachfrage postulierte. Vom zwanzigsten Jahrhundert an schien also die Übertragung des ökonomischen Begriffs in die Politikwissenschaft zumindest in den fortgeschrittensten Gesellschaften möglich. Wir hielten zum Prinzip „one man, one vote", wir hatten eine Garnitur von Politikern, in Parteien organisiert, die um Stimmen konkurrierten, und wir hatten, ergänzend dazu, einen ausgedehnten Apparat von Interessengruppen, die die vielen einzelnen Willensäußerungen auffingen, organisierten und zusammenfaßten, um diese verstreuten Willensäußerungen in effektive Nachfrage gegenüber den gesetzgebenden Körperschaften und Regierungen zu verwandeln.

Unter diesen Umständen war das marktwirtschaftliche Gleichgewichtsmodell unwiderstehlich. Das politische System der Demokratie wird oft (besonders von der amerikanischen Politikwissenschaft, weniger von der englischen und weniger von der kontinentalen, aus einem Grund, der vielleicht schon einsichtig ist, es zumindest aber gleich werden wird) als ein Mechanismus präsentiert, dessen Funktion es ist, die Vielzahl verschiedener und widerstreitender individueller Interessen zu versöhnen, auszugleichen und im Zaum zu halten. Der zentrale Mechanismus ist das Parteiensystem, das als Unternehmenssystem verstanden wird. Von ihm nimmt man an, daß es ein Gleichgewicht auf zwei Arten hervorbringt. Erstens faßt es ständig ganz verschiedenartige Mengen von Nachfragen, von denen jede einzelne von einer unterschiedlichen Anzahl von Individuen geteilt wird und von denen keine natürliche oder spontane Koalition die Unterstützung der Mehrheit gewinnen könnte, zu wenigen Gruppierungen zusammen, von denen eine die Unterstützung der Mehrheit gewinnt und so eine starke Regierung bilden kann. Das System ermöglicht es auf diese Weise, politische Entscheidungen auf kontinuierliche, stabile Art zu treffen und durchzusetzen. Zweitens hat das System auf Grund der konkurrierenden Bemühung der Parteien um Wählerstimmen sowie der Wähler um für sie günstige Regierungsentscheidungen die Tendenz, genau die Art von Entscheidungen (bzw. die Allokation politischer Güter) zustande zu bringen, für die die Bürger bereit sind, in Form von politischer Energie und anderen Ressourcen zu zahlen.

Indem man den Politikern und Parteien die Rolle der Unternehmer in einer Profit-orientierten Wirtschaft zuweist (und den Wählern die Rolle der Konsumenten), erhält man ein politisches Modell, das zu erklären scheint, wie Regierungen die von ihnen erwarteten sozialen Funktionen erfüllen, obwohl die Motive der Politiker, die die Regierung führen, zu diesen Funktionen in keiner Beziehung stehen. So wie der Unternehmer in die Wirtschaft geht, um Profit zu machen und nicht, um eine soziale Funktion zu erfüllen, er aber durch den Wettbewerbsmechanismus des Marktes, um Profit zu erzielen, dazu gezwungen ist, genauso kann man vom Politiker annehmen, daß er wegen der Macht, des Prestiges oder anderer Gratifikationen, die er erhoffen kann, in die Politik geht, und doch aufzeigen, daß er aufgrund des Wettbewerbsmechanismus des Parteien- und Interessengruppensystems gezwungen ist, eine soziale Funktion zu erfüllen.

Die für dieses Modell erforderlichen Grundannahmen sind, (1) daß sowohl Politiker wie Wähler sich rational verhalten, d. h. ihre eigenen Vorteile zu maximieren suchen; (2) daß ungehinderter Wettbewerb zwischen den Parteien besteht und all das, was damit impliziert ist, d. h. Redefreiheit, und Versammlungsfreiheit; und (3) natürlich, daß die Regierung mit der größten (wirkungsvollsten) Stimmenzahl bis zur nächsten Wahl, die zu oder innerhalb einer bestimmten Zeit stattfinden muß, die Regierung stellt. Diese Reihe von Annahmen liefert in etwa ein funktionierendes Modell des politischen Prozesses, das ohne Mühe erweitert werden kann, um die Rolle der Interessengruppen zu berücksichtigen.[1]

Natürlich ist die Analogie zwischen dem politischen System und dem Preissystem nicht exakt. Neben seiner Aufgabe, Angebot und Nachfrage für politische Güter auszugleichen, muß das politische System eine Regierung hervorbringen und erhalten. Das bedeutet, daß es immer wieder auf identifizierbare Personen die Macht und Verantwortung übertragen muß, die Gesetze und Verordnungen zu erlassen, mit deren Hilfe die politischen Güter verteilt werden. Diese Funktion hat im marktwirtschaftlichen Modell nirgendwo eine Parallele. Aber im politischen System kann sie dadurch zur Bedeutungslosigkeit herabgesetzt werden, indem man die im Amt befindlichen Regierungen als größtenteils passive Rezipienten der Wünsche von Druck ausübenden Interessengruppen behandelt. Wenn man den Output an Gesetzen und Verordnungen als Folge des Input von Druckausübung versteht, dann spielt es keine Rolle, welche Personen die Regierungsgewalt innehaben. Sieht man in der Regierung nur noch einen Entscheidungsmechanismus, dann ist sie praktisch so unpersönlich und anonym, wie der Markt im ökonomischen Modell. Man fragt sich, ob die Annahme deshalb so in Mode gekommen ist, weil man aufgrund dieser Annahmen das politische System dem Preissystem am weitesten angleichen kann.

Die Grundzüge der Theorie des demokratischen Prozesses, die auf diese Weise entworfen werden kann, lassen sich durch die Einführung der Marginalanalyse noch beträchtlich verfeinern.

Aufgrund der großen Klarheit, die solche Analyse ermöglicht, lassen sich interessante Behauptungen aufstellen.[2] Es läßt sich z. B. zeigen, daß ein Zwei-Parteien-System die Tendenz hat, rationales Wahlverhalten bis zu einem unbestimmten Punkt zu verhindern. (In einem derartigen Modell können Politiker normalerweise davon ausgehen, daß sie ihre Chancen, ins Amt zu gelangen, dadurch erhöhen, daß sie die Wähler durch das Aufstellen mehrdeutiger Wahlprogramme von einer rationalen Wahlentscheidung abhalten. Dieses Vorgehen findet nur in einem bestimmten Grad von Wählerirrationalität seine Grenze, die das demokratische System, an dem die Politiker ein Interesse haben, zerstören würde. Aber in den Kalkulationen jeder Partei scheint diese Grenze nie durch Schritte erreicht, die die Partei in Richtung auf größere Mehrdeutigkeit, d. h. größere dem Wähler aufgezwungene Irrationalität unternimmt. Folglich ist es die Tendenz des Systems, rationales Wahlverhalten bis zu einem unbestimmten Punkt zu verhindern.)

Eine weitere Behauptung, die sich aus dem Modell ableitet, besagt, daß, obwohl die Spielregeln eines demokratischen Systems die gleiche Verteilung von politischer Macht befördern sollen, derartige Gleichheit sich nicht ergeben kann, wenn alle Menschen sich rational verhalten. (Um seiner Nachfrage Wirkung zu geben, muß der rationale Wähler sich eine Unmenge von Informationen verschaffen. Den Aufwand an Zeit, Energie und Geld für ihre Erlangung muß der rationale Wähler gegen den für ihn zu erwartenden Vorteil abwägen, wobei der Vorteil angesichts des beschränkten Einflusses, den eine Stimme hat, gering erscheint. Die Menge an Information und ihre Kosten, die für eine rationale Entscheidung nötig sind, variieren notwendigerweise für verschiedene Individuen, da die Arbeitsteilung der modernen Gesellschaft nur wenigen in jedem politischen Bereich direkten Zugang zu solchen Informationen verschafft. Für die, die von den Informationsquellen am weitesten entfernt sind, wird es eine rationale Entscheidung sein, nicht den Aufwand der Eigeninformation zu treiben, sondern ihn einer interessierten Instanz zu überlassen und dafür einseitige Information hinzunehmen. Wenn sich also alle

Menschen rational verhalten, dann muß ihr politischer Einfluß sehr gering sein.)

Diese Form der Analyse ist faszinierend und innerhalb bestimmter Grenzen nützlich. Sie kann nicht so weit getrieben werden wie die Marginalanalyse in der Nationalökonomie, weil es im politischen System keine so exakten und meßbaren Größen wie den Preis im ökonomischen System gibt. Ihr Hauptverdienst besteht vielleicht in dem Nachweis, daß das Marktmodell von Demokratie bei realistischen Annahmen über Wissen und Unwissenheit sich in innere Widersprüche verfängt. In dem Grad, wie sich die Politiker rational verhalten, können es die Wähler nicht; in dem Grad, wie die Wähler sich rational verhalten, können sie nicht gleichwirksam Forderungen stellen, wie es die Demokratietheorie behauptet. Wenn alle Menschen sich rational verhalten, kann es keine rationale Demokratie geben.

Jede Gleichgewichtsanalyse des politischen Prozesses in der Demokratie unterliegt, ungeachtet ihrer Elaboriertheit, noch ernsthafteren Beschränkungen. Die auffälligste Beschränkung ist die, daß sie nicht auf demokratische Staaten im allgemeinen, sondern nur auf den Sonderfall expandierender und wohlhabender (oder optimistischer) kapitalistischer Demokratien zutrifft (das ist m. E. der Grund, warum diese Form der Analyse in den USA am weitesten entwickelt ist, während sie in Europa immer noch akademischer Luxus ist, wo sie sich seit dem Krieg ungefähr mit der Geschwindigkeit der Quadratwurzel der Geschwindigkeit von Coca Cola ausbreitet). Daß die Gleichgewichtsanalyse überhaupt nur in diesem Spezialfall Anwendung findet, läßt sich leicht einsehen. Diese Analyse ruht auf der extremen pluralistischen Annahme, daß die politisch wichtigen Forderungen eines Individuums höchst verschiedenartig sind und von veränderlichen und wechselnden Koalitionen von Individuen geteilt werden, von denen man in keiner Zusammensetzung erwarten kann, daß sie die numerische Mehrheit der Wählerschaft ausmachen. Dieser Situation kommen expandierende und wohlhabende kapitalistische Staaten am weitesten nahe: wo die Wirtschaftsordnung fast jedem einen Anteil am Wohlstand gibt oder verspricht, überwiegen Klasseninteressen nicht alle anderen Interessenunterschiede. Doch für alle anderen Fälle ist das Modell nicht geeignet.

In den kapitalistischen Gesellschaften, in denen die Wachstumsraten nicht für die Erfüllung aller Erwartungen ausreicht, beherrschen gewöhnlich Klassenparteien das politische Leben, vorausgesetzt, daß es solchen Gesellschaften überhaupt gelingt, ein demokratisches System zu erhalten. Klasseninteressen spielen dann eine größere Rolle als die vielfältigen anderen Interessen, dessen Übergewicht die Gleichgewichtsanalyse annimmt. In dem Grad, wie es die Menschen für vernünftig halten, sich politisch als Mitglieder einer Klasse zu verhalten, unterscheidet sich der Mechanismus des Parteiensystems von dem des Marktmodells. Der Grad, in dem die Menschen sich so verhalten werden, läßt sich natürlich nur empirisch bestimmen. In unseren westlichen Staaten des zwanzigsten Jahrhunderts, in denen demokratisches Wahlrecht und ein kompetitives Parteiensystem mit massenhaft gehegten Erwartungen auf materiellen Fortschritt zusammentreffen, scheint der Grad von Klassenpolitik in umgekehrter Abhängigkeit zu der vermuteten Wachstumsfähigkeit der Ökonomie zu stehen. Die Nachkriegsprosperität und der Kalte Krieg haben die meisten westlichen Nationen ein Stück von Klassenpolitik entfernt, doch wäre es optimistisch, dies jetzt für den normalen und dauerhaften Zustand der etablierten Demokratien zu halten.

Wenn man Demokratie oder die Aussicht auf Demokratie in den aufstrebenden unabhängigen Staaten Afrikas und Asiens in die Betrachtung miteinbezieht, dann wird die Unangemessenheit des marktwirtschaftlichen Begriffs des demokratischen Prozesses noch deutlicher. In diesen Ländern ist die Funktion des politischen Systems nicht die Erreichung eines Gleichgewichts in einer pluralistischen Gesellschaft, sondern die Autorisierung einer Regierung, die stark genug ist für den Transformationsprozeß einer Kolonie zu einer lebensfähigen Nation. Ein Einparteiensystem oder Quasi-Parteiensystem scheint hier angebrachter als das kompetitive Parteiensystem. Der Partei, die vor oder zum Zeitpunkt der nationalen Unabhängigkeit ein Übergewicht hat, wird wahrscheinlich die Staatsgewalt zufallen. Und auch wenn die Ausübung der Staatsgewalt manchmal diktatorische Züge trägt, sollte man sie nicht als undemokratisch verurteilen. Denn ihre Machtfülle kann möglicherweise eine notwendige Bedingung für die Erfüllung nationaler demokratischer Aspirationen sein. Stammes- und Klassenauseinandersetzungen sowie religiöse Streitigkeiten innerhalb der nationalen Gemeinschaft mögen das Problem der Aufrechterhaltung einer einheitlichen Regierungsgewalt, die ein rückständiges Land in ein fortgeschrittenes, zu nationaler Unabhängigkeit fähiges Land zu verwandeln vermag, ernsthaft komplizieren. Aber hat ein Volk durch die politischen Führer aller Parteien sich erst einmal auf die Position festgelegt, daß es ein rückständiges Land ist und daß es Fortschritte machen sollte, dann wird wahrscheinlich die Notwendigkeit zur Unterstützung der Partei, die die Chance hat, es voranzutreiben, alle widerstreitenden Interessen, die in einer stabilen Gesellschaft zu finden sind, überwinden.

Hier mag der Einwand kommen, daß ein derartiges Regime eher den Übergang zu Demokratie, aber keine lebensfähige Form von Demokratie darstellt. Aber während wir Grund zu der Annahme haben, daß diese Regime größere Freiheit zur Parteienbildung erlauben werden, fühlen sie sich erst einmal sicher genug, wäre es arrogant für Theoretiker im Westen anzunehmen, daß diese Gesellschaften wünschten, sich auf eine extrem pluralistische Gesellschaft zuzubewegen, die in der Gleichgewichtstheorie postuliert wird. Den neuen Nationen, die hoffen, eine Zwischenstellung zwischen der westlichen und kommunistischen Welt einzunehmen, stehen verschiedene Gesellschaftsmodelle zur Wahl, die von höchst monopolistischen bis zu höchst pluralistischen reichen. Es gibt keinen Grund zu der Annahme, daß sie ausschließlich dem höchst pluralistischen Modell nacheifern werden. Tun sie das nicht, wird man ihr politisches System nicht mit der Gleichgewichtstheorie erfassen können, auch wenn man einen Entwicklungstyp von Gleichgewichtsmodell erfindet. Diese Theorie des demokratischen Prozesses, die für diese politischen Systeme keinen Raum läßt, wird kaum von sich behaupten können, eine allgemeine Theorie zu sein.[3]

Die Unangemessenheit der Gleichgewichtstheorie für alle außer den wohlhabenden expandierenden Demokratien des Westens ist vielleicht hinreichend deutlich. Es fehlt noch der Hinweis, daß auch in diesen Ländern die Angemessenheit des pluralistischen Gleichgewichtsmodells aus historischen Gründen beträchtlichem Zweifel ausgesetzt ist. Das kompetitive Parteiensystem als Mechanismus zur Wahl und Legitimation von Regierungen wurde nicht entwickelt, um mit einem pluralistischen Universum individueller Bestrebungen fertig zu werden. Sondern es begann als ein Instrument zur Beilegung von Meinungsverschiedenheiten innerhalb der herrschenden Klasse Englands, zu einer Zeit, als man an Demokratie noch gar nicht dachte. Später, als das demokratische Wahlrecht nicht länger vorenthalten werden konnte, wurde das Parteiensystem mit der Absicht erweitert, die demokratischen Bestrebungen, die man so fürchtete, zu zügeln. Vor weniger als einem Jahrhundert, als es zusammen mit dem demokratischen Wahlrecht zu funktionieren begann, war der Hauptzweck des Parteiensystems die Mäßigung der Klassenauseinandersetzung. Diesen Zweck erfüllte das System erstaunlich gut. Und es ist nicht unwahrscheinlich, daß das Parteiensystem diese latente Funktion auch noch in den wohlhabenden und am wenigsten klassenbewußten Ländern hat. Insoweit das der Fall ist, kann das System nicht angemessen mit der pluralistischen Markttheorie erfaßt werden. Die Gleichgewichtstheorie ist auch im Hinblick auf die fortgeschrittenen westlichen Gesellschaften, denen sie auf den Leib geschrieben zu sein scheint, so unhistorisch, daß sie zu gefährlichen Fehlschlüssen verleitet.

Der Nachteil der Gleichgewichtstheorie der Demokratie, so dürfen wir schlußfolgern, ist, daß sie, ähnlich wie die Grenznutzentheorie der Ökonomen, die historischen Determinanten effektiver Nachfrage außer acht läßt. Sie behandelt Klasseninteressen in den fortgeschrittenen Ländern sowie die nationalen Bestrebungen in den Entwicklungsländern als eine Form von politischen Drucks unter vielen. Damit lenkt sie ihre Aufmerksamkeit von den wichtigsten Problemen der Demokratie ab. Gleichgewicht ist eine hübsche Melodie, um im Dunkeln zu pfeifen.

Ich habe bisher mehr über die Verwendung eines Marktmodells zur Erklärung der Funktionsweise von Demokratie als zur Rechtfertigung demokratischer Ziele gesprochen. Werfen wir jetzt einen Blick auf die Rechtfertigungstheorie, so finden wir eine etwas andere Situation vor. Den Unterschied kann man, vielleicht etwas übertrieben, wie folgt darstellen: Während die mechanischen Theoretiker Marktbeziehungen erkennen, wo gar keine existieren oder nicht überwiegen, übersehen die Moraltheoretiker gewöhnlich die Marktbeziehungen gerade da, wo sie existieren, nämlich in den ethischen Annahmen der liberalen Tradition.

Marktwirtschaftliche Annahmen fanden meiner Ansicht nach Eingang in die Prämissen des liberal-demokratischen Denkens zur Zeit seiner Entstehung im siebzehnten Jahrhundert. Marktwirtschaftliche Annahmen gehörten unverzichtbar zum ethischen Individualismus, der an der Wurzel der englischen liberalen Tradition war. Meiner Ansicht nach, die ich hier nur andeuten kann,[4] finden sich marktwirtschaftliche Annahmen immer noch in einem nicht gerechtfertigten und nicht immer bemerkten Ausmaß in den Prämissen der liberal-demokratischen Theorie des zwanzigsten Jahrhunderts. Heute, so glaube ich, ist die marktwirtschaftliche Prämisse nicht gerechtfertigt, nicht weil wir nicht mehr in einer Marktgesellschaft leben (denn wir leben in einer), sondern weil die Richtigkeit und die Gerechtigkeit des Marktes heute längst nicht mehr so universell innerhalb der Gesellschaft akzeptiert wird, wie es vom siebzehnten bis zum neunzehnten Jahrhundert der Fall war. Die marktwirtschaftliche Prämisse, die mir unbemerkt der modernen liberalen demokratischen Ethik zugrunde zu liegen scheint, ist die in einem Großteil der früheren individualistischen Theorien (von Hobbes bis zu Locke) explizit hervortretende Annahme, daß die individuelle Persönlichkeit (die den obersten Platz in den Wertvorstellungen der liberalen Tradition einnimmt) aus Fähigkeiten besteht, die das Individuum *besitzt,* ohne daß es der Gesellschaft dafür etwas schuldet. Der Mensch ist der Eigentümer seiner eigenen Person. Er ist, was er besitzt. Das Wesen des Menschen besteht in der Freiheit, das mit dem je Eigenen zu tun, was er will, eine Freiheit, die nur von Regelungen eingeschränkt wird, die notwendig sind, um anderen die gleiche Freiheit zu sichern. Aufgrund dieser Annahmen ist die beste Gesellschaft (und in der Tat die einzig mögliche gute Gesellschaft) die, in der alle gesellschaftlichen Beziehungen der Einzelnen in Marktbeziehungen verwandelt werden, in der Menschen als Eigentümer ihrer Anlagen (und der Dinge, die sie durch die Ausübung ihrer Anlagen erworben haben) zueinander in Beziehung treten.

Das klarste Modell einer derartigen Gesellschaft wurde von Hobbes entworfen, der fand, daß „der Wert oder die Würde eines Menschen wie von allen anderen Dingen sein Preis ist, d. h., das, was für den Gebrauch seiner Fähigkeiten bezahlt wurde",[5] und der dementsprechend alle menschlichen Eigenschaften als Waren ansah, die auf Vertragsbasis zu Werten getauscht werden konnten, die der unpersönliche Marktmechanismus (und zwar richtig) setzte, und Gerechtigkeit auf das Einhalten von Verträgen reduzierte. Mit dem Vorschlag dieses Modells war Hobbes seiner Zeit etwas voraus, doch mit der Ausbreitung des Industriekapitalismus näherte man sich dem Modell immer mehr an. Mit der Verbreitung humaner wohlfahrtsstaatlicher Vorstellungen haben wir uns im zwanzigsten Jahrhundert wieder weiter von ihm entfernt, doch kommt meiner Ansicht nach unsere Gesellschaft dem Marktmodell näher als jede andere Gesellschaft.

Es mag widersprüchlich erscheinen zu behaupten, daß die gegenwärtige westliche Gesellschaft im Grunde eine Marktgesellschaft ist, wenn man gleichzeitig, wie ich es getan habe, bestreitet, daß ihr politisches System ein Markt-ähnliches System ist. Aber die zwei Positionen sind durchaus miteinander vereinbar. Das gerade beschriebene Marktmodell einer Gesellschaft impliziert nicht ein freies kompetitives politisches System, schon gar nicht ein demokratisches. Möglicherweise erfordert es sogar ein Klassenmonopol politischer Macht, das die meisten Theoretiker vom siebzehnten bis zum neunzehnten Jahrhundert schätzten.

Meine These lautet, daß unsere Gesellschaft trotz ihrer marktwirtschaftlichen Struktur nicht mehr automatisch mit ihrer Grundannahme gerechtfertigt werden kann. Zur Zeit der Entstehung der liberalen Traditionen gab die Annahme, daß die Gesellschaft aus einer Kette von Marktbeziehungen zwischen Individuen besteht, nicht nur eine adäquate Basis für die Beschreibung der Gesellschaft, sondern auch für ihre Rechtfertigung ab. Zu dieser Zeit nämlich akzeptierten alle politisch Mündigen aufgrund ihres Selbstverständnisses als Eigentümer ihrer eigenen Anlagen die Richtigkeit der Marktgesellschaft. Die, die Zweifel an der Richtigkeit hegten, wurden mit ihrer Unvermeidlichkeit konfrontiert. Die Marktgesetze wurden zu Naturgesetzen. Ihre Gerechtigkeit konnte nicht leicht in Frage gestellt werden. Und da die Beziehungen, die diese Gesetze zum Ausdruck brachten, sowohl in der gesellschaftlichen wie in der ökonomischen Ordnung vorherrschten, war die Gerechtigkeit der Marktgesellschaft ähnlich nachweisbar. Diese Situation blieb bis zur Mitte des neunzehnten Jahrhunderts unverändert. Doch mit dem Aufkommen einer politisch bewußten Arbeiterklasse wurden sowohl die Gerechtigkeit wie die Unvermeidlichkeit der Marktgesellschaft in Frage gestellt. Die Rechtfertigung der Gesellschaft auf der Basis der Freiheit, die sie dem Einzelnen als Eigentümer der eigenen Person gab, hörte auf, moralisch adäquat zu sein. Die alte Grundlage liberaler Moralität wurde unterminiert.

Die Frage, die seitdem nicht zur Genüge gestellt wurde, lautet also, ob die Rechtfertigung des liberal-demokratischen Staates nicht immer noch auf der alten Rechtfertigung der Marktgesellschaft beruht. Insofern als besitzorientierte Marktbegriffe Eingang in die liberalen Postulate über die Natur von Mensch und Gesellschaft, in ihre moralischen Postulate über das Wesen des Menschen fanden und von da in die Prämissen der liberal-demokratischen Theorie getragen wurden, kann die Theorie im zwanzigsten Jahrhundert nicht mehr als zeitgemäß angesehen werden.

Die Rechtfertigung liberaler Theorie beruht in ihren Grundzügen immer noch – und muß dies auch tun – auf dem Grundwert des sich frei entwickelnden Individuums. Aber insofern man Freiheit immer noch als Besitz, als Freiheit von allen Beziehungen mit anderen außer Marktbeziehungen auffaßt, wird sie kaum als Grundwert moderner Demokratie dienen können.

Die beiden Thesen dieses Aufsatzes lassen sich kurz zusammenfassen: Die politischen Theoretiker haben der oberflächlichen Analogie zwischen marktwirtschaftlichen und politischen Prozessen auf formaler Ebene zu große und den nicht unmittelbar zutagetretenden Marktvorstellungen in den Postulaten über die Natur der Gesellschaft und menschlicher Freiheit zu wenig Aufmerksamkeit geschenkt. In einer Zeit aber, wo der Marktmechanismus nicht mehr automatisch funktioniert, befindet sich die Politikwissenschaft immer noch auf der Suche nach dem guten alten Modell.

Anmerkungen

Einleitung

[1] C. B. Macpherson: *The Political Theory of Possessive Individualism.* Hobbes to Locke. Oxford, 1962. Deutsche Übersetzung unter dem Titel: *Die politische Theorie des Besitzindividualismus. Von Hobbes bis Locke.* Frankfurt/M., 1967. – Wichtige Vorarbeiten zu den vorliegenden Essays enthält: C. B. Macpherson: *The Real World of Democracy.* Oxford, 1966; in deutscher Übersetzung erschienen unter dem Titel: *Drei Formen der Demokratie.* Frankfurt/M., 1967.

[2] Über T. H. Green, dessen politisches Denken in Deutschland wenig bekannt ist, und sein Verhältnis zum Utilitarismus vgl. die Einleitung von A. D. Lindsay zu den *„Lectures on the Principles of Political Obligation"* von T. H. Green (London, New York, Toronto 1941).

[3] In seiner Schrift über *„Representative Government"* wollte J. St. Mill das Wahlrecht mit gewissen Bildungsvoraussetzungen und mit einem Beitrag zur direkten Steuer verkoppeln (vgl. Kap. 8).

[4] Der von Macpherson gebrauchte Begriff *power* muß in der Übersetzung teils mit „Macht", teils mit „Fähigkeit" wiedergegeben werden. An einer Stelle unterscheidet er ausdrücklich zwischen Macht *(power)* und Fähigkeit *(capacity)* (S. 96). Vgl. dazu die Anmerkung des Übersetzers S. 77

[5] Vgl. Art. 2 Abs. 1 des Bonner Grundgesetzes: „Jeder hat das Recht auf freie Entfaltung seiner Persönlichkeit, soweit er nicht die Rechte anderer verletzt und nicht gegen die verfassungsmäßige Ordnung oder das Sittengesetz verstößt." Es versteht sich, daß dieses Recht allein, ohne im Sozialgefüge verankerte Chance, es auch verwirklichen zu können, inhaltsleer wäre.

[6] Für die Darstellung der Aneignung von Arbeitskraft durch das Kapital bei Marx vgl. Karl Marx, *Das Kapital,* Erster Band, Buch 1. Dritter Abschnitt: *Die Produktion des absoluten Mehrwerts.* Ein genaueres, wenngleich sehr knappes Referat einschlägiger Marxscher Positionen gibt Macpherson in dem Essay *„Elegant Tombstones: A Note on Friedman's Freedom"*, der in diese Ausgabe nicht übernommen worden ist.

[7] Vgl. dazu Helmut Reichelt: *Zur logischen Struktur des Kapitalbegriffs bei*

Karl Marx. Frankfurt/M., Wien, 1970. – In seiner Arbeit *„Die politische Theorie des Besitzindividualismus"* verweist Macpherson auf Marx, Max Weber und Sombart, die, wie er, ein „Modell" oder „Idealtyp" des Kapitalismus entwickelt hätten (dt. Ausgabe S. 63) – eine Interpretation, die der Marxschen Methode nicht ganz gerecht wird.

[8] Vgl. etwa Isaiah Berlin: *Hobbes, Locke and Professor Macpherson.* In: The Political Quarterly, XXXV (1964), S. 444–468; die Aufsätze in: D. D. Raphael (ed.): *Political Theory and the Rights of Man.* Bloomington and London; Peter Laslett, W. G. Runciman (eds.): *Philosophy, Politics and Society,* Third Series. Oxford, 1967, sowie Quentin Skinner: *Liberty and Property.* In: The New Statesman, 2 March, 1973.

[9] Ein Problem, das gegenwärtig auch unter dem Begriff der „strukturellen Gewalt" diskutiert wird. Vgl. dazu Johan Galtung: *Gewalt, Frieden und Friedensforschung.* In: Dieter Senghaas (Hrsg.): *Kritische Friedensforschung.* Frankfurt, 1971.

[10] Vgl. jetzt John Rawls: *A Theory of Justice.* London, 1973 (Deutsche Übersetzung: *Eine Theorie der Gerechtigkeit.* Frankfurt/M., 1975.

[11] Dieser Zustand wird in den Wirtschaftswissenschaften nach dem Wirtschafts- und Gesellschaftstheoretiker Vilfredo Pareto als „Pareto-optimal" bezeichnet. Vgl. dazu Claudo Napoleoni: *Grundzüge der modernen ökonomischen Theorien.* Frankfurt/M. 1968, S. 23f.

[12] Dieser Gedanke wird vor allem in *„The Real World of Democracy"* (s. o. Anm. 1) vorgetragen.

[13] Vgl. Dennis Meadows, Donelle Meadows, Erich Zahn, Peter Milling: *Die Grenzen des Wachstums. Bericht des Club of Rome zur Lage der Menschheit.* Reinbek b. Hamburg, 1973.

I. Die Maximierung von Demokratie

(zuerst veröffentlicht in: *Philosophy, Politics and Society, Third Series.* hrsg. von Peter Laslett und W. Runciman, Basil Blackwell, Oxford, 1967)

[1] Über die Unterscheidung zwischen liberaler Demokratie und anderen Formen von Demokratie vgl. mein Buch *The Real World of Democracy* (Oxford, 1966).

[2] Diese Ansicht menschlicher Fähigkeiten unterscheidet sich deutlich von der, die im liberal-demokratischen Begriff der Maximierung menschlicher Fähigkeiten (sowie seinen Vorgängern vor dem 17. Jahrhundert) enthalten ist. Die Bedeutung dieser Unterscheidung wird in Abschn. 3 weiter unten diskutiert.

[3] Am Ende dieses Abschnitts vertrete ich die These, daß die Entstehung des Wohlfahrtsstaates an dieser Gleichsetzung nichts geändert hat.

[4] Der Nachweis, daß die Verwechslung beider Machtbegriffe für die Inadäquatheit der Theorien Mills und Greens verantwortlich ist, würde hier zu weit führen. Ich hoffe, ihn aber einmal in einer späteren Studie über die Theorie im 19. Jahrhundert zu führen.

[5] Eine nicht unsinnige Vermutung einiger Ökonomen, daß kapitalistische Unternehmer auch unter diesen Umständen weiterhin im Geschäft bleiben könnten, findet in Essay IV, Abschn. 2, S. 144 Berücksichtigung (erweist sich aber als irrelevant).

[6] Hume z. B. war der Meinung, daß folgendes den Menschen von anderen Lebewesen unterscheide: „die zahllosen Wünsche und Bedürfnisse, die ihm (die Natur) aufgebürdet hatte, und die kargen Mittel, die sie ihm gibt, um diese Bedürfnisse zu befriedigen"; und daß sich in der Gesellschaft „seine Bedürfnisse ständig vermehren"; der Vorteil der Gesellschaft sei, daß sie die Fähigkeiten eines Menschen zur Befriedigung seiner zahllosen und sich ständig vermehrenden Bedürfnisse vergrößerte *(Treatise of Human Nature,* Buch III, Teil II, Abschn. II).

II. Demokratietheorie: Ontologie und Technologie

(zuerst veröffentlicht in: *Political Theory and Social Change,* hrsg. von David Spitz, Atherton Press, New York, 1967)

[1] Vgl. mein Buch *The Real World of Democracy.*

[2] Über Lockes Ansicht vgl. mein Buch *Die politische Theorie des Besitzindividualismus* (Frankfurt/M., 1973) Kap. 5, Abschn. 3 b. Während Hobbes die Ansicht vertrat, daß der Mensch nicht von Natur aus grenzenlos begierig sei, glaubte er doch, daß er es in der Marktgesellschaft notwendigerweise sei.

[3] Bentham, *Introduction to the Principles of Morals and Legislation,* Kap. 5; Kap. 10, Abschn. 3.

[4] Bentham, *The Theory of Legislation,* hrsg. v. C. K. Ogden, New York, 1931, S. 120.

[5] ibid, S. 103, Hervorhebungen von Bentham.

[6] Hobbes, der der Auffassung am nächsten kam, der Mensch sei ein grenzenloser Appropriateur (obwohl er sie nicht ausdrücklich vertrat), bekam dafür eine schlechte Presse. Erst im späten 18. Jahrhundert hatte die Marktmoral soviel Ansehen gewonnen, daß Burke ‚die Liebe zum Geld‘ als ‚dieses natürliche, dieses vernünftige, dieses machtvolle, dieses segens-

reiche Prinzip' bezeichnen konnte *(Third Letter on Regicide Peace, Works,* Oxford World Classics, VI, S. 270).

[7] *Second Treatise of Government,* Abschn. 35, 37

III. Probleme einer nicht marktbezogenen Demokratietheorie
(Erstveröffentlichung)

[1] Darauf wurde auch schon in *Die politische Theorie des Besitzindividualismus, von Hobbes zu Locke,* a. a. O., S. 70 und in *The Real World of Democracy,* S. 43 hingewiesen.

[2] Der Begriff der ‚Nettoübertragung von Fähigkeiten' wurde schon früher in *Die politische Theorie des Besitzindividualismus* (S. 70–71), in *The Real World of Democracy* (S. 40–43) sowie in Essay I dieses Buches (SS. 31–38) formuliert und wird in diesem Essay weiter unten fortentwickelt.

[3] *Elements of Law, Natural and Politic,* Teil 1, Kap. 8, Abschn. 3 und 4. Darauf wurde auch schon, wenn auch weniger ausdrücklich, im *Leviathan,* Kap. 10, §§ 1 und 2 hingewiesen, wo festgestellt wird, daß die Macht eines Menschen (‚seine gegenwärtigen Mittel zur Erlangung eines zukünftigen augenscheinlichen Gutes') in der *Exzellenz* seiner körperlichen und geistigen Fähigkeiten sowie in allen anderen Fähigkeiten, die aufgrund dieser Exellenz erworben worden sind, besteht.

[4] James Mill, *An Essay on Government,* Abschn. 4 (ed. E. Barker, Cambridge, S. 17).

[5] Streng genommen, trifft dies nur auf eine *rechtsstaatliche* Marktgesellschaft zu, in der es keine private Gewalt, Korruption oder Amtsmißbrauch (staatlichen oder nicht-staatlichen) gibt, denn alle diese geben natürlich ausbeuterische Macht unabhängig von Kapitalbesitz. Es ist unmöglich, die Größe solcher ausbeuterischen Macht in jeder realen Marktgesellschaft im Unterschied zu der Größe, die auf Kapitalbesitz beruht, zu berechnen. Aber da gegenwärtiges Kapital teilweise das Produkt vergangener privater Gewalt und Amtsmißbrauch ist und da die gegenwärtigen Gewinne aus ungesetzlicher ausbeuterischer Macht die Tendenz haben, sich als Kapital zu konsolidieren, mag man es zulassen, daß die Größe ausbeuterischer Macht, die auf Kapital beruht, zu jeder Zeit ungefähr die gesamte Größe ausbeuterischer Macht ist. Eine andere nicht-kapitalabhängige Art von Macht kann hier erwähnt werden und als irrelevant abgetan werden: Gesetzliche und angemessene Amtsführung gibt gewisse persönliche Macht an diejenigen, die Führungs- und Organisationstalente haben. Aber wenn sie gesetzmäßig und angemessen ist, d. h. im Interesse derer

angewandt wird, in dessen Namen sie ausgeübt wird, und sie in einem gewissen Grade deren Kontrolle unterliegt, dann ist sie nicht ausbeuterisch.

[6] Der Kürze wegen meint ‚Kapital‘ hier auch die Nutzung von Boden zu Produktionszwecken.

[7] James Mill, *An Essay on Government*, Abschn. VIII (Hrsg. Barker, S. 50). Unter der Voraussetzung der Gleichsetzung von Wahlrecht mit politischer Macht und politischer Macht mit Macht über andere wies Mill darauf hin, daß jeder Wähler, wenn mehr als die Hälfte der Bevölkerung das Wahlrecht hat, „etwas weniger als den Vorteil aus der Unterdrückung eines einzigen Menschen“, bei Zweidritteln von Wahlberechtigten aber „nur die Hälfte des Vorteils aus der Unterdrückung eines einzigen Menschen“ hätte.

[8] Vgl. J. E. Meade, *Efficiency, Equality, and the Ownership of Property* (London, 1964), S. 27. Dort findet sich die Schätzung, daß 1960 75% des ‚gesamten persönlichen Vermögens‘ im Vereinigten Königreich sich in den Händen von 5% der Bevölkerung befanden. Obwohl ‚persönliches Vermögen‘ nicht mit Kapital und produktivem Land identisch ist, ist deren Verteilung vermutlich nicht wesentlich anders.

[9] Vgl. unten, S. 127 und Essay VII in dieser Ausgabe.

[10] Laswell und Kaplan, *Power and Society* (New Haven, Conn., 1950), S. 75.

[11] David Easton, *The Political System* (New York, 1953), S. 143–44.

[12] Carl J. Friedrich, *Man and his Government* (New York, 1963), S. 160.

[13] Robert A. Dahl, *Modern Political Analysis* (Englewood Cliffs, N. Y., 1964), S. 40 und 50.

[14] Friedrich, op. cit., S. 159–60.

[15] Easton, *The political System* (2. Ausg., 1971), S. 115.

[16] Essay I, *Die Maximierung von Demokratie,* Abschn. 3.

[17] Vgl. unten SS. 97–98.

[18] Vgl. Mills zustimmendes Zitat von Humboldts Feststellung, daß „der Zweck des Menschen die höchste und harmonischste Entwicklung seiner Fähigkeiten zu einem vollständigen, stimmigen Ganzen sei“ (J. S. Mill, *On Liberty,* Kap. 3) sowie Greens Definition von „Freiheit im positiven Sinne“ als „die Befreiung der Fähigkeiten aller Menschen zugunsten des Allgemeinwohls“ *(Liberal Legislation and Freedom of Contract,* III. 372) und seine Bezugnahmen auf „die freie Ausübung seiner Fähigkeiten“ und auf „das freie Spiel der Kräfte aller“. Gelegentlich verwendet Green Anlage und Fähigkeit synonym, z. B. wenn in aufeinander folgenden Sätzen Freiheit als „eine positive Fähigkeit oder Anlage, etwas zu tun oder zu

genießen, das es zu genießen oder zu tun lohnt" und als eine „Fähigkeit, die jeder kraft der Hilfe und der Sicherheit, die ihm von anderen gegeben werden, ausübt", beschrieben wird.

[19] Vgl. H. L. A. Hart, *The Concept of Law* (Oxford, 1961), S. 188f. sowie Isaiah Berlin, *Does political theory still exist?*, in: P. Laswell, W. G. Runciman (Hrsg.), *Philosophy, Politics and Society (Second Series*, Oxford, 1962), S. 26f.

[20] S. oben, S. 23.

[21] Vgl. J. S. Mill: „Jede menschliche Handlung besteht in Veränderung, jede nützliche Handlung in Verbesserung des spontanen Laufes der Natur" (‚Nature', in: *Three Essays on Religion*, in: *Collected Works*, Bd. 10, Hrsg. J. M. Robson, Toronto, London, 1969, S. 402).

[22] Hobbes, *English Works*, Bd. 2., S. 4–6.

[23] Vgl. unten, S. 130.

[24] Vgl. die Standpunkte von Chapman und Rawls, die in Essay IV erörtert werden.

[25] „Die Verteilung des Ertrags der Arbeit, wie wir sie jetzt kennen, steht in umgekehrtem Verhältnis zur eingesetzten Arbeit: Den größten Anteil erhalten die, die überhaupt nie gearbeitet haben, den nächstgrößten die, deren Arbeit nur nominell ist, und so wird die Vergütung in abnehmender Ordnung um so geringer, je härter und unangenehmer die Arbeit wird, bis man schließlich bei der ermüdensten und anstrengendsten körperlichen Arbeit nicht mehr mit der Gewißheit rechnen kann, imstande zu sein, sich die Notwendigkeiten des Lebens zu verdienen." (John Stuart Mill, *Principles of Political Economy*, Buch 2, Kap. 1, Abschn. 3, *Collected Works*, Bd. 2, Hrsg. Robson (Toronto, London, 1965, S. 207).

[26] Vgl. oben, S. 40–1.

[27] *Second Treatise of Government*, Abschn. 28. Locke war zwar der Meinung, daß der gesamte Warenwert durch die Arbeit geschaffen würde, daß die Arbeit dem Eigentümer das Anrecht auf den gesamten Wert der Ware gebe. Über Marx' Ansicht vgl. Essay VII der engl. Ausg., vorletzter Absatz.

[28] Vgl. Chapmans Theorie, die in Essay IV erörtert wird.

[29] „Bis heute ist fraglich, ob all die mechanischen Erfindungen die tägliche Mühsal irgendeines menschlichen Wesens erleichtert haben". (J. S. Mill, *Principles of Political Economy*, Buch 4, Kap. 6, Abschn. 2, *Collected Works*, Bd. 3, Hrsg. Robson, S. 756).

[30] S. oben, S. 27.

[31] Besonders durch die Levellers, vgl. *Die politische Theorie des Besitzindividualismus*, Kap. 3.

[32] S. oben S. 100.

[33] Vgl. Adam Smith: „Die Unterschiede natürlicher Talente bei verschiedenen Menschen ist in Wirklichkeit viel geringer, als wir uns bewußt sind ... Der Unterschied zwischen den verschiedenartigsten Charakteren, z. B. zwischen einem Philosophen und einem Transportarbeiter, scheint nicht so sehr aus der Natur als aus Sitte, Gewohnheit und Erziehung zu entstehen." *(Wealth of Nations, Buch 1, Kap. 2, vorletzter Absatz).*

IV. Revisionistischer Liberalismus
(Erstveröffentlichung)

[1] Nur Milton Friedmans Liberalismus, der in Essay VII der engl. Ausg. erörtert wird, übertrifft ihn noch.

[2] Hauptsächlich in Zeitschriftenaufsätzen: Charles A. McCoy und John Playford (Hrsg.), *Apolitical Politics, a Critique of Behaviouralism* (New York, 1969); Henry S. Kariel (Hrsg.), *Frontiers of Democratic Theory* (New York, 1970).

[3] Joseph A. Schumpeter, *Kapitalismus, Sozialismus und Demokratie.* (Bern, 1946).

[4] Robert A. Dahl, *A Preface to Democratic Theory* (Chicago, Ill., 1956).

[5] Vgl. mein Buch *The Real World of Democracy,* sowie Essay VII in diesem Band und Essay XI der englischen Ausgabe.

[6] Zu nennen sind hier: *Justice and Fairness,* in: Carl J. Friedrich und John W. Chapman (Hrsg.), *Justice, Nomos VI* (New York, 1963); *Natural Rights and Justice in Liberalism,* in: D. D. Raphael (Hrsg.), *Political Theory and the Rights of Man* (London, 1967); *Voluntary Associations and the Political Theory of Pluralism,* in: J. Roland Pennock und John W. Chapman (Hrsg.) *Voluntary Associations, Nomos* (New York, 1969); *The Moral Foundations of Political Obligation,* in: J. Roland Pennock und John W. Chapman (Hrsg.) *Political and Legal Obligation, Nomos XII* (New York, 1970).

[7] *Justice and Fairness,* S. 166f.

[8] Der Begriff einer ‚Nettoübertragung von Fähigkeiten' wurde zuerst in meinen Büchern *Die Politische Theorie des Besitzindividualismus* und *The Real World of Democracy* entwickelt. Seine Erörterung wird in Essay I und III wieder aufgenommen. Chapman scheint ihn nicht voll verstanden zu haben; nur die erste seiner Formulierungen war ihm zugänglich, als er seine Kritik formulierte.

[9] Sein anderes Modell einer idealen liberalen Gesellschaft, das ökonomische Rationalität mit einschließt, aber „alle Formen monopolistischer

und oligopolistischer Vorteile" ausschließt, ist aus diesem Grunde in sich widersprüchlich.

[10] Sie liegt in einer Reihe von Aufsätzen vor, die im letzten Jahrzehnt veröffentlicht worden sind: *Justice as Fairness* in: Peter Laslett und W. G. Runciman (Hrsg.): *Philosophy, Politics, and Society, Second Series* (Oxford, 1962); *The Sense of Justice, Philosophical Review* (1963); *Constitutional Liberty and the Concept of Justice,* in: C. J. Friedrich und J. W. Chapman (Hrsg.), *Justice, Nomos VI* (New York, 1963); *Distributive Justice* in: Peter Laslett und W. G. Runciman (Hrsg.) *Philosophy, Politics and Society, Third Series* (Oxford, 1967); sowie *Distributive Justice: Some Addenda,* in: *Natural Law Forum,* Bd. 13 (1968). Sein angekündigtes Buch, in dem diese Aufsätze weiterentwickelt werden, war mir noch nicht zugänglich, als ich diesen Aufsatz schrieb.

[11] Vgl. Charles Fried, *Justice and Liberty,* in: *Justice, Nomos VI* (1963); J. W. Chapman, *Justice and Fairness,* ibid; Robert Paul Wolff: *A Refutation of Rawls' Theorem of Justice Journal of Philosophy* (1966); J. O'Connor, *Wolff, Rawls, and the Principles of Justice, Philosophical Studies,* 1968; D. Emmett, *,Justice',* *Aristotelian Society, Supplementary Volume XLIII* (1969); Michael Lessnoff, *John Rawls Theory of Justice, Political Studies* (1971); Robert L. Cunningham, *Justice: Efficiency or Fairness, The Personalist* (1971).

[12] *Distributive Justice,* S. 61. In diesen und den folgenden Bezugnahmen auf Rawls Arbeiten beziehen sich die Seitenangaben auf die in Fußnote 10 zitierten Sammelbände.

[13] *Distributive Justice,* S. 62.

[14] *Justice as Fairness,* S. 133.

[15] Ibid.

[16] *Distributive Justice,* S. 61.

[17] *Constitutional Liberty and the Concept of Justice,* S. 125.

[18] *Distributive Justice,* S. 62. (Vgl. sein Beispiel einer Unternehmerklasse und einer Klasse ungelernter Arbeiter, ibid. S. 67.)

[19] Ibid., S. 62.

[20] Ibid., S. 71.

[21] Ibid., S. 69.

[22] Ibid., S. 71.

[23] Ibid., S. 70. Eine Passage in einem späteren Aufsatz *(Distributive Justice: Some Addenda,* S. 56) deutet auf ein außerordentliches Mißverständnis dessen hin, was sein freies Marktsystem mit sich bringt: Er bezieht sich hier auf seine Annahme, „daß die Wirtschaft im großen und ganzen ein freies Marktsystem ist, ganz gleich, *ob sich die Produktionsmittel in Privatbesitz befinden oder nicht* (Hervorhebung von mir, C. B. M.). Befinden

sich aber die Produktionsmittel nicht in Privatbesitz, dann würde sein marktwirtschaftliches Modell gar nicht funktionieren: Seine Voraussetzung „einer freien Wirtschaft", in der wettbewerbsmäßige Märkte die primäre Allokation von Arbeit und Ressourcen leisten und die das ganze Sozialprodukt auf eine Weise verteilt, „in der die Ansprüche von Bedürfnissen ignoriert werden" *(Distributive Justice,* S. 70), erfordert sicherlich auch die Anreize, die zum Privatbesitz von Kapital gehören.

[24] *Distributive Justice,* S. 67.

[25] Ibid.

[26] Ibid., S. 74.

[27] *Justice as Fairness,* S. 138 f.

[28] *Distributive Justice,* S. 71.

[29] Ibid.

[30] Das wird in Essay III demonstriert.

[31] *Distributive Justice: Some Addenda,* S. 58.

[32] *Distributive Justice,* S. 63. Es ist richtig, daß historische Vergleiche irrelevant sind (aus Gründen, die in Essay III S. 119 angegeben sind), ich frage mich aber, warum Rawls dann Vergleiche mit einem kürzlich gewesenen gesellschaftlichen Zustand zulassen will.

[33] *Distributive Justice,* S. 69.

[34] Allerdings weist Rawls darauf hin, daß das Problem der Verteilungsgerechtigkeit „nicht ein Problem der Verteilung bestimmter Einkommensgrößen oder Gütermengen an bestimmte Individuen mit bestimmten Geschmacks- und Bedürfnisstrukturen ist", sondern vielmehr „ein Problem der Zuteilung bzw. der Zuweisung von Rechten bei dem Entwurf eines allgemeinen Regelsystems, das die ökonomischen Aktivitäten definiert und reguliert" *(Constitutional Liberty and the Concept of Justice,* S. 117, Anm. 5). Aber auch so behandelt man die Menschen immer noch als Konsumenten. Gerechtigkeit „ist eine Reihe von Prinzipien zur Wahl zwischen gesellschaftlichen Ordnungen, die diese Aufteilung bestimmen", d. h. darüber, „wie der Überschuß der gemeinsamen Arbeit verteilt werden soll" *(Distributive Justice,* S. 58). Und „das Hauptproblem der Verteilungsgerechtigkeit" ist, „daß sie die Verteilung von Reichtum hinsichtlich der Lebenschancen derer berührt, die in den verschiedenen Einkommensgruppen beginnen" (Ibid., S. 67).

V. Berlins Teilung der Freiheit
(Erstveröffentlichung)

[1] Oxford, 1958; mit Veränderungen abgedruckt in: *Four Essays on Liberty*, Oxford, 1969, wo sich eine wertvolle Einführung findet, die einige der Ideen des ursprünglichen Essays weiterausführt. Die Seitenangaben für *Two Concepts of Liberty* beziehen sich auf den revidierten Text in *Four Essays*.

[2] Vgl. S. 171. Sein Grund für diese Revision wird in der Einleitung auf S. LVIII, Anm. 1 erörtert.

[3] Im Anschluß an die in Essay III gegebene Definition, S. 80.

[4] Die Bedingung bewußter Eingriffe wird in der Einleitung zu *Four Essays* eingeschränkt, wo er schreibt: „Das Fehlen (sozialer und politischer) Freiheit ist auf das Schließen derartiger Türen (meine potentiellen Wahlmöglichkeiten) oder auf das Versäumnis, sie zu öffnen, als das beabsichtigte oder unbeabsichtigte Resultat veränderbarer menschlicher Praktiken oder der Funktionsweise menschlicher Institutionen zurückzuführen; obwohl solche Handlungen, nur wenn sie bewußt intendiert sind (oder möglicherweise von dem Bewußtsein begleitet sind, daß sie Wege verbauen) Unterdrückung genannt werden können." (S. XI) Das scheint zu gestatten, daß unbeabsichtigte Eingriffe als Beraubung von Freiheit bezeichnet werden können, allerdings nicht als der höchste Grad von Beraubung, nämlich ‚Unterdrückung'. Doch nach Berlins Ansicht macht diese Anmerkung keine Änderung des Textes notwendig, wo es immer noch heißt, daß „Zwang bewußte Eingriffe anderer Menschen voraussetzt" (S. 122). Und einer der Faktoren, die das Maß der Freiheit eines Menschen bestimmen, ist, „wie weit (seine Wahlmöglichkeiten) durch bewußte menschliche Handlung beschnitten oder verbessert werden" (S. 130, Anm. 1).

[5] „Die Mehrheit der Arbeiter in diesem und den meisten anderen Ländern haben kaum die Möglichkeit der Berufswahl oder Bewegungsfreiheit, ist praktisch so abhängig von den feststehenden Regelungen und dem Willen anderer, wie sie es in jedem System der Kurzzeitsklaverei sein könnten." (J. S. Mill, *Principles of Political Economy*, Buch 2, Kap. 1, Abschn. 3, in: *Collected Works*, Bd. 2, a. a. O., S. 209).

[6] „Die sozialen Institutionen in Europa leiten sich aus einer Verteilung des Eigentums her, die nicht das Resultat von gerechter Aufteilung oder von Gewerbefleiß, sondern das Resultat von Eroberung und Gewalt waren: Was auch immer der Gewerbefleiß seit vielen Jahrhunderten getan hat, um das Moment von Zwang zu modifizieren, es finden sich im Sy-

249

stem noch immer viele und deutliche Spuren seines Ursprungs". (Ibid, S. 207)

[7] „Auf der höchsten Stufe gesellschaftlicher Prosperität wird die große Masse der Bürger keine anderen Mittel als ihren täglichen Arbeitsfleiß haben und wird deshalb immer nahe der Armut leben." (Bentham, *Principles of the Civil Code,* Teil 1, Kap. XIV, Abschn. 1, in: Bentham, *Theory of Legislation,* Hrsg. C. K. Ogden, S. 127).

[8] Vgl. Essay III, SS. 117–8.

[9] Dies illustriert er an dem „ägyptischen Bauern" auf S. 124 und am Beispiel des englischen Arbeiters zu T. H. Greens Zeiten in der Einleitung (S. XLIX, Anm. 1).

[10] S. 125. In der Einleitung zu *Four Essays* scheint er anzuerkennen, was im Text von *Two Concepts* unterbleibt: daß diese klassenbedingte Beraubung tatsächlich eine Beraubung der *Freiheit,* nicht bloß der Bedingungen von Freiheit darstellt. So z. B. auf S. XLV: Das ungehemmte laissez-faire führte zu „Verletzungen negativer Freiheit"; und auf S. XLVII–XLVIII: Im 20. Jahrhundert wurde die Freiheit durch diskriminierende ökonomische und gesellschaftspolitische Maßnahmen „beschnitten", die „menschliche Freiheit einschränkten und verhinderten". Doch an dieser Stelle hat er den ursprünglichen Text nicht geändert, und einige Seiten weiter unten in der Einleitung (S. LIII–LIV) betont er wieder die Wichtigkeit der Unterscheidung zwischen Freiheit und den Bedingungen von Freiheit.

[11] Ich sage hier ‚anscheinend‘, weil dies aus der in der letzten Fußnote zitierten Passage nicht klar hervorgeht.

[12] Vgl. Essay 7 der engl. Ausgabe: *Elegant Tombstones: A Note on Friedman's Freedom.*

[13] Allerdings kommt er in einer Passage dem sehr nahe: „Ich kann nicht alle Hindernisse aus dem Weg räumen, die aus dem Verhalten meiner Mitmenschen resultieren ... Trotz heroischer Versuche, die Konflikte und den Widerstand anderer zu transzendieren oder aufzulösen –, wenn ich nicht getäuscht werden will, werde ich die Tatsache anerkennen müssen, daß völlige Harmonie mit anderen unvereinbar mit eigener Identität ist." (S. XLIII f.).

[14] Vgl. *Two Concepts,* S. 131.

[15] Ihre Beziehung besteht darin, daß PF_3 in zweierlei Hinsicht eine Vorbedingung für PF_1 ist. Erstens ist ohne PF_3 jeder, der nicht an dem politischen Entscheidungsprozeß teilnehmen kann, völlig Regelungen unterworfen, die andere getroffen haben, d. h. er ist völlig fremdbestimmt, was mit PF_1 unvereinbar ist. Zweitens wird wahrscheinlich heute keine politische Bewegung, die sich die Erweiterung menschlicher Fähigkeiten

zum Ziel gesetzt hat (PF₁), erfolgreich sein, wenn sie nicht nachhaltig und wirksam demokratisch ist (PF₃).

[16] Obwohl er einige Male feststellt oder impliziert, daß dies die fundamentale Unterscheidung ist: „Die Antwort auf die Frage ‚wer regiert mich?' unterscheidet sich logisch von der Frage ‚Inwieweit greift die Regierung in meinen Handlungsspielraum ein?'. Letztlich besteht in diesem Unterschied der große Kontrast zwischen den beiden Begriffen positiver und negativer Freiheit" (S. 130). In seiner Einleitung zu *Four Essays* wird der Unterschied zwischen positiver und negativer Freiheit auch an dem Unterschied zwischen diesen beiden Fragen, also zwischen NF und PF₃ deutlich gemacht. Vgl. S. XLIII, XLIV, XLVII.

[17] Vgl. Essay III, SS. 130–1.

[18] *Lectures on the Principles of Political Obligation,* Abschn. 220 ff.

[19] Ibid., Abschn. 222, 226.

[20] Vgl. die Pluralismuskritiken in den in Fußnote 2 (Essay IV) zitierten Arbeiten.

[21] Berlin zitiert dies mit Zustimmung, S. 148.

[22] Berlin scheint dies einzuräumen, wenn er dem in der letzten Fußnote zitierten Bentham Zitat hinzufügt: „auch wenn ein derartiger ‚Verstoß' zu einem Zuwachs in der Summe von Freiheit führt" (S. 148). Dennoch scheint er dieses Aufsummieren für „logisch absurd" zu halten (Anm. S. 130).

[23] Vgl. die Definition in Essay III.

VI. Eine politische Theorie des Eigentums
(Erstveröffentlichung)

[1] Vgl. Essay IV, Abschn. 2 u. 3.

[2] Vgl. Essay IV, Abschn. 1; und Essay 7.

[3] Vgl. Essay VII der engl. Ausgabe.

[4] Vgl. Essay IV.

[5] Vgl. Essay V.

[6] Siehe die Definition in Essay III.

[7] Man könnte einwenden, daß in einer letztlich idealen nicht-ausbeuterischen Gesellschaft, aus der das Besitzethos verschwunden wäre, keine Institution von Eigentum benötigt würde. Aber abgesehen davon, würde man sicherlich in einer Übergangsperiode von unbestimmter Dauer irgendeine Institution von Eigentum benötigen.

[8] Die Unterscheidung zwischen *Privateigentum, Staatseigentum* und *Gemeineigentum* wird ausführlicher in meinem einleitenden Essay zu einem Sammelband über *Property* (Chicago und New York 1973) erläutert. Einige Abschnitte dieses Essays haben in dem hier vorliegenden Essay ohne große Abänderungen Verwendung gefunden.

[9] Eine Gesellschaft kann so klein wie ein mittelalterliches Dorf oder so groß wie ein Nationalstaat (oder sogar noch größer, wenn z. B. das internationale Recht das Recht auf Benutzung der Meere anerkennt) sein.

[10] Einschließlich nicht-natürlicher Personen, die vom Staat als Körperschaften geschaffen werden, die, wie im Fall von Staatseigentum den Staat selbst oder seine Vertreter miteinschließen.

[11] Vgl. Humes Definition, Fußn. 15.

[12] Das Recht, sein Eigentum am Boden zu veräußern, das eigentlich mit dem feudalen Prinzip persönlichen Lebensbesitzes unvereinbar ist, wurde tatsächlich schon im 13. Jahrhundert lange vor der Entstehung des modernen Kapitalismus gewonnen: Das Statut *Quia Emptores* (1290) gab dieses Recht jedem Lebenshalter als vollen Eigenbesitz. Gleichzeitig aber hatten die Landbesitzer ein Interesse daran, ihren Besitz festzuschreiben: Sie „wollten die Möglichkeit behalten, Familienregelungen zu schaffen, die nicht nur gegen freiwillige Entäußerung durch ihre Erben, sondern auch gegen unfreiwillige Veräußerung aufgrund von Verurteilungen wegen Hochverrats oder irgendwelcher anderer Vergehen sicher sein würden" (Sir William Holdworth, *Essays in Law and History,* Oxford 1946, S. 105). Das Recht, zukünftige Verkäufe zu *verhindern,* wurde durch das Statut *De Donis Conditionalibus* geschaffen. Von ihm machte man weitreichenden Gebrauch, so daß von da an ein Großteil des Bodens unverkäuflich war. In den folgenden Jahrhunderten versuchte man auf viele Weisen, diese Unveräußerbarkeit zu umgehen, aber erst Ende des 17. Jahrhunderts waren die Gerichte in der Lage, „die Legalität der Methoden zu bestätigen, mit denen man versuchte, das Statut *De Donis* zu umgehen, sowie alle Versuche zur erbgebundenen Besitzbeschränkung für illegal zu erklären und schließlich Gesetze gegen Besitzgebundenheit zu erlassen" (Ibid., S. 107). Die Behauptung, daß Entäußerbarkeit eines der Merkmale ist, an dem sich der moderne Eigentumsbegriff vom mittelalterlichen unterscheidet, impliziert nicht, daß sich dieses Merkmal nicht auch in früheren Gesellschaften findet. Im klassischen Griechenland und Rom, die stärkeren Marktcharakter hatten als feudale Gesellschaften, wurde das Recht auf Veräußerbarkeit im allgemeinen anerkannt. Alle Marktgesellschaften erfordern Veräußerbarkeit bis zu einem gewissen Grad. Entwickelte Marktgesellschaften erfordern sie sogar im höchsten Grade.

[13] Das mittelalterliche Recht in England behandelte Rechte als „Dinge" (d. h. es behandelte gegenwärtige, zukünftige und partielle Rechte auf materielle Dinge, meistens Boden, als rechtliche „Dinge"), aber es behandelte nicht Dinge (im heutigen Sinn von materiellen Dingen) als Eigentum. Ähnlich wie im Römischen Recht, wo zu *res res corporales* sowie *res incorporales* zählten (Dinge, die nicht materielle Dinge sind), gab es im Englischen Recht *corporeal* und *incorporeal hereditaments*. Diese waren Eigentum, aber in beiden Fällen war das Eigentum ein Recht auf ein materielles Ding, nicht das Ding selbst. Ein *corporeal hereditament* war „das bestehende Recht auf den Besitz von Boden, das man selbst oder durch einen Pächter wahrnehmen konnte," ein *incorporeal hereditament* „ein zukünftiges Recht auf den Besitz oder ein Recht auf die Benutzung von Boden zu einem bestimmten Zweck, der sich im Besitz von jemand anderen befand, zum Beispiel ein Wegerecht. (Vgl. Tophams *Real Property*, 3. Aufl. 1921 S. 7f.; vgl. Reinold Noyes, *The Institution of Property*, New York, 1936, S. 267f.).

[14] Vgl. Fußnote 12.

[15] Hume zum Beispiel, obwohl er im allgemeinen ziemlich klar feststellte, daß Eigentum in dem Recht auf etwas besteht, oder „in so einer Beziehung zwischen einer Person und einem Objekt, die ihr die freie Benutzung und den Besitz von ihm erlaubt, ohne daß die Grundsätze der Gerechtigkeit oder moralischer Billigkeit verletzt werden, jedem anderen dies aber verbietet" (*Treatise of Human Nature*, Buch 2, Teil 1, Abschn. 10, Edition Green und Grose, Vol. II, S. 105), fiel mindestens einmal in den anderen Wortgebrauch: „Das Eigentum eines Menschen ist irgendein Objekt, das zu ihm gehört" (Ibid, Buch 2, Teil 2, Abschn. 2, Bd. 2, S. 264). 1789 bemerkte Bentham mißbilligend ebenfalls den gewöhnlichen Sprachgebrauch: „Man muß darauf achten, daß in der Umgangssprache die Worte *das Objekt des* in dem Ausdruck *das Objekt des Eigentums eines Menschen* gewöhnlich ausgelassen werden. Und aufgrund dieser Auslassung, die, gewaltsam wie sie ist, heute üblicher ist als der vollständige Ausdruck, läßt man den Teil, der aus den Worten *das Eigentum eines Menschen* besteht, die Funktion des ganzen Ausdrucks übernehmen." *(Introduction to the Principles of Morals and Legislation*, Kap. XVI, Abschn. 26, hrsg. v. Harrison, S. 337, Fußnote 1. Der allgemeine Sprachgebrauch wird heute zwangsweise auch von den Rechtstheoretikern (z. B. J. C. Vaines, *Personal Property*, 3. Aufl., London 1962, S. 3) übernommen, da er immer mehr Eingang in die Gerichtssäle findet. (Vgl. Noyes, *The Institution of Property*, S. 356f.)

[16] J. S. Mill, *Principles of Political Economy*, Buch 2, Kap. 2, Abschn. 1.

[17] T. H. Green, *Lectures on the Principles of Political Obligation,* Abschn. 221.

[18] Das Zunehmen regulierender staatlicher Eingriffsmöglichkeiten und das Ausmaß, in dem dies die alten Eigentumsformen durch ein ‚neues Eigentum' ersetzt hat, zeigt Professor Charles Reich in: ‚*The New Property*', *Yale Law Journal,* Bd. 73 (April 1964) auf. Eine kürzere Fassung gleichen Titels findet sich in *The Public Interest,* Nr. 3 (Frühjahr 1966). Größere Teile der längeren Fassungen finden sich in dem von mir herausgegebenen Sammelband (vgl. Fußnote 8 oben).

[19] Zu sagen, daß Knappheit bis heute vorherrscht, daß ihre Überwindung aber nun absehbar ist, heißt nicht, daß sie das Resultat bisher inadäquater Technologie war, oder daß ihre Überwindung automatisch durch technische Fortschritte erreicht wird. Ein Großteil der Knappheit in kapitalistischen Gesellschaften wird durch die Erfordernisse des Systems kapitalistischer Produktion geschaffen, das (I) ständig zunehmende Konsumnachfragen schafft, in Beziehung worauf es Knappheit schon per definitionem gibt, und das (II) eine Verteilung des Sozialproduktes zur Folge hat, so daß die Armen unter wirklicher Knappheit zu leiden haben. Ob die Knappheit künstlich oder real ist, sie bleibt Knappheit.

[20] „Von den Dingen, die ein Mensch besitzt, sind ihm sein eigenes Leben und seine Körperglieder am wertvollsten; und auf der nächsten Stufe kommen (bei den meisten Menschen) die Dinge, die die ehelichen Gefühle betreffen: dann erst Reichtümer und Mittel zum Leben." *(Leviathan,* Kap. 30) Locke gab bei seiner breiten Definition von Eigentum auch ‚Leben und Freiheit' vor ‚Landbesitz' und ‚Personen' vor ‚Gütern' den Vorrang. *(Second Treatise on Government,* Abschn. 87, 123, 173) Bezüglich des allgemeinen Sprachgebrauches im 17. Jahrhundert vgl. mein Buch *Die Politische Theorie des Besitzindividualismus,* Indexeintrag ‚Eigentum'.

[21] Ich habe auf einige der operationalen Schwierigkeiten in anderen Essays z. B. auf den letzten Seiten von Essay II und III hingewiesen; und ich habe verwandte logische Probleme in Essay III und V (S. 183) erörtert.

VII. Marktwirtschaftliche Begriffe in der politischen Theorie

(zuerst veröffentlicht in: The Canadian Journal of Economics and Political Science, 1961)

[1] Eine Theorie, die von der Organisation von Einzelinteressen zu Parteien und Interessenverbänden abhängt, mag eher eine Machtblocktheorie sein denn (wie ich sie klassifiziert habe) eine atomisierte Gleichgewichts-

theorie. Aber obwohl das Bedürfnis der Organisatoren nach Erhaltung ihrer eigenen Macht in der marktwirtschaftlichen Theorie des politischen Systems nicht übersehen wird, lautet die Annahme gewöhnlich (wie sie es muß, um das System einigermaßen demokratisch zu machen), daß die Parteien und Verbände auf die veränderlichen autonomen Interessenartikulationen von Individuen reagieren, die äußerst pluralistische Nachfragepläne haben.

[2] Die folgenden Thesen sind an Anthony Downs brilliante Anwendung der Marginalanalyse angelehnt (vgl. *An Economic Theory of Democracy*, New York, 1957, Kap. 8 und 12).

[3] Ob man erwarten sollte, daß eine allgemeine Theorie demokratischer Prozesse kommunistische Systeme umfasse, ist eine Frage der Definition von Demokratie. Da es auch in einem kommunistischen Staat mit einem Einparteiensystem notwendigerweise ein gewisses Maß an innerparteilicher Demokratie gibt und etwas, das sich einem System von Interessenverbänden annähert, die in oder gegenüber der Partei oder der Regierung operieren, gibt es Gründe für den Versuch, solche politischen Systeme in eine allgemeine Theorie des demokratischen Prozesses miteinzubringen. Sie lassen sich aber nicht umstandlos an das Gleichgewichtsmodell assimilieren. Sie stammen nämlich aus der revolutionären Zurückweisung seiner individualistischen Annahmen, und ihre Überlebensfähigkeit hängt von der Umerziehung der Massen von Bürgern zu einem anderen Verhalten als dem kompetitiven individualistischen Verhalten ab.

[4] Sie wird weiter ausgeführt in meinem Buch *Die Politische Theorie des Besitzindividualismus*.

[5] Vgl. *Leviathan*, Kap. 5.

Beck'sche Schwarze Reihe
Eine Auswahl für den Leser dieses Buches

Verlag C. H. Beck München